JN099138

ケースでわかる

実践

Guidelines on
Business Revitalization of
Small & Medium Enterprises

中小企業の事業再生等に関するガイドライン

ANDERSON
MŌRI &
TOMOTSUNE

アンダーソン・毛利・友常法律事務所
事業再生・倒産プラクティスグループ ［著］

中央経済社

はしがき

　窮境に喘いでいた中小企業に、再生の途が開けたとき、従業員の目が輝きはじめた。その時私は、「事業再生とは人の再生なのだ」と悟った。かなり以前の、私の最初の事業再生案件との出会いであるが、それ以後、仲間とともに事業再生の現場に立ち続けている。

　日本企業の99.7％、雇用の7割を占める中小企業は、まさに日本の産業を底から支えている存在である。その中小企業は、2020年ころに始まったコロナ禍で、一気に資金繰りに苦しむことになり、官民金融機関による実質無利子・無担保融資、あるいは租税の延納等で資金繰りをつないできた。

　ところが、日本企業の債務残高は、コロナ前（2019年12月）の約565兆円から、2021年12月末には約637兆円となり、72兆円も増加している（内閣官房「新しい資本主義実現会議」（第5回）基礎資料2022年4月12日）。この数字からは、コロナ禍によって「資金繰り」に苦しんでいた中小企業が、現在は、「増大した過剰債務」に苦しんでいる姿が容易に想像できるのである。

　2022年3月、「新たな準則型私的整理手続」として、「中小企業の事業再生等に関するガイドライン」（以下「本ガイドライン」）が取りまとめられた。これは2021年6月に公表された政府の「成長戦略実行計画」に由来するものであるが、従来からの中小企業活性化協議会（2022年4月に従前の中小企業再生支援協議会から改組）のみの力ではなく、本ガイドラインを拠り所として活用することにより、官と民が総力を合わせて、全国各地に存在している支援を必要とする多数の中小企業の事業再生等に寄り添い、ひいては地域経済の発展や地方創生への貢献等を果たすべく（本ガイドライン第三部4(4)①チ）期待されたものである。

　本書は、本ガイドラインを、事例を多く用いてできるだけ平易に解説して、中小企業の事業再生等にあまりなじみのなかった方々にも、本ガイドラインの

運用に参加していただける契機となることを期待して刊行したものである。

　本書が、中小企業の事業再生等の一助になれば、望外の幸せである。

2022年10月　執筆者を代表して

アンダーソン・毛利・友常法律事務所

弁護士　三村　藤明

目　次

はじめに ▮ 総　論

1．中小企業を取り巻く状況

　はしがきでも触れたとおり、中小企業は、日本の企業数の99.7％、雇用の7割を占めています。中小企業が日本経済を支え、また、雇用の機会を創出していることは容易に想像でき、日本にとって欠かせない存在であるといえます。

　新型コロナウイルス感染症の影響により、中小企業の経営状況が悪化し、資金繰り等が逼迫する事態を招くことも少なくありません。

　2021年の倒産件数は2020年の倒産件数と比して23％減少しており、半世紀ぶりの歴史的低水準でした[1]。これは、コロナ融資の充実、納税猶予措置の実施等、実効的な施策の存在が背景にあります。しかし、同施策は中小企業の資金繰りを改善するものであっても、債務を軽減するものではなく、同施策のみで中小企業の経営状況の抜本的な解決が図られるものではありません。新型コロナウイルス感染症が中小企業の経営状況にもたらした負の影響は依然克服されていません。その上、コロナ融資の返済、猶予されていた納税期限の到来等により、健全な財務状況を維持できなくなることが予想されます。このような状況下で窮境に陥った中小企業の再生を図ることは、重要な課題といえます。

2．中小企業の事業再生等に関するガイドライン等の策定

　2022年3月4日、経済産業省・金融庁・財務省は、「中小企業活性化パッケージ」を公表しました。同パッケージは、「Ⅰ．コロナ資金繰り支援の継続」および「Ⅱ．中小企業の収益力改善・事業再生・再チャレンジの総合的支援」という2つの柱によって構成されており、事業者の経営を支援するさまざまな施策が講じられています。また、「Ⅱ．中小企業の収益力改善・事業再生・再チャレンジの総合的支援」については、①収益力改善フェーズ、②事業再生フェーズおよび③再チャレンジフェーズの3段階に区分の上、各フェーズに応

1　帝国データバンク「全国企業倒産集計2021年報」https://www.tdb.co.jp/tosan/syukei/21nen.html

じた施策が策定されています。

　「中小企業活性化パッケージ」の公表と同日、中小企業の事業再生等に関する研究会が「**中小企業の事業再生等に関するガイドライン**」（本ガイドライン）（本書第3部・資料1）を、経営者保証に関するガイドライン研究会が「廃業時における『経営者保証に関するガイドライン』の基本的考え方」を、公表しました。

　本ガイドラインは、前述の②事業再生フェーズの段階に関するものです。

　「廃業時における『経営者保証に関するガイドライン』の基本的考え方」は、③再チャレンジフェーズの段階に関するものです。

【「中小企業活性化パッケージ」の構成】

Ⅰ．コロナ資金繰り支援の継続		
年度末の資金需要への対応		来年度以降の資金需要への対応
Ⅱ．中小企業の収益力改善・事業再生・再チャレンジの総合的支援		
① 収益力改善フェーズ	② 事業再生フェーズ 「中小企業の事業再生等に関するガイドライン」	③ 再チャレンジフェーズ 「廃業時における『経営者保証に関するガイドライン』の基本的考え方」

　本ガイドラインは中小企業の事業再生等のための私的整理手続（以下「中小企業版私的整理手続」）として、再生型と廃業型の2類型を定めており、その特徴は次頁表のとおりです。

　詳細の説明は、後記第1部にゆずり、本章では、中小企業版私的整理手続の理解を深めるため、事業再生・倒産処理手続全般について、その概略を説明します。

3．事業再生・倒産処理手続の概観

　わが国には、**法的整理**すなわち裁判所における倒産手続として、破産手続、民事再生手続、会社更生手続、さらに特別清算手続があります。これに対し、裁判所の手を借りることなく債権者（主に金融債権者）との話し合いにより債務を整理する手法として、**私的整理**があります。

【中小企業版私的整理手続の特徴】

	特　徴
対象となる債務者	中小企業者
第三者の関与	中立・公正・公平な第三者支援専門家が、計画の検証等を行い、これにより、迅速かつ円滑な手続が可能
事業再生計画案の数値基準	実質的な**債務超過解消年数（５年以内）**[2]、計画終了年度の**有利子負債対キャッシュ・フロー比率**（概ね10倍以下）を、中小企業の実態に合わせた数値基準として規定 債務減免等の要請を含まない計画の場合、上記の数値基準を満たさない計画であっても許容される場合あり
経営責任、株主責任	経営責任、株主責任の取り方は、経営者の退任、株主権の全部または一部の消滅が必須ではない[3]
支援開始決定までの要件の簡素化	手続を申請する入口の段階では、詳細な事業再生計画等は求めず、支援の開始決定までの要件を簡素化

【事業再生・倒産処理手続の分類】

	再建型	清算型
法的整理手続	●民事再生 ●会社更生	●破産 ●特別清算
(準則型)私的整理手続	●再生型の中小企業版私的整理手続 ●私的整理に関するガイドライン ●中小企業活性化協議会による再生支援スキーム ●特定調停 ●地域経済活性化支援機構（REVIC）による再生支援スキーム ●事業再生ADR ●整理回収機構（RCC）による再生支援スキーム	●廃業型の中小企業版私的整理手続
純粋私的整理	●再建を目的とした純粋私的整理	●清算を目的とした純粋私的整理

2　本ガイドライン第三部4(4)①ロ。なお、私的整理ガイドライン（後記3(1)ア参照）では、再建計画案に含まれるべき内容として３年以内の債務超過解消が挙げられています（私的整理ガイドライン7(2)参照）。

3　これに対し、私的整理ガイドラインでは、債権放棄を受けるときは、支配株主の権利を消滅させることはもとより、減増資により既存株主の割合的地位を減少または消滅させることと、債権放棄を受ける企業の経営者は退任することが原則とされています（私的整理ガイドライン7(4)(5)）。

(1)　私的整理手続

　近年の日本の実務においては、まずは私的整理により事業の再建を目指すことが主流となっています。

　私的整理は、通例、金融機関のみを対象債権者とし、債務者が金融債務の弁済期を延ばしたり（リスケジュール）、債務免除を受けたり（債権放棄、債権カット）することを内容とする計画案を作成して提案し、すべての対象債権者の同意を得ることにより成立します。私的整理においては、法的整理とは異なり、取引債権者、租税債権者および労働債権者は手続の対象としません。すなわち、これらの者に対しては弁済期に全額弁済を継続することが原則となり、その結果、信用不安が発生せず、事業価値の確保が図られます。

　私的整理を行ったことは、対外的に公表されないのが原則です。前述のとおり、私的整理の対象とされる債権者は、主として金融機関ですが、判例上、金融機関は、「顧客情報につき、商慣習上又は契約上、当該顧客との関係において守秘義務を負い、その顧客情報をみだりに外部に漏らすことは許されない」ものとされており[4]、また、例えば、後述する準則型私的整理の典型である事業再生ADRにおいては、事業再生実務家協会および手続実施者が、対象債権者に対して、事業再生ADR手続に関して知り得た情報の秘密保持を求めることができるものとされているからです[5]。秘密裏に私的整理を行うことにより、事業価値の毀損が回避され（上場企業は適時開示を要する場合があるのでこの限りではありません）、事業価値を維持しながら再建をすることが可能となっています。

　法的整理に準じた一定の準則に基づかない、任意の交渉方法で行われる私的整理は**純粋私的整理**などと呼ばれていますが、内容は千差万別です。純粋私的整理は柔軟に手続を進めることができるというメリットがありますが、制度的に公正性や透明性等が保障されているわけではありません。本書においては、中立・公正な第三者の関与の下で一定の準則に基づき債務整理が図られる、いわゆる**準則型私的整理**の類型について説明します。

---

[4]　最三小判平19・12・11民集61巻9号3364頁。
[5]　事業再生実務家協会・特定認証ADR手続に基づく事業再生手続規則7条4項。

ア　私的整理に関するガイドライン

「私的整理に関するガイドライン」[6]（以下「私的整理ガイドライン」）は、私的整理手続のルールを定めたもので、手続を受理する機関は存在しません。私的整理ガイドラインには法的拘束力はありません。金融機関等である**主要債権者**および**対象債権者**、企業である**債務者**ならびにその他の**利害関係人**によって、自発的に尊重され遵守されることが期待されています。

私的整理ガイドラインは、最初に作られた準則型私的整理であり、その後に作られた準則型私的整理は、私的整理ガイドラインを改良して作られています。私的整理ガイドラインでは、主要債権者が債務者と共同して手続を進めることから、主要債権者が他の対象債権者より重い負担をすることが要求される、いわゆる「メイン寄せ」の問題もあり、現在では利用が消極的になっています[7]。

イ　中小企業活性化協議会による再生支援スキーム[8]

中小企業活性化協議会の中小企業再生支援スキーム[9]（以下「協議会スキーム」）は、中小企業活性化協議会（全国47都道府県に設置）による再生支援手続です。他の準則型私的整理と比べ、**原則として中小企業のみを対象とする手続**である点に特徴があります。

中小企業は、会計、税務、法務、金融等の領域の知識や経験を補うために外部専門家の助言を要する反面、外部専門家に依頼する人脈や費用が十分でない場合もあります。

中小企業活性化協議会では、事業再生に関する知識と経験を有する専門家（弁護士、公認会計士、税理士、中小企業診断士、金融機関出身者等）が常駐し、常時中小企業からの相談を受け付けています。

費用については、中小企業活性化協議会はなかば公的な機関であるため、協議会に対する費用や報酬等は発生しません。

6　私的整理に関するガイドライン研究会「私的整理に関するガイドライン」（平成13（2001）年9月策定、平成17（2005）年11月改訂）。
7　事業再生実務家協会編『事業再生ADRのすべて（第2版）』（商事法務、2021年）4頁、藤原総一郎監修『倒産法全書（下）（第2版）』（商事法務、2014年）56頁。
8　全国倒産処理弁護士ネットワーク編『私的整理の実務Q&A140問』（きんざい、2016年）152頁以下も参照。
9　中小企業活性化協議会「中小企業活性化協議会実施基本要領 別冊3 中小企業再生支援スキーム」（2022年4月1日作成）参照。

外部専門家の費用は発生しますが、デュー・ディリジェンス（以下「DD」）費用の一部について国の補助が得られる場合があるなど、費用が割安となっています。

協議会スキームと再生型の中小企業版私的整理手続の内容は、大枠において同様な手続であるものの、下表のような相違点が認められます[10]。

協議会スキームと再生型の中小企業版私的整理手続においては、対象となる債務者が重複するため、その役割分担が問題となりますが、本ガイドラインでは、あらかじめ明確な区分け・整理はされておらず、実務の積み重ねに期待される旨の指摘がなされています[11]。

【相違点：協議会スキームと中小企業版私的整理手続（再生型）】

相違点	協議会スキーム	中小企業版私的整理手続
支援対象者	産業競争力強化法2条22項の「中小企業者」のほかに、常時使用する従業員数300人以下の医療法人[12]	中小企業基本法2条1項の「中小企業者」（常時使用する従業員数が300人以下の医療法人を含む）。ただし、実態に照らし適切な場合は学校法人、社会福祉法人等も利用可能[13]
手続遂行主体	統括責任者。外部専門家から構成される個別支援チームを編成[14]し、再生を支援	中小企業が、外部専門家、第三者支援専門家の支援を受けて手続を遂行[15]
数値基準が緩和される[16]小規模な事業者の範囲	小規模企業者（中小企業基本法2条5項）、売上1億円未満かつ有利子負債1億円未満の事業者[17]	中小企業基本法2条5項の小規模企業者 ただし、事業規模や実態に照らし適切と考えられる限り、柔軟に適用[18]

10　横田直忠・森本卓也「「中小企業の事業再生等に関するガイドライン」の意義─中小企業政策の観点から」NBL 1219号17頁以下も参照。
11　小林信明「「中小企業の事業再生等に関するガイドライン」の解説」NBL 1219号7頁以下も参照。
12　中小企業活性化協議会「中小企業活性化協議会実施基本要領　別冊2　再生支援実施要領Q&A」（2022年6月23日改訂）のQ10参照。
13　本ガイドラインQ&AのQ3参照。
14　中小企業活性化協議会・前掲注9）2参照。
15　本ガイドライン第三部4(1)参照。

費用	協議会への報酬は不要 外部専門家費用の補助あり	外部専門家、第三者支援専門家費用の補助あり
廃業型の私的整理手続	原則として、実施されていない	廃業型の中小企業版私的整理手続あり

ウ　事業再生ADR[19]

事業再生ADRは、特定認証紛争解決事業者である事業再生実務家協会（JATP）が主宰する、「裁判外紛争解決手続の利用の促進に関する法律」に定められた認証紛争解決手続です。

事業再生ADRでは、事業再生について高度の知見・経験を有する手続実施者が債権者と債務者の間の債権債務関係を調整することにより、**公正性・透明性・公平性が高いレベルで確保されている**という点で、魅力的な準則型私的整理手続であるといえます。

事業再生ADRの利用の際は、例えば対象債権者数が6社未満、債務額が10億円未満の案件でも、約800万円の費用が必要になり[20]、高額な費用がかかる可能性があることに留意する必要があります。

エ　特定調停[21]

特定調停は、民事調停の特例として、特定調停法に規定されています。

典型的には、債務者と金融債権者との間で一定の事前協議が行われ、ある程度の話し合いの土台ができているものの、細部において意見が一致しない場合に、第三者である裁判所による調整を期待して利用されます。手続の特徴として、**民事調停法17条に基づく決定**（調停に代わる決定。いわゆる「17条決定」）があります（特定調停法20条、22条）。同決定は、調停が成立する見込みがな

16　再生型の中小企業版私的整理手続においては、小規模企業者の再建計画案において、5年以内の債務超過解消、概ね3年以内の黒字転換および事業再生計画の終了年度における有利子負債の対キャッシュ・フロー比率が概ね10倍以下とする内容を場合によっては含めなくてよいこととされています（本ガイドライン第三部4⑷②参照）。

17　中小企業活性化協議会・前掲注12）Q31参照。

18　本ガイドラインQ&AのQ64参照。

19　事業再生実務家協会・前掲注7）、全国倒産処理弁護士ネットワーク・前掲注8）312頁以下も参照。

20　事業再生実務家協会・前掲注7）36頁参照。

21　全国倒産処理弁護士ネットワーク・前掲注8）214頁以下も参照。

い場合において、相当であると認められるときに、裁判所が事件の解決のために必要な決定をするものです。通常は、多数の債権者が調停条項案に同意しているものの、ごく一部の債権者が調停条項案に同意しない場合（例えば債権者内部の事情で積極的に同意を明示できないような場合）に決定が出されます。裁判所から17条決定が出され、その当事者への告知日から２週間以内に異議が出されなければ、17条決定には裁判上の和解と同一の効力が生ずるものとされています（民事調停法18条５項）。

オ　地域経済活性化支援機構による再生支援スキーム[22]

株式会社地域経済活性化支援機構（REVIC）では、中小企業を主な対象として再生支援業務を提供していますが、大規模事業者・地方三公社・第三セクター等以外のすべての事業者がREVICによる再生支援手続の対象となっています。会社だけでなく、個人事業主や、病院や学校等を含むすべての業種が支援対象となっているため、幅広い事業者の再生支援が行われます。

REVICによる再生支援手続には、①**出融資機能**、②**経営人材等派遣機能**、③**債権買取機能**という他の手続にはない特徴があります。

【REVICによる再生支援手続】

出融資機能	REVICが再生支援決定後に、出資や融資を行う機能
経営人材等派遣機能	REVICが再生支援決定後に、事業者に対しターンアラウンドに必要な人材を派遣することができる機能
債権買取機能	REVICが関係金融機関等に対し債権の買取りの申込みを求めた場合に、これに対して申込みを行った関係金融機関等より債権の買取りを行うことができる機能

公的な資金を原資とし、金融機関からの債権の買取り、債務者への投融資が認められていることからも、中小企業版私的整理手続を含めた他の準則型私的整理手続よりも、公的機関の関与が強いといえます。

カ　整理回収機構による再生支援スキーム

整理回収機構（RCC）の再生支援スキームは、債権者であり、主要債権者となりうる立場のRCCが手続を主宰するという点に、特徴が認められます。

22　全国倒産処理弁護士ネットワーク・前掲注８）254頁以下も参照。

RCCが主要債権者である場合、または主要債権者の1人である金融機関から金融債権者間の合意形成のための調整をRCCが委託された場合に、実施される再建手法です。

(2)　法的整理手続

　(i)私的整理を試みたもののすべての対象債権者の同意が得られないケースや、(ii)そもそも私的整理を試みることが困難なケース（例えば、資金繰りが著しく逼迫しており、金融債務の一時停止を受けても支払不能のおそれが解消できないケース、金融債務に比較して取引債務・租税債務・労働債務等他の債務が過大・過重であり金融債務の整理だけでは追いつかず抜本的な再生につながらないケース、反社会的勢力の関与や重大な違法行為への加担等金融機関にとって同意の大義に欠けるケースなど）においては、法的整理を選択せざるを得ません。

【2つの法的整理手続】

分類	手続の種類	手続の内容
再建型手続	民事再生手続 会社更生手続	事業活動に必要な財産を維持し、事業活動を継続して収益を上げ、債権者に対し、事業活動から将来得られる収益を配分
清算型手続	破産手続 特別清算手続	債務者の総財産を金銭化し、債権者に配分

　清算型・再建型の区別は絶対的なものではなく、例外的に、例えば破産手続で破産管財人が一定期間事業を継続した後に第三者（スポンサー）へ事業譲渡を実行して事業の再生を図ることがあります。また、先行する私的整理で事業譲渡を実行した後、抜け殻となった株式会社を清算するために特別清算を用いることがあります。そして、民事再生手続や会社更生手続でも、清算型の再生計画や更生計画が認められています。

　本項においては、まずは再建型の法的整理手続を紹介した上で、清算型の法的整理手続を紹介します。

ア　民事再生手続

　民事再生手続は、再建型の法的整理手続であり、原則として手続遂行主体は債務者とされ（DIP型）、債務者が財産管理処分権や業務遂行権を維持するこ

とを特徴とする手続です。

　債務者自身が手続の主体となると、抜本的な再建を図る意図を持たない単な
る延命措置的に民事再生手続が利用されるリスクが潜在的にあります。

　そこで、民事再生法は、債務者に債権者に対する公平誠実義務を負わせた上
で（同法38条2項）、監督委員による手続の監督（同法54条）の仕組みを設け、
事案により管財人を選任し業務および財産の管理をさせる（同法64条）ことで、
先述のようなモラル・リスクをコントロールする方策が講じられています。

　民事再生手続の概要は、次のとおりです。

【民事再生手続の概要】

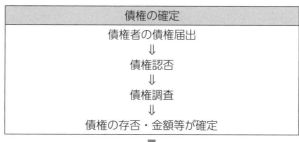

資産・負債の評定
財産評定、清算配当率の試算

再生計画案の策定
債権の権利変更等に関する条項等

債権者集会
債権者集会において、債権者（出席議決権者）の過半数お
よび債権総額（議決権総額）の2分の1以上の賛成により
可決
⇩
裁判所の認可決定
⇩
認可決定の確定

　民事再生手続では、担保権付債権は別除権として取り扱われ（同法53条）、原則として手続外で自由に行使することが認められています。

　そのため、事業継続や再建に欠かせない設備等に担保権が設定されている場合には、別除権協定の締結、担保権の実行手続中止命令（同法31条）や担保権消滅許可の申立て（同法148条）の手段により、担保権の実行を阻止する必要があります。

イ　会社更生手続

　会社更生手続は、再建型の法的整理手続であり、民事再生手続と異なり**担保権付債権が手続に取り込まれています**。すなわち、担保権付債権は、手続外での権利行使が禁止されており、更生計画による権利変更の対象となります。また、必ず裁判所によって更生管財人が選任され、更生管財人が業務執行および財産の管理・処分権を有する点に特色があります。これらの特徴から、非常に強力な再建手法といわれています。

ウ　破産手続

　破産手続は、債務者の財産を換価し、これを債権者に対して配当（弁済）する清算型の法的整理手続です。破産手続開始決定と同時に手続が廃止される同時廃止（破産法216条）[23]となる場合を除き、裁判所により破産管財人が選任されます。破産管財人は、債務者の財産についての管理処分権限を与えられ、財産の処分・清算を進めることに特徴が認められます。

　破産手続では、担保権付債権は別除権として取り扱われ（同法65条）、手続外で自由に行使することが認められます。もっとも、担保付債権者が任意売却への協力を拒否した場合、担保権消滅許可の申立てが可能です（同法186条）。

　破産手続の概要は、次のとおりです。

---

[23]　東京地方裁判所・大阪地方裁判所においては、法人の破産事件については同時廃止の処理を行わない運用とされており、また、原則として法人の代表者の破産事件についても破産管財人が選任される管財事件として取り扱われる運用となっています（中山孝雄・金澤秀樹編『破産管財の手引（第2版）』（きんざい、2011年）38頁、川畑正文ほか編『はい6民ですお答えします　倒産実務Q&A（第2版）』（大阪弁護士協同組合、2018年）5頁以下）。

【破産手続の概要】

破産管財人による債務者財産（破産財団）の換価、金銭化

債権者の債権届出、債権認否、債権調査、 債権の存否・金額等の確定

債権者への配当（弁済）

　破産手続は、清算型の手続ではありますが、事業再生を図り、配当を最大化するために用いることも可能です。すなわち、債務者の事業そのものについては事業譲渡等の方法によって第三者に譲渡するなどして、事業の再生を図り、法人自体は破産により整理する、という手法があります。

　エ　特別清算手続

　特別清算手続は、清算を目的とする会社法の制度です。既に解散決議を経て清算手続に入っている株式会社のみを対象とします。債務者の取締役や代理人弁護士等が、**特別清算人となり清算を進める**ことが特徴といえます。

　特別清算手続には、①**協定型**（債権者集会で、債権者（出席議決権者）の過半数および債権総額（議決権総額）の３分の２以上の賛成を得て成立する「協定」の内容に従って弁済）と②**和解型**（債務者と債権者との間で、個別に弁済条件等について規定した**和解契約**を締結）があります。前述のとおり、特別清算手続は、私的整理などにおいて株式会社がすべての事業を譲渡した後、からっぽとなった株式会社を清算するために、事業再生の後処理として用いられることもあります。

第 1 部

制 度 概 要

第1 ▍ 概　　要

1.「中小企業の事業再生等に関するガイドライン」の全体像

　2022年４月15日より、本ガイドラインの運用が開始されました。本ガイドラインは、**金融界・産業界を代表する者が**、中立公平な専門家、学識経験者などとともに議論を重ねてきた結果策定されたものであり、今後、中小企業が事業再生を図る際の重要な指針として大いに活用されることが期待されています。

(1)　本ガイドラインの構成

　本ガイドラインは、「第一部 本ガイドラインの目的等」、「第二部 中小企業の事業再生等に関する基本的な考え方」、「第三部 中小企業の事業再生等のための私的整理手続」の３部構成となっており、さらに「『中小企業の事業再生等に関するガイドライン』Q＆A」（以下「本Q&A」）（本書第３部・資料２）があります。

　第一部では前提となる目的を提示し、第二部で関係当事者の基本的なあり方を示した上で、**具体的な事業再生の準則を第三部で定める**という構成がとられています。また、本Q&Aには、具体的な実務を行う上で留意すべきポイントがまとめられています。

(2)　「第一部　本ガイドラインの目的等」
ア　本ガイドラインの目的
　本ガイドラインには、２つの目的があります。

　第１の目的は、中小企業者の①平時、②有事、③事業再生計画成立後のフォローアップの各段階において、中小企業者、金融機関それぞれが果たすべき役割を明確化し、中小企業者の事業再生等に関する基本的な考え方を示すことです。

　この目的に沿って、本ガイドラインの第二部で、具体的な内容が規定されています。

　第2の目的は、より迅速かつ柔軟に中小企業者が事業再生等に取り組めるよう、新たな準則型私的整理手続である中小企業版私的整理手続を定めることです。

　この目的に沿って、本ガイドラインの第三部で、具体的な内容が規定されています。

【本ガイドラインと本Q&Aの構成・目的】

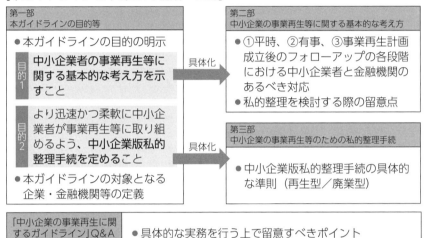

イ　本ガイドラインの対象企業

　本ガイドラインの対象企業（**対象債務者**）となるのは、「**小規模企業者**」を含む「**中小企業者**」です。

　「中小企業者」とは中小企業基本法2条1項で定められるもの（常時使用する従業員数が300人以下の医療法人を含む）を指し、「小規模企業者」とは中小企業者のうち同法2条5項に定義される事業者を指します。

　形式的には、下表の要件を満たす事業者が対象となります。

　もっとも、**学校法人や社会福祉法人**などの、会社法上の会社でない法人についても、事業規模や従業員数などの実態に照らし適切と考えられる限り、本ガイドラインの準用が認められています。

　さらに、形式上「中小企業者」に該当しない場合でも、事業規模や従業員数

などの実態に照らし適切と考えられる場合には、本ガイドラインの準用が認められます。

　形式的な基準を基礎に据えつつも、本ガイドラインによる事業再生を柔軟に運用しようとする姿勢を明らかにしようとするものと評価されます。

【本ガイドラインの対象となる企業】

中小企業者	小規模企業者
製造業、建設業、運輸業等	商業・サービス業以外
資本金・出資総額3億円以下の会社 従業員数300人以下の会社・個人	従業員数20人以下の事業者
卸売業	商業またはサービス業
資本金・出資総額1億円以下の会社 従業員数100人以下の会社・個人	従業員数5人以下の事業者
サービス業	
資本金・出資総額5,000万円以下の会社 従業員数100人以下の会社・個人	
小売業	
資本金・出資総額5,000万円以下の会社 従業員数50人以下の会社・個人	

ウ　本ガイドラインの対象となる債権者

　本ガイドラインの対象となる債権者は、第二部と第三部で異なります。

【本ガイドラインの対象となる債権者】

第二部の金融機関	第三部の対象債権者
● 銀行 ● 信用金庫 ● 信用組合 ● 労働金庫 ● 農業協同組合 ● 漁業協同組合 ● 政府系金融機関	● 左記の第二部の金融機関 ● 信用保証協会 ● サービサー等 ● 貸金業者 ● リース債権者（廃業型の場合） ● 中小企業版私的整理手続を行う上で必要な債権者

①　第二部の債権者

第二部は、「**金融機関**」を対象としており、中小企業者に対して金融債権を有する銀行、信用金庫、信用組合、労働金庫、農業協同組合、漁業協同組合および政府系金融機関を指すものとされています。

②　第三部の債権者

一方で、第三部では、「**対象債権者**」として、第二部の「金融機関」に加え、信用保証協会（代位弁済を実行し、求償権が発生している場合。保証会社を含む）、サービサー等（銀行等からの債権の譲渡を受けているサービサー等）、貸金業者および中小企業版私的整理手続に基づく私的整理を行う上で必要な債権者が対象とされています。

③　**商取引債権者**

一般的に私的整理における対象債権者としては、原則として金融機関債権者のみが想定されます[1]。

本ガイドラインでも、原則として、第三部の「対象債権者」には、一般的な商取引債権者は含まれません。しかし、例外的に、多額の債権を有し、債務者との間で密接な関係がある場合など、その債権者の同意を得なければ再生や円滑な廃業が難しい場合には、対象債権者として手続に参加してもらうことも想定されています（本Q&AのQ４）。

④　**対象債権者からの除外**

第三部の私的整理手続を利用する場合は、原則として、金融債権を有する債権者を、すべて対象債権者にする必要があります（本Q&AのQ19）。

ただし、債権額が少額であり、その債権者を除いたとしても債権者間の衡平を害さない場合等は、他の対象債権者の同意により、その債権者を対象債権者に含めないことは可能です。

(3)　「第二部　中小企業の事業再生等に関する基本的な考え方」

本ガイドライン第二部では、①平時、②有事および③事業再生計画成立後のフォローアップの各段階における、中小企業者と金融機関のあるべき対応が示

1　全国倒産処理弁護士ネットワーク編『私的整理の実務Q&A140問』（きんざい、2016年）22頁。

されています。

ア　平時における中小企業者と金融機関のあるべき対応

①　適時適切な情報開示等による経営の透明性確保

　BS、PL、株主資本等変動計算書、各勘定明細（資産・負債明細、売上原価・販管費明細等）、法人税申告書、法人事業概況説明書を提出することが求められます。期中の財務状況を確認するための試算表・資金繰り表等を、中小企業者は、金融機関に定期的に報告します。当然のことながら、これらの書類については、内容に偽りがないことが必要です（本Q&AのQ5）。

　もっとも、中小企業版私的整理手続の開始前に、不正確な情報開示があったとしても、ただちに同手続の利用が否定されるわけではありません。不正確な開示の金額、態様、動機の悪質性等を総合的に勘案して判断すべきとされています（本Q&AのQ6）。

②　法人と経営者の資産等の分別管理

　法人と経営者の間の資金のやりとりは、中立公平な第三者から見て、社会通念に照らして不適切と評価されることのないようにすることが求められます。

　例えば、利益額に比して著しく高額な役員報酬・賞与の支給、経営者への私的目的での多額の貸付等は、不適切と評価されます。

　また、法人と経営者の間の資金のやりとりが社会通念上適切な範囲を超えないものとする体制を整備することについて、公認会計士や税理士等により検証を実施し、金融機関に対して検証結果を適切に開示することが望ましいとされています（本Q&AのQ7）。

③　予防的対応

　中小企業者は、有事への移行の兆候を自覚したら、速やかに金融機関や社外の実務専門家の助言を得ることが求められます。

　社外の実務専門家とは、資産負債の状況、事業計画・事業見通し等について検証を行うことができる公認会計士、税理士、弁護士等の専門家をいいます。顧問契約を結んでいる場合も含まれます（本Q&AのQ8）。

④　予兆管理

　金融機関は、中小企業が有事へ段階的に移行しているかの兆候の把握に努め、中小企業に対し、段階的移行過程にあることの認識を深めるよう働きかけるこ

とが求められます。

　イ　有事における中小企業者と金融機関のあるべき対応

　本ガイドラインにおいて「有事」とは、「収益力の低下、過剰債務等による財務内容の悪化、資金繰りの悪化等が生じたため、経営に支障が生じ、または生じるおそれがある場合」を指します。

　①　私的整理検討時の留意点

　本ガイドラインは、中小企業の私的整理検討時の留意点として、保証債務の整理、各種手続の選択および手続間の移行について言及しています。

　保証債務の整理について、中小企業版私的整理手続を行う場合に、保証人が保証債務の整理を図るときは、「経営者保証に関するガイドライン」を積極的に活用し、主債務と一体整理を図るよう努めることとされています。

　②　手続選択

　また、各種手続の選択について、中小企業者と金融機関がお互いに誠実に協議した上で、中小企業者の置かれた状況等に適合した手続の利用が期待されています。

　③　手続間の移行

　さらに、私的整理手続の協議が不調に終わった場合であっても、中小企業者と金融機関は双方誠実に協力し、手続間の円滑な移行に努めることとし、法的整理手続移行前の私的整理手続における合意事項または同意事項等を法の趣旨に反しないことに留意しつつ尊重することとされています。

　例えば、中小企業版私的整理手続の最中に行われた融資（プレDIPファイナンス）について、対象債権者が優先性を合意していた場合には、移行後の手続においても引き続き優先性を認めることなどが想定されます[2]。

　④　収益力の回復

　有事の場合における収益力の回復には、有事前に有していた収益力と同水準の収益力を確保することに加え、有事に至った原因の除去、自助努力による有事前に有していた収益力の「改善」または「向上」が含まれます。

2　本Q&AのQ16では、移行後の手続において債権者の範囲が異なるような場合には当然に優先性を認めることは困難であるため、移行後の手続の枠組みに従って取り扱われることになる旨の指摘がされています。

　本源的な収益力について、通常の平時では「向上」、平時から有事への移行期では「改善」、有事では「回復」が重要です（本Q&AのQ10）。

　⑤　**金融機関に求められる誠実対応の前提条件**

　中小企業者から債務減免等の要請があった場合、金融機関は、金融債務の減免等による**事業再生の蓋然性**があり、債務減免等の必要性と金融機関にとっての経済合理性があり、金融機関の間における衡平が確保され、かつ、経営責任と株主責任が明確化されている場合には、債務減免等の要請について誠実に検討するものとされています。

　事業再生の蓋然性とは、**事業再生計画案**（売上高・売上原価や販管費の推移や設備投資等の計画を含む**損益計画**、税務を含む**資金計画**）が合理的に定められており、これら計画が実行され財務基盤の強化と収益力の改善・回復が行われる可能性が認められることを指します。

　スポンサー型の事業再生において、**譲渡対価による一括弁済**を計画する場合、**譲渡対価の支払の蓋然性とスポンサーの下での事業再生の蓋然性**を検討します。スポンサーの下で事業を継続しながら、事業再生計画に基づく**収益弁済**をするときは、**事業再生計画の遂行の蓋然性**を検討することになります（本Q&AのQ15）。

　⑥　**条件緩和**

　条件緩和とは、資金繰り等の悪化のため事業活動の継続性に問題が生じ、資金繰りの安定化のための、元本返済期日の延長や元本返済の据置き等の既存の借入条件の緩和、すなわち債務者に有利な変更を指します。条件緩和を金融機関に要請する場合は、通常有事に該当します（本Q&AのQ11）。

　単なる、決算期変更に伴う財務内容報告期限の変更や、金利計算期間の変更等の実務的・形式的な借入条件の変更は、条件緩和に該当せず、有事にも該当しません。

　⑦　**段階的対応の例外**

　本Q&AのQ12は、有事における段階的対応について、例示的に、典型的な段階とそれに応じた対応を示したものです。

　条件緩和の対応を経なくても、債務減免等の抜本的な金融支援を依頼することはできます。

⑧ 経営責任、株主責任

　中小企業者が、債務減免等の抜本的な金融支援を要請する場合には、原則として経営責任と株主責任を明確化することが求められます。

　もっとも、例外を一切許容しない趣旨ではなく、中小企業者の規模や特性（後継者の不在、第三者割当増資の困難性等）のほか、自助努力の内容や程度、窮境に至る原因、自然災害等に由来するかなどに照らして個別に判断することになります（本Q&AのQ13）。

【中小企業者と金融機関のあるべき対応】

	中小事業者	金融機関
平時	●収益力向上と財務基盤強化 ●適時適切な情報開示等による経営の透明性確保 ●法人と経営者の資産等の分別管理 ●予防的対応	●経営課題の把握・分析等 ●最適なソリューションの提案 ●中小企業者への誠実な対応 ●予兆管理
有事	●経営状況と財務状況の適時適切な開示等 ●本源的な収益力の回復への取組み ●事業再生計画の策定 ●有事における段階的対応（条件緩和が必要な段階、債務減免等の抜本的な金融支援が必要な段階、事業再生が困難な段階）	●事業再生計画の策定支援 ●専門家を活用した支援 ●有事における段階的対応（条件緩和の申出、債務減免等の申出、事業再生が困難でスポンサー支援を求める旨の申出、廃業の申出のそれぞれの段階に応じた対応）
事業再生計画成立後のフォローアップ	●事業再生計画実行への取組み ●金融機関への適時適切な状況報告 ●概ね3事業年度を経過するまでに達成状況を確認し、計画と実績の乖離が大きい場合、抜本的再生を含む計画の変更や、法的整理、廃業等への移行	●計画達成状況の継続的なモニタリング、達成状況の適切な管理 ●計画策定当初に予期しえなかった外部環境の大きな変化が生じた場合には計画の見直しの要否につき検討を行うとともに、適切な助言を行った上で計画の見直しを提案

ウ 事業計画成立後のフォローアップ

　事業計画成立後に、中小企業者および主要債権者は、計画の達成状況について、継続的にモニタリングを行い、達成状況について適切に管理を行います。

　フォローアップ中に、事業再生計画策定時に想定していなかった事象等により、計画を見直す場合もありえます。本ガイドラインは、経営の弾力性や有事対応への柔軟性を否定するものではないからです。

　特に、当初定めた事業再生計画と過年度の実績の乖離が大きい場合、中小企業者と金融機関は、相互に協力して乖離の真因分析を行い、計画を達成するための対策について誠実に協議する必要があるとされています（本Q&AのQ17）。

　なお、弁済計画に影響を及ぼさない事業計画の変更は、必ずしも対象債権者の同意を得る必要はありません。

⑷　「第三部　中小企業の事業再生等のための私的整理手続」
ア　中小企業版私的整理手続の概要

　中小企業版私的整理手続は、法的拘束力はないものの、中小企業者のための準則型私的整理手続に関する金融界・産業界のコンセンサスを得たものであり、債務者である中小企業者、債権者である金融機関等およびその他の利害関係人によって、自発的に尊重され遵守されることが期待されています。

　中小企業版私的整理手続では、**再生型私的整理手続**および**廃業型私的整理手続**のいずれかによることが予定されています。それぞれの手続の詳細については「第2　再生型私的整理手続」、「第3　廃業型私的整理手続」をご覧ください。

【中小企業版私的整理手続】

再生型	事業の継続を念頭に置いた準則型私的整理手続
廃業型	事業の廃止を念頭に置いた準則型私的整理手続

イ　中小企業版私的整理手続の基本的な考え方
①　法的整理手続と比較した場合のメリット

　中小企業版私的整理手続は、法的整理手続と比較して、**事業価値や資産等の毀損が少ない**など、中小企業者と対象債権者双方にとって**相当性や合理性**があることを前提としています。

②　中小企業者による自助努力

対象債権者に債務返済猶予・債務減免等の協力を求める前提として、中小企業者自身が事業再生のための自助努力を行うことが期待されています。

さらに、自然災害や感染症の世界的流行等にも配慮しながらではありますが、中小企業者の経営者の経営責任を明確にすること、さらに、債務減免等を求める場合には、中小企業者の株主もその責任を明確にすることを予定しています。

③　経営責任

経営責任の取り方については、窮境原因への経営者の関与度合い、金融支援の内容、対象債権者の意向、事業継続における経営者の関与の必要性、中小企業者の自助努力の内容や程度など種々の事情を考慮して、経営責任を負う範囲やその妥当性・程度も含め個別に対応されるべきとされています（本Q&AのQ23）。

経営者の退任を必須としていませんので、経営者責任の明確化の内容として、役員報酬の削減、経営者貸付の債権放棄、私財提供や支配株主からの離脱等による方法もあります。

④　株主責任

株主責任の取り方については、株主権は債権より劣後することから、債務減免等を求める以上は全株主の株主権を消滅させることが望ましいとされています（本Q&AのQ24）。

もっとも、事案に応じて支配株主の権利を消滅させる方法や、減増資により既存株主の割合的地位を減少・消滅させる方法も考えられます。

なお、一般株主については、支配株主のような経営への関与が認められないのが通例であるため、支配株主とは別に取り扱うこともありえます。特に、小規模企業者においては、新たな増資引受先が見つからないことが多く、既存株主権を消滅させることは相当でないことも少なくないため、株主責任の内容については、柔軟に判断する必要があるとされています。

⑤　守秘義務

私的整理手続の一般的な特徴でもありますが、対象債権者と中小企業者は、本手続の過程において共有した情報につき相互に守秘義務を負うこととされています。

　　⑥　主要債権者による誠実かつ迅速な検討

　対象債権者のうち「主要債権者」（金融債権額のシェアが最上位の対象債権者から順番に、そのシェアの合計額が50％以上に達するまで積み上げた際の、単独または複数の対象債権者）は、中小企業者から中小企業版私的整理手続の利用を検討している旨の申出があったときは、誠実かつ迅速にこれを検討することとされています。

　そして、主要債権者と中小企業者は、相互に手続の円滑で速やかな進行に協力することとされています。加えて、潜在的な債権者である信用保証協会の意向を確認することは、円滑な手続が期待されることから、主要債権者は、手続の初期段階から信用保証協会と緊密に連携・協力することとされています。

【中小企業版私的整理手続の基本的な考え方】

● 中小企業者と対象債権者双方にとって相当性や合理性があること（法的整理手続と比較し、事業価値や資産等の毀損が少ないなど） ● 公正衡平性の尊重および透明性の確保		
中小企業者		● 自助努力 ● 経営責任の明確化（ただし、自然災害や感染症の世界的流行等にも配慮） ● 株主責任の明確化（債務減免等を求める場合）
債権者	● 主要債権者	● 中小企業者から手続の利用を検討している旨の申出があったときは、誠実かつ迅速に検討 ● 初期段階から信用保証協会と緊密に連携・協力
	● 対象債権者	● 手続に誠実に協力
中小企業者および債権者双方		● 手続の自発的な尊重と遵守 ● 守秘義務 ● 相互に手続の円滑で速やかな進行に協力

2．保証債務の整理

　中小企業版私的整理手続では、中小企業者の債務を保証する保証人については、原則として、「経営者保証に関するガイドライン」を活用するなどして、主債務と保証債務の一体整理を図るよう努めるものとされています。

　また、廃業型私的整理手続の場合、「廃業時における『経営者保証に関する

ガイドライン』の基本的考え方」も十分参照することが求められます（詳細は後記「第 4」参照）。

3. 専門家費用の補助

　中小企業者が依頼した外部専門家や第三者支援専門家の費用の一部について、下表のとおり、補助を受けることができます[3]。資金に余裕がない中小企業の事業再生等の大きな一助になるものといえます。

【専門家費用の補助】

補助率	3分の2
補助上限	1案件につき、上限計700万円（内訳は次のとおり） ① DD費用等（上限300万円） ② 計画策定支援費用（上限300万円） ③ 伴走支援費用（上限100万円）
補助対象者	本ガイドラインに基づく計画策定を支援する外部専門家、第三者支援専門家および第三者支援専門家補佐人 ただし、補助の対象となる外部専門家・第三者支援専門家は、認定経営革新等支援機関の認定を受けた者のみ

　補助金の利用は、概ね次頁表のとおりに行われます。

3　利用申請時や支払申請時の具体的な必要書類および留意点は、中小企業庁ウェブサイトの「経営改善計画策定支援事業（経営改善計画策定支援）に関する手引き（認定経営革新等支援機関向け）」および「経営改善計画策定支援事業（ガイドラインに基づく計画策定支援）手続きマニュアル・FAQ」に記載されています。

【補助金利用の流れ】

STEP 1	**本ガイドラインの活用の検討** ●計画策定支援を担う、弁護士、公認会計士、税理士、中小企業診断士等の外部専門家等と、本ガイドラインの活用等を検討 ●主要債権者と相談しつつ、第三者支援専門家を選任
STEP 2	**利用申請** ●認定経営革新等支援機関（外部専門家または第三者支援専門家）と事業者が連名で、中小企業活性化協議会に利用申請
STEP 3	**本ガイドラインで定める手続に従った計画策定・合意形成** ●外部専門家と事業者が協力して、第三者支援専門家の助言を受けつつDDを実施、報告書にまとめた上で、計画案（事業再生計画案または弁済計画案）を策定し、計画案の内容について対象債権者の合意形成を図る ●計画案につき、対象債権者全員の同意を得て、計画成立（※） ※費用補助を受けるためには、原則として、本ガイドラインで定める手続によるすべての対象債権者の同意（計画の成立）が必要です。
STEP 4	**支払申請** ●計画成立後、利用申請を行った認定経営革新等支援機関と事業者との連名で、協議会に対し、支払申請 ●中小企業活性化協議会は、適格要件への該当などを確認の上、費用負担を適切と判断した場合、支払を決定
STEP 5	**計画の実行と金融支援・事業再生等の実現** ●事業者は、金融機関と合意した計画に基づき、金融支援を受けて円滑な事業再生または円滑な廃業を実行 ●事業再生計画の場合、外部専門家や主要金融機関による伴走支援（モニタリング）を受けつつ、事業計画の達成を目指す

4．税務処理[4]

(1)　貸倒損失

　中小企業版私的整理手続を利用する際の債権者側のメリットとして、税務上の所得の計算において、債務者に対する債権を貸倒損失として損金の額に算入することがあります。

　法人の有する金銭債権が回収できないこととなったとき、法律上、債務免除の意思表示を行うと債権は消滅し、会計上、貸倒れの経理処理をしますが、税務上、貸倒れとして損金の額に計上することが認められる場合は限定されてい

---

[4]　迅速かつ柔軟に中小企業者が事業再生に取り組めるよう定められた中小企業版私的整理手続には馴染まないなどの理由により、いわゆる「企業再生税制」の適用に必要な要件を前提とした手続は定められていないことが指摘されています（工藤真裕「「中小企業の事業再生等に関するガイドライン」・「廃業時における『経営者保証に関するガイドライン』の基本的考え方」の意義―金融行政上の観点から」NBL1219号23頁以下）。

ます。また、債務免除が、債務者に対する贈与と認められる場合は、寄付金とされ損金算入限度額の範囲でしか損金算入できません[5]。

　税金の負担なく債権を処理できることから、無税償却といわれます。中小企業版私的整理手続では、一定の要件の下で無税償却が認められます（本Q&AのQ95、Q96）。

(2)　債務免除益に対する対策

　債務者側のメリットとして、再生型私的整理手続では期限切れ欠損金の損金算入が認められます（本Q&AのQ97）。

　再生型私的整理手続において債務者の債務の一部が消滅した場合（債務免除、デット・エクイティ・スワップ（DES））、消滅した債務額に関する債務免除益が生じることとなりますが、過去に発生していた期限切れの欠損金を損金に算入し、債務免除益と相殺することができる制度が整備されています。

　また、廃業型私的整理手続では個人事業主について債務免除益が総収入金額に算入されないことが認められます（本Q&AのQ98）。

5　米倉裕樹・中村和洋ほか『企業法務で知っておくべき税務上の問題点100』（清文社、2021年）42頁。全国倒産処理弁護士ネットワーク・前掲注1）104頁も参照。

第2 ▌ 再生型私的整理手続

　「第1　概要」で概説したとおり、本ガイドラインの定める準則型私的整理手続（中小企業版私的整理手続）には、再生型、廃業型の2つの類型があります。この節では、事業の継続を念頭に置いた再生型の手続（再生型私的整理手続）の流れを解説します。

　「はじめに」で概説したとおり、事業の継続を念頭に置いた金融機関調整を中核とした再生型の準則型私的整理手続には、事業再生ADR、協議会スキーム、REVIC、RCC、特定調停等の類型が既に存在します。

　もっとも、新型コロナウイルス感染症による影響を受けた中小企業者の再生が重要な課題であるところ、中小企業者の特性を考慮し、中小企業者が、より迅速かつ柔軟に事業再生に取り組めるような準則型私的整理手続が望まれ、今般、中小企業版私的整理手続が誕生しました。このような経緯から、**迅速性**、**柔軟性**が中小企業版私的整理手続のキーワードといえます。

　再生型私的整理手続の活用場面は今後の運用に委ねられますが、事業再生ADRと協議会スキームのミドルゾーンに属する規模の案件や協議会スキームでは必ずしも多くなかった債務減免を伴う案件での利用が期待されます。

　なお、活用支援のために費用補助制度があることも注目されます（「第1　概要」参照）。

1．再生型私的整理手続の概要

(1)　再生型私的整理手続の関係者

　再生型私的整理手続は、①経営困難な状況にある**中小企業者**である債務者が、②弁護士、会計士等の**外部専門家**の支援を受けて、③**主要債権者**に対し、再生型私的整理手続の利用を検討している旨を申し出た上で、④**事業再生計画案**を作成し、⑤これについて独立・公平な立場である**第三者支援専門家**による調査報告を経て、⑥事業再生計画案につき、**対象債権者**全員の同意を得て、債務（主として金融債務）について返済猶予、債務減免等を受けることにより、当該中小企業者の事業再生を図る手続です（以下【関係図】参照）。

【関係図】

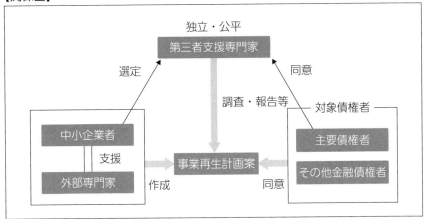

　外部専門家、第三者支援専門家、対象債権者、主要債権者の意義は、それぞれ、以下のとおりです。

【関係当事者の意義】

外部専門家	中小企業者の**アドバイザー**としての専門家（弁護士、公認会計士、税理士、中小企業診断士等の専門家）
第三者支援専門家	**第三者**である支援専門家（弁護士、公認会計士等の専門家であって、再生型私的整理手続および廃業型私的整理手続を遂行する適格性を有し、その適格認定を得たもの）
対象債権者	中小企業者に対して金融債権等を有する債権者で事業再生計画や弁済計画が成立した場合に権利を変更されることが予定されている債権者
主要債権者	金融債権額のシェアが最上位の対象債権者から順番に、その**シェアの合計額が50％以上に達するまで**積み上げた際の、単独または複数の対象債権者[1]（保全の有無を問わない）

　この点、外部専門家と第三者支援専門家は立場が異なり、前者が中小企業者自身が選定する**中小企業者側**のアドバイザーであるのに対し、後者は中小企業者と利害関係を有しない独立・公平な立場から手続を支援する、いわばアンパ

1　債権額の算出の基準時は、中小企業者が「本手続の利用を検討している旨」を申し出た時点が原則とされています（本Q&AのQ25）。

イアのような立場です。そのため、第三者支援専門家は外部専門家と異なり、
①公表されたリストからの選定、②選定についての主要債権者からの同意、③
利害関係がないことの確認というプロセスを経る必要があります。

　外部専門家と第三者支援専門家の相違は、以下のとおりです。

【外部専門家と第三者支援専門家の相違】

	外部専門家	第三者支援専門家
選定	中小企業者が選定	中小企業者が公表されたリストから選定
主要債権者の同意	不要	必要
利害関係	中小企業者の顧問でもよい	中小企業者、対象債権者と利害関係なし

(2)　再生型私的整理手続の流れの概要

　再生型私的整理手続の流れは、以下のとおりです。

【再生型私的整理手続の流れ】

外部専門家の選定 → 第三者支援専門家の選定 → 主要債権者への手続利用検討の申出 → 支援開始の決定 → 一時停止の要請 → 事業再生計画案の策定 → 第三者支援専門家の調査報告書作成 → 債権者会議の開催 → 事業再生計画の成立 → 事業再生計画の実行・モニタリング

　以下では、手続の流れを大きく3つのフェーズに分け、フェーズごとに各項
目の概要について、解説します。

2．再生型私的整理手続の流れ（第1フェーズ）

【再生型私的整理手続の流れ（第1フェーズ）】

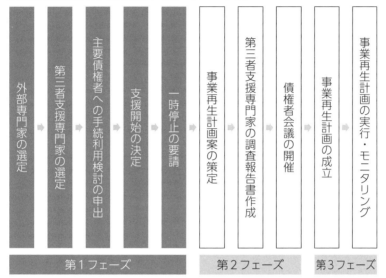

外部専門家の選定 → 第三者支援専門家の選定 → 主要債権者への手続利用検討の申出 → 支援開始の決定 → 一時停止の要請 → 事業再生計画案の策定 → 第三者支援専門家の調査報告書作成 → 債権者会議の開催 → 事業再生計画の成立 → 事業再生計画の実行・モニタリング

第1フェーズ　　第2フェーズ　　第3フェーズ

⑴　外部専門家の選定

　再生型私的整理手続は、中小企業者が、**外部専門家**を選定することから手続がスタートします。外部専門家は、公認会計士、税理士、中小企業診断士、弁護士、不動産鑑定士、その他の専門家等から選定され、事業再生計画案の作成等の支援を行います（顧問契約を締結している専門家を含みます）。

　この点、再生型私的整理手続では外部専門家は必要に応じて選定することとされていますが、専門家なしで中小企業者自身が手続を遂行することは困難であり、外部専門家を選定することが通常と考えられます。

　なお、外部専門家の選定については、第三者支援専門家と異なり、主要債権者の同意は不要です。

⑵　第三者支援専門家の選定

　次に、中小企業者は、**第三者支援専門家**を選定する必要があります。第三者

支援専門家は独立・公平な立場から事業再生計画案の調査報告等を行います。

　中小企業版私的整理手続が金融債権者等への負担を求める以上、公正な手続遂行が必須であり、手続の遂行にあたっては、独立・公平な立場である第三者支援専門家の存在が必須となるためです。

　第三者支援専門家の選定の過程は、概要、以下のとおりです。

【第三者支援専門家の選定】

```
┌─────────────────────────────┐
│     候補者リストからの選定      │
└─────────────────────────────┘
              ↓
┌─────────────────────────────┐
│  第三者支援専門家への就任の打診  │
└─────────────────────────────┘
              ↓
┌─────────────────────────────┐
│  第三者支援専門家による就任の受諾 │
└─────────────────────────────┘
              ↓
┌─────────────────────────────┐
│     主要債権者からの同意        │
└─────────────────────────────┘
```

ア　候補者リストからの選定

　中小企業者は、第三者支援専門家の候補者リストから第三者支援専門家を選定します。候補者リストは、中小企業活性化協議会全国本部および一般社団法人事業再生実務家協会が公表しており、これらの団体が適格性を有するとして認定した弁護士、公認会計士等がリストアップされています（本Q&AのQ30、Q31）[2]。中小企業者自身が、同リストから第三者支援専門家を選定することは、中小企業版私的整理手続の大きな特徴です。ただし、対象債権者全員から同意を得た場合は、候補者リストにない第三者支援専門家を選定することも可能です。

　第三者支援専門家は、1名から3名の選任が想定されており、例えば、弁護士1名、公認会計士1名を選任することが考えられます（本Q&AのQ33）。

　なお、第三者支援専門家の業務として、金融機関調整や事業再生計画案のうち法律事務に関する調査報告書の作成（債権放棄型の計画案など）を含む場合には、必ず弁護士を選任しなければならない点に注意が必要です。

---

[2]　独立行政法人中小企業基盤整備機構（中小機構）https://www.smrj.go.jp/index.html
　一般社団法人事業再生実務家協会　https://turnaround.jp/

イ　第三者支援専門家への就任の打診

第三者支援専門家は、中小企業者から就任の打診に対し、受諾の義務があるわけではありません（本Q&AのQ32）。

また、第三者支援専門家は、独立・公平である必要があり、**中小企業者および対象債権者との間に利害関係を有しない者でなければならない**ため、この点を第三者支援専門家が調査する必要もあります。

そこで、中小企業者は、可能な限り、時間的な余裕をもって、第三者支援専門家に対して、就任の打診をする必要があります。

ウ　第三者支援専門家による就任の受諾

第三者支援専門家は、打診を受け、就任可能と判断した場合には、就任を受諾します。就任にあたって、第三者支援専門家は、対象債権者に対して、利害関係を有しないことの確認書を提出します（本Q&Aの参考書式1）。

エ　主要債権者全員からの同意

中小企業者は、第三者支援専門家を選定した後、選定について**主要債権者全員から同意**を得る必要があります。

(3)　主要債権者への手続利用検討の申出

次いで、中小企業者は、主要債権者に対し、再生型私的整理手続の利用を検討している旨を申し出ます。かかる手続利用検討の申出の際に、第三者支援専門家の選定についても主要債権者から同意を得ることが考えられます。

このように、再生型私的整理手続では、主要債権者が、手続の初期段階から重要な役割を果たすため、本ガイドラインでは、主要債権者は、誠実かつ迅速な検討および手続の円滑で速やかな進行への協力が求められています。また、潜在的な債権者である信用保証協会と緊密に連携・協力することも求められています。

(4)　支援開始の決定

主要債権者への手続利用の申出後、中小企業者は、第三者支援専門家に対して、支援の申出を行います。かかる申出を受けた**第三者支援専門家は、主要債権者の意向も踏まえ、再生支援を行うことが不相当でないと判断した場合には、**

中小企業者の資産・負債および損益の状況の調査検証や事業再生計画策定の支援等を開始することを決定します。

　この点、主要債権者への意向確認については、具体的な計画案への同意の可能性までを確認する必要はなく、**中小企業版私的整理手続を利用して中小企業者の事業の再生の検討を進めていくことに対して否定的でないことが確認されれば足りる**とされ、迅速かつ柔軟な支援の開始が予定されています（本Q&AのQ44）。

(5)　一時停止の要請

　支援開始の決定後、中小企業者は、第三者支援専門家の確認を経た上で、資金繰りの安定化のために必要があるときは、すべての対象債権者に対して、同時に、書面で一定期間の返済猶予等を内容とする一時停止の要請を行います（本Q&AのQ47）。なお、中小企業者が、支援開始決定前に、主要債権者やその他の対象債権者に対して、返済の一時猶予などを要請することは妨げられません（本Q&AのQ45）。

ア　一時停止の要請の内容

　一時停止の要請は、すべての対象債権者に対して、一定の期間の返済の猶予を要請するとともに、回収、保全行為を差し控えるよう要請することを内容としています（本Q&AのQ46）。これにより、中小企業者は、資金繰りを維持しつつ、中小企業版私的整理手続を遂行することが可能になります。

　一時停止の要請の記載内容は、以下のとおりです。

【一時停止の要請の記載内容】

	項目	内容
1	第三者支援専門家	住所、氏名、連絡先
2	一時停止の内容	元金の返済猶予か、元利金の返済猶予かを記載
3	一時停止期間	原則：3〜6カ月程度。必要がある場合は延長可能（本Q&AのQ47）

4	差し控えを要請する行為（回収、保全行為）	● 要請時における「与信残高」の減少 ● 弁済の請求・受領、相殺権を行使するなどの債務消滅に関する行為 ● 追加の物的人的担保供与、担保権の実行、強制執行や仮差押え・仮処分や法的倒産処理手続の申立て
5	再生の基本方針	● 予想される対象債権者の権利の変更の内容および利害関係人の協力の見込みなどを記載。ただし、計画案における弁済率および弁済期間等の記載までは不要（本Q&AのQ48）

　事業再生計画案に債務減免等の要請が含まれる可能性がある場合には、上記5の「再生の基本方針」の記載が必要となります。他方、債務減免等の要請を含まない事業再生計画案を作成することが見込まれる場合は、その旨を記載することが必要になります。

　このように、債務減免等の可能性の有無により一時停止の要請の記載内容は異なるため、本Q&Aの末尾には、それぞれのケースに応じた一時停止の書式が掲載されています（本Q&Aの参考書式2－1、2－2）。スポンサー型、自主再建型の場合の具体的な記載例も掲載されていますので、ご確認ください。

　　イ　対象債権者に期待される対応

　対象債権者は、一時停止の要請が以下の要件を充足している場合、一時停止の要請について誠実に対応する必要があります。

---

① 　一時停止要請が**書面によるもの**であり、かつ、**すべての対象債権者に対して同時に行われている**こと
② 　中小企業者が、手続開始前から債務の弁済や経営状況・財務状況の開示等に**誠実に対応**し、**対象債権者との間で良好な取引関係が構築されている**こと
③ 　事業再生計画案に債務減免等の要請が含まれる可能性のある場合は、**再生の基本方針が対象債権者に示されている**こと（債務減免等の要請を含まない事業再生計画案を作成することが見込まれる場合は、その旨を一時停止の要請書面に記載すること）

　　ウ　一時停止の効力

　すべての対象債権者が一時停止の要請に応諾することにより、その効力は要請時に遡って効果が生じます。

　この点、対象債権者による応諾の有無は、書面による確認を必要とせず、**第三者支援専門家または外部専門家が適切な方法で確認**をすれば足りるとされています。また、確認の結果についても、適切な方法で対象債権者に報告することが望ましいとされるのみであり（本Q&AのQ51）、柔軟な対応が予定されています。

　なお、再生型私的整理手続における一時停止の要請は、原則的には支払停止にも銀行取引約定書における期限の利益喪失事由にも該当しないと考えられます（本Q&AのQ50）。

3．再生型私的整理手続の流れ（第2フェーズ）

【再生型私的整理手続の流れ（第2フェーズ）】

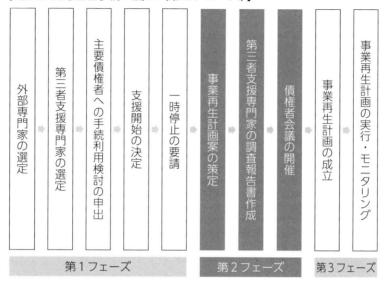

外部専門家の選定 → 第三者支援専門家の選定 → 主要債権者への手続利用検討の申出 → 支援開始の決定 → 一時停止の要請 → 事業再生計画案の策定 → 第三者支援専門家の調査報告書作成 → 債権者会議の開催 → 事業再生計画の成立 → 事業再生計画の実行・モニタリング

第1フェーズ　　　　第2フェーズ　　第3フェーズ

(1)　事業再生計画案の策定までの過程

ア　スケジュール

　再生型私的整理手続では、中小企業者は、外部専門家の支援を受けるなどして、**自ら事業再生計画案を作成**する必要があります。

　事業再生計画案は**相当の期間内に作成**するものとされ、事業再生計画案の作成にあたっては、スケジュールが重要になります。

　この点、「相当の期間」は、ケース・バイ・ケースですが、迅速かつ柔軟に手続を進めるため、原則、**第三者支援専門家による支援等の開始時点から3～6カ月が想定**されています。また、手続の開始時点において、中小企業者が想定されるスケジュールを事前に説明しておくことが対象債権者の予測可能性の観点からも望ましいとされています（本Q&AのQ53）。

　事業再生計画案の作成にあたり、スポンサー選定が必要な場合等には、スポンサー選定のスケジュールも考慮して、事業再生計画案の作成スケジュールを

検討する必要があります。また、財務および事業のDDを実施する場合は、そのスケジュールも考慮する必要があります。

イ　関係者の協議・検討

再生型私的整理手続では、中小企業者が**事業再生計画案**を作成するにあたり、進捗状況に応じて、中小企業者、外部専門家、第三者支援専門家、主要債権者が適宜協議・検討を行うことが想定されています。

かかる事前の協議・検討を経て事業再生計画案を作成することが、円滑な事業再生計画の成立に資すると考えられます。

(2)　事業再生計画案の内容

本ガイドラインでは、以下のとおり、事業再生計画案に含めるべき内容の詳細が定められています。ただし、小規模企業者（中小企業者のうち中小企業基本法2条5項に定義される事業者）が債務減免等の要請を含まない事業再生計画案を作成する場合には、事業再生計画案に含むべき内容の一部について緩和されています。

【事業再生計画案に含める内容】

	項目	内容
1	一般的事項	● 企業の概況 ● 財務状況（資産・負債・純資産・損益）の推移 ● 実態貸借対照表[3]※
2	窮境に至る経緯	● 経営が困難になった原因
3	事業再生の方針	● 事業再生のための具体的施策[4] ● 今後の事業および財務状況の見通し
4	金融支援	● 金融支援の内容 ● 資金繰り計画（債務弁済計画を含む）

3　本ガイドラインでは、資産評定基準（経済産業省関係産業競争力強化法施行規則29条1項1号の資産評定に関する基準）に基づく資産評定は求められていません。

4　事業再生計画案には、「自助努力」が必要とされ、中小企業者は、不採算部門の整理・撤退などの事業の再構築やコスト構造の見直し、収益機会の拡大、過剰設備や遊休資産の処分、役員報酬等の減額を含む人件費・管理費用等の経費の削減などの施策を実施する必要があります（本Q&AのQ55）。

5	経営者責任	● 経営責任の明確化 ● 株主責任の明確化※
6	数値基準の充足	● 5年以内を目途に実質的な債務超過を解消 ● 概ね3年以内を目途に黒字に転換 ● 有利子負債の対キャッシュ・フロー比率が概ね10倍以下
7	保証債務の整理	● 保証人の資産と負債の状況※
8	経済合理性	● 清算価値保障原則※（法人／法人と保証人一体）
9	地域経済への影響	● 地域経済の発展や地方創生への貢献、取引先の連鎖倒産回避等による地域経済への影響

※債務減免等[5]を要請する場合（カット型）の事業再生計画案では必要

ア　金融支援

　金融支援における権利関係の調整（債務減免のカット率等）は**対象債権者間で平等であるのが原則**です。もっとも、対象債権者間に差異を設けても実質的な衡平性を害さない場合には、**差異を設けることが例外的に認められる場合もある**とされ、柔軟な運用が予定されています（本Q&AのQ60、Q61）。

イ　数値基準の充足

　事業再生計画案の数値基準としては、以下の基準を満たすことが必要となります。

> ①　事業再生計画成立後最初に到来する事業年度開始の日から**5年以内を目途に実質的な債務超過を解消**するものであること
> ②　事業再生計画成立後最初に到来する事業年度開始の日から**概ね3年以内を目途に黒字に転換**する内容とすること
> ③　事業再生計画の終了年度における**有利子負債の対キャッシュ・フロー比率が概ね10倍以下**となる内容とすること

　もっとも、上記の数値基準は、あくまでも目安であり、本ガイドラインでは、「5年以内を目途」、「概ね3年以内を目途」、「概ね10倍以下」などというよう

5　債務減免等にDDS（デット・デット・スワップ）は含まれるか否かについて、DDSは、基本的には、借入（負債）を一定の劣後条件の付された借入（負債）に切り替えるものであるから、債務減免等にDDSは含まれないと考えることが合理的な場合が多いとされています。しかし、DDSには多様な形態があり、DDSが債務減免等に含まれるかどうかは一義的には判断できないため、第三者支援専門家の助言も踏まえながら、個別の判断が必要です（本Q&AのQ58）。

に、企業の業種特性や固有の事情等に応じた合理的な理由がある場合には、これを超える期間、比率を要する計画は排除しないとされ、柔軟な運用が予定されています。

ウ　経営責任

①　経営責任の明確化

金融支援を要請する場合（リスケジュール型、カット型）には、原則として経営責任を明確化することが求められます。

経営責任の内容としては、経営者の退任が原則と考えられます。

もっとも、本ガイドラインでは、(i)窮境原因に対する経営者の関与度合い、(ii)対象債権者による金融支援の内容、(iii)対象債権者の意向、(iv)中小企業者の事業継続における経営者の関与の必要性、(v)中小企業者の自助努力の内容や程度など種々の事情、(vi)自然災害や感染症の世界的流行などといった外的要因の影響度合いにも配慮して、柔軟な対応をすることが予定されています。

具体的には、役員報酬の削減、経営者貸付の債権放棄、私財提供や支配株主からの離脱等により、経営責任を明確化し、経営者の退任は求めない計画案も許容されうると考えられます（本Q&AのQ13、Q23、Q59）。

②　株主責任の明確化

債務減免等の抜本的な金融支援を要請する場合（カット型）には、原則として株主責任を明確化することが求められます。

株主責任の内容としては、債権者に劣後する全株主の株主権を消滅させることが原則と考えられます。

もっとも、本ガイドラインでは、事案に応じて支配株主の権利を消滅させる方法（経営への関与が認められない一般株主については、支配株主とは別に取り扱うこともありえます）や、減増資により既存株主の割合的地位を減少または消滅させる方法などの方法が例示され（本Q&AのQ24）、**全株主の株主権を消滅させない形での柔軟な対応**が予定されています。

エ　保証債務の整理

債務減免等の抜本的な金融支援を要請する場合（カット型）で、経営者保証があるときは、保証人の資産等の開示と保証債務の整理方針を明らかにすることが必要です。

　また、経営者の保証債務の整理には、既存の経営者保証に関するガイドラインを活用することが想定されており（「第4　保証債務の整理（経営者保証に関するガイドライン）」参照）、原則として、中小企業版私的整理手続において、主たる債務との一体整理を図るよう努めるべきとされています（本Q&AのQ56）。

オ　経済合理性

　金融支援の内容として債務減免等を要請する場合（カット型）には、破産手続で保障されるべき清算価値（清算配当率）よりも多くの回収を得られる見込みがあるなど、対象債権者にとって、再生型私的整理手続によることについて経済合理性があることが必要です（**清算価値保障原則**）。なお、債務減免等を必要とする場合の減免を求める額（カット額）の算定については、その前提となる情報等について開示することが重要となるため、実態貸借対照表に加え、外部専門家による財務および事業に関するDDを実施して、DDの結果を対象債権者に報告することが必要となるケースが多いと考えられます（本Q&AのQ38参照）。

(3)　第三者支援専門家の調査報告書作成

　第三者支援専門家は、中小企業者が作成した事業再生計画案について、内容の相当性および実行可能性等について調査し、原則として調査報告書を作成します。また、作成された調査報告書は、対象債権者に提出されます。

　調査対象として、以下の内容を含むことが要請されます。

---

①　事業再生計画案の内容の相当性
②　事業再生計画案の実行可能性
③　金融支援の必要性
④　金融支援の内容の相当性と衡平性
⑤　破産手続で保障されるべき清算価値と比較した場合の経済合理性（私的整理を行うことの経済合理性）
⑥　地域経済への影響
※①～④は、リスケジュール型の事業再生計画案で調査報告書を作成する場合に必要。
　①～⑤は、カット型の事業再生計画案で必要。
　⑥は、事業再生計画案に記載がある場合は必要。

　調査報告書は、独立・公平な立場から第三者支援専門家が、事業の収益性や将来性等を考慮して、事業再生計画案の内容の相当性および実行可能性等について報告するものであり、対象債権者が事業再生計画案の妥当性等を判断し、同意を行うにあたって、極めて重要な意味を有するものです。

　再生型私的整理手続では、調査報告書の作成は必要的ではありませんが、債務減免等を要請する内容を含む事業再生計画案（カット型）の場合は、調査報告書の作成は必要的です。また、その際の第三者支援専門家には弁護士が含まれる必要があります。

(4)　債権者会議の開催

　中小企業者により事業再生計画案が作成された後、中小企業者は、以下の要領で、債権者会議を開催します（本Q&AのQ71）。

【債権者会議の開催】

招集者	中小企業者[6]
開催方式	制限なし（ウェブでの開催も可）
議事録	議事録の作成が推奨（作成しないことも可）
議長	第三者支援専門家である弁護士等[7]（参加者の協議で決定）
説明内容	①　中小企業者による事業再生計画案の説明 ②　第三者支援専門家による事業再生計画案の調査結果の報告 ③　事業再生計画案への同意・不同意の期限の設定
債権者の出席	原則：すべての対象債権者の出席 例外：一部の対象債権者が欠席した場合でも開催可[8]

　債権者会議では、中小企業者による事業再生計画案の説明および第三者支援専門家による事業再生計画案の調査結果の報告が行われます。

　また、対象債権者から質疑応答・意見交換が行われ、中小企業者は、対象債権者が事業再生計画案に対する同意・不同意の意見を表明する期限を定めます。

6　主要債権者および第三者支援専門家の協力を得ることが必要です（本Q&AのQ70）。
7　本Q&AのQ70では弁護士である第三者支援専門家が議長になるケースが示唆されています。
8　ただし、再生計画案にはすべての対象債権者の同意が必要となるため、債権者会議に出席しなかった対象債権者に対して個別に事業再生計画案を説明して同意を得る必要があります（本Q&AのQ71）。

　この点、債権者会議の回数については、本ガイドラインでは、特段定められておらず、事業再生計画案の説明と調査報告書の説明のための会議を1回だけ開催する場合のみならず、必要に応じて柔軟に実施することが予定されています。また、債権者会議を開催せず、事業再生計画案の説明等を持ち回りにより実施することも可能とされています（本Q&AのQ69）。

4．再生型私的整理手続の流れ（第3フェーズ）

【再生型私的整理手続の流れ（第3フェーズ）】

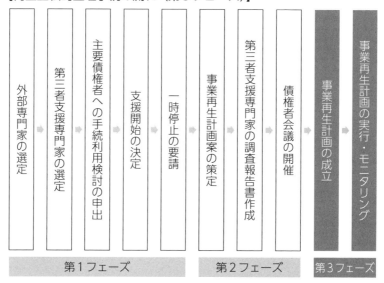

外部専門家の選定 ⇨ 第三者支援専門家の選定 ⇨ 主要債権者への手続利用検討の申出 ⇨ 支援開始の決定 ⇨ 一時停止の要請 ⇨ 事業再生計画案の策定 ⇨ 第三者支援専門家の調査報告書作成 ⇨ 債権者会議の開催 ⇨ 事業再生計画の成立 ⇨ 事業再生計画の実行・モニタリング

第1フェーズ　　　第2フェーズ　　　第3フェーズ

⑴　事業再生計画の成立

ア　合意形成活動

　事業再生計画の成立には、主要債権者だけでなく**すべての対象債権者からの同意が必要**となるため、合意形成活動は欠かせません。本ガイドラインにおいても、中小企業者、主要債権者および第三者支援専門家は、対象債権者などと協議の結果、必要があれば、事業再生計画案を修正して、対象債権者の合意形成に努めることが求められています。

イ　対象債権者が反対を行う場合

　再生型私的整理手続においては、事業再生計画案に対して不同意とする対象債権者は、速やかにその理由を第三者支援専門家に対し誠実に説明する必要があります。その際、可能な範囲で、不同意とするにあたっての数値基準などの客観的な指標や、その理由について具体的な事実をもって説明することが望ましいとされています。

　このような仕組みは、一種の**コンプライ・オア・エクスプレインの原則**（「遵守せよ、さもなくば説明せよ」とのコーポレートガバナンス・コード等で採用されている原則）の一環といえ、これまでの私的整理手続にはない新しい試みです。

　もっとも、不同意を予定している対象債権者の審査基準など、当該対象債権者における営業秘密に属する事項もあると考えられるため、判断理由のすべてを説明することが困難である場合もありえます（本Q&AのQ72）。

ウ　全員同意

　すべての対象債権者が事業再生計画案について同意し、第三者支援専門家がその旨を文書等により確認した時点で事業再生計画は成立します。

　もっとも、同意あるいは同意の見込みを得られない対象債権者の債権額が少額であり、債権者間の衡平を害さない場合には、当該債権者を金融支援の対象から除く事業再生計画案とすることも考えられます（本Q&AのQ73）。

　なお、対象債権者の権利は、成立した事業再生計画の定めによって変更されます。

エ　事業再生計画案が不成立の場合

　事業再生計画案についてすべての対象債権者から同意を得ることができないことが明確となった場合は、第三者支援専門家は、再生型私的整理手続を終了させることになります。

　なお、再生型私的整理手続が終了したときは、対象債権者は一時停止を終了することができます。

(2)　事業再生計画の実行・モニタリング

ア　事業再生計画の実行と達成状況等のモニタリング

　事業再生計画の成立後、中小企業者は同計画を実行する義務を負います。

　この点、外部専門家や主要債権者は、事業再生計画成立後の中小企業者の事業再生計画達成状況等について、概ね3事業年度を目途として[9]、**定期的にモニタリングを行う必要**があります。具体的には、四半期または半期ごとに、収益

9　事業再生計画が予定どおり進捗していない場合には、モニタリングの期間が延長されることも想定されています（本Q&AのQ79）。

の状況、財務の状況、計画の達成状況等を外部専門家と主要債権者に対して報告することが考えられます（本Q&AのQ76）。

　もっとも、モニタリングには第三者支援専門家の関与は必須ではなく、第三者支援専門家の関与を求めるか否かは、ケース・バイ・ケースで柔軟に判断することになります（本Q&AのQ77）。

イ　事業再生計画の変更等

　モニタリングの結果、事業再生計画と実績の乖離が大きい場合は、中小企業者と主要債権者は、相互に協力して、乖離の真因について分析を行う必要があります。

　上記分析結果を踏まえ、事業再生計画の遂行が困難であれば、事業再生計画の変更や抜本再建、法的整理手続、廃業などへの移行を行うことを検討することになります。

　ケースによっては、「第3　廃業型私的整理手続」で説明する廃業型私的整理手続に移行する場合も想定され、その場合には、主要債権者全員からの同意を得れば、廃業型私的整理手続の途中段階（弁済計画案の策定など）から手続を行うことができ、必要に応じて、同一の第三者支援専門家の支援を継続して得ることができるなどの柔軟な対応も予定されています（本Q&AのQ80）。

第3 ▎廃業型私的整理手続

　ここでは、本ガイドラインの定める準則型私的整理手続のうち、事業の廃業を念頭に置いた手続（廃業型私的整理手続）の流れを解説します。

　これまで、債務超過の会社が廃業をする場合、法的整理手続である破産手続、特別清算手続や、準則型私的整理手続である裁判所の特定調停手続または地域経済活性化支援機構（REVIC）による特定支援の手続が用いられてきました。今回新しく運用が開始された本ガイドラインの廃業型私的整理手続は、廃業を目的とした準則型私的整理手続の1つとして位置づけられます。

　手続を利用したことが公表されず、原則として金融債務のみを債務減免の対象とする私的整理手続を用いて廃業を行うことにより、破産による風評被害を防止し、従業員や取引先への影響も最小化することができるため、今後、本ガイドラインの廃業型私的整理手続が積極的に活用されることが期待されます。

　なお、廃業型私的整理手続であっても再生型私的整理手続と同様、活用支援のために費用補助制度があります（「第1　概要」参照）。

1．廃業型私的整理手続の概要

【関係図】

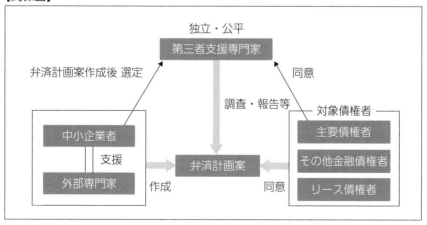

廃業型私的整理手続の流れは、以下のとおりです。

【廃業型私的整理手続の流れ】

外部専門家の選定 ➡ 主要債権者への手続利用検討の申出 ➡ 支援開始の決定 ➡ 一時停止の要請 ➡ 弁済計画案の策定 ➡ 第三者支援専門家の選定 ➡ 第三者支援専門家の調査報告書作成 ➡ 債権者会議の開催 ➡ 弁済計画の成立 ➡ 弁済計画の実行・モニタリング

　中小企業者が、外部専門家の支援を受けて弁済計画案を策定し、これについて第三者支援専門家による調査報告を経て、対象債権者の同意を得るという流れは、再生型私的整理手続と同様です。なお、中小企業者が策定し、対象債権者の同意の対象となる計画案のことを、再生型私的整理手続においては**事業再生計画案**と呼ぶのに対し、廃業型私的整理手続においては**弁済計画案**と呼ぶ点は異なります。

　もっとも、再生型私的整理手続における手続の流れ（「第2　再生型私的整理手続」の【再生型私的整理手続の流れ】）と比較すると、**第三者支援専門家を選定する時点が、弁済計画案の策定後まで後ろ倒しになっています。**この点は、再生型私的整理手続との相違点として重要です。すなわち、廃業型私的整理手続に関与する専門家は、弁済計画案の策定までは、外部専門家のみであるため、外部専門家の役割が重要です。

　また、廃業型私的整理手続の場合には、事業を継続しないため、対象債権者として、原則としてリース債権者が含まれる点も再生型私的整理手続とは異なっています。

　以下では、再生型私的整理手続と同様、手続の流れを大きく3つのフェーズに分けた上で、フェーズごとに再生型私的整理手続との相違点に触れながら、廃業型私的整理手続の概要を説明していきます。

2．廃業型私的整理手続の流れ（第1フェーズ）

【廃業型私的整理手続の流れ（第1フェーズ）】

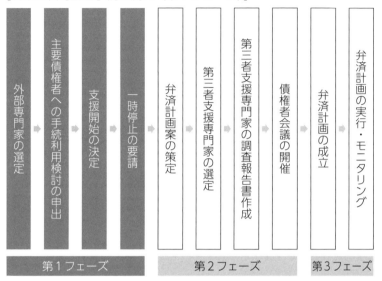

外部専門家の選定 ➡ 主要債権者への手続利用検討の申出 ➡ 支援開始の決定 ➡ 一時停止の要請 ➡ 弁済計画案の策定 ➡ 第三者支援専門家の選定 ➡ 第三者支援専門家の調査報告書作成 ➡ 債権者会議の開催 ➡ 弁済計画の成立 ➡ 弁済計画の実行・モニタリング

第1フェーズ　　第2フェーズ　　第3フェーズ

(1)　外部専門家の選定

　廃業型私的整理手続では、手続の利用にあたり、まず中小企業者は**外部専門家**を選定する必要があります（再生型私的整理手続では中小企業者は必要に応じて外部専門家を選定します）。

(2)　主要債権者への手続利用検討の申出

ア　手続利用検討の申出の主体

　廃業型私的整理手続では、中小企業者は、**外部専門家とともに**、主要債権者に対し、廃業型私的整理手続の利用を検討している旨を申し出る必要があります（再生型私的整理手続では中小企業者が単独でも手続利用検討の申出が可能と解されます）。

イ　廃業型私的整理手続の対象となる債権者

　廃業型私的整理手続では、対象債権者の範囲が再生型私的整理手続とは異な

り、「リース債権者」も、ファイナンスリース・オペレーティングリースの別を問わず、原則として対象債権者に含まれることとされています（本ガイドライン第三部1(1)、本Q&AのQ20）。これは、再生型私的整理手続の場合には、中小企業者が事業を継続するため、リース対象物件を継続利用することが原則として想定されているのに対し（物件を処分する場合や支払が困難な場合は例外的に対象債権者に含む場合もあります）、廃業型私的整理手続の場合には、事業を継続しないため、リース対象物件を処分し残リース債務を清算することが想定されているためです（本Q&AのQ20）。

⑶　支援開始の決定

　廃業型私的整理手続では、外部専門家が、主要債権者の意向も踏まえ、支援開始の決定を行います。

　この点、再生型私的整理手続では、手続の最初から第三者支援専門家が選定されているため、第三者支援専門家が支援開始の決定を行うこととされており、第三者支援専門家の選定が後ろ倒しにされている廃業型私的整理手続とは開始の決定主体が異なります。

　なお、主要債権者の意向につき、具体的な弁済計画案への同意の可能性までを確認する必要はなく、手続を利用して中小企業者の事業の廃業の検討を進めていくことに対して否定的でないことが確認されれば足りる点は、再生型私的整理手続と同様です（本Q&AのQ44）。

⑷　一時停止の要請

　中小企業者は、外部専門家の確認を経た上で、支援開始の決定以後、必要に応じて、主要債権者全員の同意を得た上で、すべての対象債権者に対して同時に、書面で一時停止の要請を行います（本Q&AのQ84）。

　この点、再生型私的整理手続における一時停止の要請は、第三者支援専門家の確認を経る点、主要債権者の同意が不要である点で異なります。

　なお、対象債権者は、再生型私的整理手続と同様、すべての対象債権者に対して同時かつ書面により行われた一時停止の要請を手続開始前から良好な関係等にある中小企業者から受けた場合、誠実に対応することとされています（本

ガイドライン第三部5⑴③)。

ア　一時停止の要請の内容

　一時停止の要請の内容は、再生型私的整理手続の場合と概ね同様であり、記載内容は以下のとおりです。

【一時停止の要請の記載内容】

	項目	内容
1	外部専門家	●住所、氏名、連絡先
2	主要債権者	●主要債権者全員の同意を得ていること
3	一時停止の内容	●元金の返済猶予か、元利金の返済猶予かを記載
4	一時停止期間	●原則：3〜6カ月程度 　必要がある場合は延長可能（本Q&AのQ84）
5	差し控えを要請する行為（回収、保全行為）	●要請時における「与信残高」の減少 ●弁済の請求・受領、相殺権を行使するなどの債務消滅に関する行為 ●追加の物的人的担保供与、担保権の実行、強制執行や仮差押え・仮処分や法的倒産処理手続の申立て

　廃業型私的整理手続の場合には、再生型私的整理手続で要請される第三者支援専門家の代わりに、外部専門家の氏名や、主要債権者全員の同意を得て要請を行っている旨を記載することが望ましいとされています（本Q&AのQ84）。実務上は、本Q&Aの参考書式2-3（本書第3部・資料2）として掲載されている記載例などを参考にして、一時停止の要請の書面を作成することが想定されます。

　なお、**一時停止の要請にあたって、主要債権者全員の同意を取得する必要がある**という点は、再生型私的整理手続と異なる廃業型私的整理手続の特徴の1つです。

イ　一時停止の期間

　中小企業者は、自らまたは外部専門家から支援を受ける等して、一時停止の要請後、「相当の期間」内に弁済計画案を策定する必要があります（本ガイドライン第三部5⑴③、⑵①）。

　この点、「相当の期間」は、再生型私的整理手続と同様、ケース・バイ・

ケースですが、原則、**外部専門家による支援等の開始時点から3～6カ月が想定**されています。また、手続の開始時点において、中小企業者が想定されるスケジュールを事前に説明しておくことが対象債権者の予測可能性の観点からも望ましいとされています（本Q&AのQ86）。

　もっとも、廃業型私的整理手続は、**再生型私的整理手続と異なり、将来収益からの弁済を期待できないため、一時停止の要請期間が長期化すれば、対象債権者の利益を害するおそれがあり、弁済原資となる会社財産が流出する危険が大きくなるため、一時停止期間が長期化しないよう留意する必要があります**（本Q&AのQ84、Q86）。なお、中小企業者は、一時停止の期間を延長する必要がある場合には、外部専門家の確認を経た上で、すべての対象債権者に対し同時に書面により延長の必要性についての合理的な理由等の記載とともに一時停止の終期の延長を要請することも可能です（本Q&AのQ84）。

　また、廃業型私的整理手続においては、将来収益からの弁済が期待できる再生型私的整理手続と異なり、会社財産の流出が対象債権者への弁済率により直接的に影響を与えることになるため、**一時停止の要請の濫用を防止する必要性がより高いと考えられます**（本Q&AのQ84参照）。そのため、相当の期間内に弁済計画案を策定し対象債権者に提示することが適切になされない場合や、弁済計画案の策定状況について対象債権者からの求めに応じた適切な経過報告がなされない場合には、対象債権者は一時停止を終了することができるとされています（本ガイドライン第三部5(1)③)[1]。

　なお、再生型私的整理手続の場合と同様、廃業型私的整理手続においても、一時停止の要請は、原則的には支払停止にも銀行取引約定書における期限の利益喪失事由にも該当しないと考えられます。もっとも、中小企業者が適切な経過報告を行わない場合や、中小企業者の財産状況の開示に不適切な状況が認められる場合など、弁済計画成立の見込みがおよそ乏しいと言わざるをえない場合には、債務の弁済猶予に関して形成された合意が維持できないと判断され、支払停止に該当するケースもありうるとされているため、注意が必要です（本Q&AのQ85）。

1　小林信明「『中小企業の事業再生等に関するガイドライン』の解説」NBL1219号15頁。

3.　廃業型私的整理手続の流れ（第2フェーズ）

【廃業型私的整理手続の流れ（第2フェーズ）】

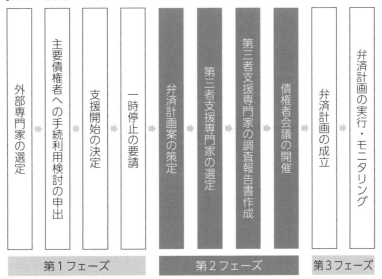

（1）　弁済計画案の策定までの過程

ア　スケジュール

　中小企業者は、再生型私的整理手続と同様、一時停止の要請を行った後、3
〜6カ月間の「相当の期間」内に、廃業に向けて資産の換価等必要な対策を立
案し、弁済計画案を作成する必要があります。

　もっとも、上記のとおり、廃業型私的整理手続の場合は、弁済原資となる会
社財産の流出を防ぐという観点から、可能な限り迅速に弁済計画案を策定する
ことが重要です。

イ　関係者の協議・検討

　廃業型私的整理手続では、中小企業者が**弁済計画案**を作成するにあたり、進
捗状況に応じて、中小企業者、外部専門家、主要債権者が適宜協議・検討を行
うことが想定されています（再生型私的整理手続と異なり、第三者支援専門家
が含まれていません）。一時停止の濫用防止等の観点からは、中小企業者は、

主要債権者のみならず、対象債権者からの求めに応じた適切な経過報告も重要です。

(2)　弁済計画案の内容

本ガイドラインでは、以下のとおり、弁済計画案に含めるべき内容の詳細が定められています。

【弁済計画案に含める内容】

	項目	主な内容
1	一般的事項	● 企業の概況 ● 財務状況（資産・負債・純資産・損益）の推移 ● 実態貸借対照表
2	窮境に至る経緯	● 窮境原因
3	資産の換価および処分	● 資産の換価および処分の方針[2]
4	弁済計画	● 金融債務の弁済計画（債務減免等の内容） ● 金融債務以外の債務の弁済計画
5	保証債務の整理	● 保証人の資産と負債の状況 ● *資産の換価および処分の方針* ● *保証債務の弁済計画*
6	経済合理性	● 清算価値保障原則（法人／法人と保証人一体）
7	地域経済への影響	● 破産手続によるよりも、当該中小企業者の取引先の連鎖倒産を回避すること等による地域経済への影響

※斜字体の項目は、本ガイドラインでは明記されていない。

ア　権利関係の調整

弁済計画案における権利関係の調整（債務減免のカット率等）は、**対象債権者間で平等であることが原則**です。

もっとも、例外的に債権者間の負担割合については、衡平性の観点から、個別に検討することとされ、再生型私的整理手続と同様、実質的な衡平性を害し

2　弁済計画案には、「自助努力」が必要とされ、中小企業者は、最終的に事業を廃止するまでの間、中小企業者が可能な限り事業価値（原料、仕掛品、在庫や売掛金等の価値）を維持し、これらを有利に換価するなどして債権者に対する弁済を最大化するなどの努力をする必要があります（本Q&AのQ88）。

ない場合には、例えば、例外的に債権者間の負担割合について差異を設けることが考えられる、とされています（本Q&AのQ61）。

　イ　弁済率および弁済の時期

　弁済計画案には、「金融債務の弁済計画」を記載した上で、「破産手続で保障されるべき清算価値よりも多くの回収を得られる見込みがある等、対象債権者にとって経済合理性があること」を示す必要があります。

　そのため、弁済計画案には、対象債権者が経済合理性を確認、判断できるように、資産の換価・処分の計画とそれらを弁済原資とする弁済計画を策定し、**対象債権者に対する具体的な弁済率や弁済時期を明記**する必要があります。

　もっとも、残余財産の換価処分の結果によって、弁済原資の額が増減することが避けられない場合もあるため、保守的な弁済率を示した上で、計画以上の弁済原資を確保できた場合には追加弁済を行う旨の弁済計画案とすることも許容されます（本Q&AのQ87）。

　ウ　ゼロ円弁済の許容性

　上記のとおり弁済計画は経済合理性を有する必要があるので、対象債権者に対する金融債務の弁済が全く行われない弁済計画は原則として想定されていません。

　もっとも、廃業型私的整理手続では、清算価値がゼロであり、債務者の有するすべての財産を換価・処分しても、公租公課や労働債権等の優先する債権を弁済することにより金融債務に対する弁済をできない場合も想定されます。

　この問題について、本Q&AのQ90は、対象債権者に対する弁済を行わない弁済計画（以下「ゼロ円弁済」）も例外的に許容する立場を採用しています。

　もっとも、その場合でも金融債務の弁済がないにもかかわらず、対象債権者にとっての経済合理性があることの説明、調査報告は必要であるとしています。

　エ　保証債務の整理

　経営者の保証債務の整理には、既存の経営者保証に関するガイドラインを活用することが想定されています（「第 4　保証債務の整理（経営者保証に関するガイドライン）」参照）。保証人の弁済計画案は、同ガイドラインに従い、財産の状況、保証債務の弁済計画、資産の換価および処分の方針（保証人の手元に残すことができる残存資産を除く）ならびに対象債権者に要請する保証債務の減免その他の権利変更の内容等を含むことになります（本Q&AのQ93）。

オ　経営責任および株主責任

廃業型私的整理手続では、再生型私的整理手続と異なり、経営責任および株主責任については、弁済計画案の必要的記載事項とはなっていません。これは、廃業することによって、経営責任および株主責任については自ずと明確になっているからだと考えられます。

(3)　第三者支援専門家の選定

中小企業者は、**弁済計画案の策定後、主要債権者全員の同意を取得した上で、**第三者支援専門家を選定します。選定の手続等は、再生型私的整理手続と同様です。

ア　選定のタイミング

廃業型私的整理手続においては、再生型私的整理手続と異なり、弁済計画案の策定後に第三者支援専門家を選定すれば足りるとされています。これは、廃業型私的整理手続の場合、資産の換価処分および当該換価処分の対価等を弁済原資とした比較的把握しやすい弁済計画案となることが想定されており、このタイミングで選定された第三者支援専門家であっても、十分に調査が可能であることが想定されるためです（本Q&AのQ91）。もっとも、従前の経緯を把握しておく必要がある場合等は、廃業型私的整理手続の初期段階から第三者支援専門家を選任して関与させることが否定されるわけではありません。

イ　第三者支援専門家の構成

弁済計画案に債務減免等を要請する内容を含む場合には、第三者支援専門家に弁護士を含めなければならず（本ガイドライン第三部5(4)③）、この点は再生型私的整理手続の場合と同様です。

そのほか、公認会計士等を第三者支援専門家として選定するかどうかは、第三者支援専門家候補者の弁護士と相談しつつ、事案に応じて検討することになりますが、廃業型私的整理手続の場合には、再生型私的整理手続の場合に比して、会計の視点からの詳細な分析の必要性が必ずしも高くないといえるような場面が多くなることも想定されます。

ウ　主要債権者全員からの同意

中小企業者が第三者支援専門家の選定について**主要債権者全員から同意を得**

る必要がある点は、再生型私的整理手続と同様です。

(4)　第三者支援専門家の調査報告書作成

　第三者支援専門家は、中小企業者の策定した弁済計画案について、独立・公平な立場から内容の相当性および実行可能性等を調査し、調査報告書を作成します。再生型私的整理手続と異なり、廃業型私的整理手続では、調査報告書の作成は必要的と考えられます[3]。

　調査対象として、以下の内容を含むことが要請されます。

---

① 廃業の相当性（中小企業者の「債務者」該当性も含む）
② 弁済計画案の内容の相当性
③ 弁済計画案の実行可能性
④ 債務減免等の必要性
⑤ 債務減免等の内容の相当性と衡平性
⑥ 破産手続で保障されるべき清算価値と比較した場合の経済合理性（私的整理を行うことの経済合理性）
⑦ 地域経済への影響（弁済計画案に記載がある場合のみ）

---

(5)　債権者会議の開催

　第三者支援専門家による調査報告書の作成後、中小企業者、主要債権者、第三者支援専門家が協力の上、原則としてすべての対象債権者による債権者会議を開催します。

　再生型私的整理手続と同様、債権者会議では、弁済計画案の説明、調査報告書の説明、質疑応答および意見交換が行われた後、対象債権者が弁済計画案に対する同意・不同意の意見を表明する期限が設定されます。

　債権者会議の開催方式は、再生型私的整理手続と同様であり、債権者会議を開催せず、弁済計画案の説明等を持ち回りにより実施することも可能です（本ガイドライン第三部5(5)①）。

3　再生型私的整理手続の場合には、本ガイドライン第三部4(5)①が「原則として」調査報告書を作成するとしているのに対し、廃業型私的整理手続の場合には、本ガイドライン第三部5(4)③において、「原則として」という文言が含まれていません。

4．廃業型私的整理手続の流れ（第3フェーズ）

【廃業型私的整理手続の流れ（第3フェーズ）】

外部専門家の選定 → 主要債権者への手続利用検討の申出 → 支援開始の決定 → 一時停止の要請 → 弁済計画案の策定 → 第三者支援専門家の選定 → 第三者支援専門家の調査報告書作成 → 債権者会議の開催 → 弁済計画の成立 → 弁済計画の実行・モニタリング

第1フェーズ　　　第2フェーズ　　　第3フェーズ

⑴　弁済計画の成立

　すべての対象債権者が、弁済計画案について同意し、第三者支援専門家がその旨を文書等により確認した時点で、弁済計画が成立します。これにより、中小企業者は弁済計画を実行する義務を負担し、対象債権者の権利は、成立した弁済計画の定めによって変更され、対象債権者は、債務減免等弁済計画の定めに従った処理をすることになります。

　不同意とする対象債権者が第三者支援専門家に対して速やかに理由を説明する必要がある点については、再生型私的整理手続と同様です。

⑵　弁済計画の実行・モニタリング

　弁済計画の成立後、外部専門家と主要債権者は、中小企業者による弁済計画の計画達成状況等について、モニタリングを行います。

ア　モニタリングの内容

廃業型私的整理手続の場合、弁済計画が成立した後、中小企業者が行うのは、弁済計画に沿った資産の換価処分等のみであるため、外部専門家および主要債権者は、中小企業者から報告を受けて履行状況を確認すれば足りることとされており（本Q&AのQ94）、再生型私的整理手続に比して、モニタリングの内容が簡略化されています。

イ　残存法人の処理方法

弁済計画が成立した時点で、中小企業者は弁済計画を実行する義務を負担し、対象債権者の権利は成立した弁済計画の定めによって変更され、対象債権者は債務減免等など弁済計画の定めに従った処理をすることになります。したがって、債務者は、事業の廃止または事業の全部または一部の譲渡を行った後、弁済計画に従い残存する債務について免除を受けることにより通常清算手続（会社法475条以下）が可能となることから、特定調停手続や特別清算手続に移行することは必須ではありません（本Q&AのQ82参照）。

廃業型私的整理手続では、弁済計画の定めにより免除を受け、原則として通常清算手続により法人格を消滅させるとされています（本Q&AのQ83）。

5.　廃業型私的整理手続から再生型私的整理手続への移行

中小企業者が、廃業型私的整理手続を遂行していても、手続中にスポンサーが見つかりそうになったケースなどは、廃業型私的整理手続から再生型私的整理手続に移行することが考えられます。

再生型私的整理手続に移行する場合、廃業型私的整理手続は、円滑な廃業処理を実現するため、全体として再生型私的整理手続よりも簡略化された手続とされ、また、通常、専門家は弁済計画案の策定までは外部専門家のみしか関与していない状況ですので、再生型私的整理手続を最初から開始することが原則です。

もっとも、中小企業者の事業の内容や規模、資金繰りの状況等から、再生型私的整理手続に移行して改めて手続を開始することが困難である場合には、廃業型私的整理手続によってスポンサーに対する事業譲渡等を前提とした弁済計画を成立させるという柔軟な対応も否定されていません（本Q&AのQ81）。

第4 ┃ 保証債務の整理（経営者保証に関するガイドライン）

　本ガイドラインにおいては、中小企業等の代表者等が当該中小企業等の債務を主たる債務とする保証債務を負っている場合には、当該保証債務を「経営者保証に関するガイドライン」（以下「保証ガイドライン」）を利用して、当該中小企業等の主たる債務と代表者等の当該保証債務を一体整理することが想定されています。

　保証ガイドラインを利用して保証債務を整理する場合、破産手続等の法的倒産手続により保証債務を整理する場合に比べて、より多くの資産を手元に残すことができる可能性があるということが、保証ガイドラインを利用する最大のメリットです。また、保証ガイドラインは、本ガイドラインと同様に私的整理手続であることから、原則として公表されない、いわゆるブラック・リストに掲載されない、といった私的整理手続の利点も同様に有することになります。

1. 保証ガイドラインの対象となりうる保証人

　保証ガイドラインを利用した保証債務の整理を希望する保証人は、以下のすべての要件を充足している必要があります。

(1)　対象債権者と保証人との間の保証契約が以下のすべての要件を充足していること
①　保証契約の主たる債務者が**中小企業等**であること ②　保証人が個人であり、主たる債務者である中小企業等の**経営者**であること ③　主たる債務者および保証人の双方が弁済について誠実であり、対象債権者の請求に応じ、それぞれの財産状況等（負債の状況を含む）について**適時適切に開示**していること ④　主たる債務者および保証人が**反社会的勢力**ではなく、そのおそれもないこと
(2)　主たる債務者が**法的倒産手続**[1]の開始申立てまたは**準則型私的整理手続**[2]の申立てをこのガイドラインの利用と**同時**に現に行い、または、これらの手続が**係属**し、もしくは**既に終結**していること

> (3)　主たる債務者の資産および債務ならびに保証人の資産および保証債務の状況を総合的に考慮して、**主たる債務および保証債務の破産手続による配当よりも多くの回収を得られる見込みがある**など、対象債権者にとっても**経済的な合理性**が期待できること
>
> (4)　保証人に破産法252条1項（10号を除く）に規定される**免責不許可事由が生じておらず、そのおそれもないこと**

　なお、保証ガイドラインは中小企業等の（個人）経営者（およびこれに準ずる者）による保証を主たる対象としていますが、いわゆる第三者による保証についてこれを除外するものではありません。そのため、特別の事情がある場合またはこれに準じる場合には、第三者保証人も「保証人」に含まれるものと解されています（保証ガイドライン注5、保証ガイドライン3項(2)ただし書、『『経営者保証に関するガイドライン』Q&A」（以下「保証ガイドラインQ&A」）（各論Q3－1））。

2．対象債権者

　中小企業等に対する**金融債権（銀行取引約定書等が適用される取引やその他の金銭消費貸借契約等の金融取引に基づく債権）を有する金融機関等**[3]であって、現に経営者に対して保証債権を有するもの、または、将来これを有する可能性のあるものをいい、例えば、代位弁済前の信用保証協会も対象債権者となります。

　保証人固有の債権者は原則含まれませんが、債務整理場面において「弁済計画の履行に重大な影響を及ぼすおそれのある債権者」については、対象債権者に含めることができます。

3．一体型

　保証ガイドラインに基づき保証債務の整理を行う場合において、本ガイドラ

1　破産手続、民事再生手続、会社更生手続または特別清算手続をいいます。
2　中小企業活性化協議会による再生支援スキーム、事業再生ADR、私的整理ガイドライン、中小企業版私的整理手続、特定調停等をいいます。
3　特に再生型の場合、リース債権者は対象債権者としないことが多いです。

インで想定されているような**主たる債務と保証債務の一体整理**を図る場合は、**一体型**と呼ばれています。

一体型においては、法的倒産手続に伴う事業毀損を防止するなどの観点や、保証債務の整理についての合理性、客観性および対象債権者間の衡平性を確保する観点から、主たる債務の整理にあたって準則型私的整理手続[4]を利用する場合には、保証債務の整理についても原則として準則型私的整理手続を利用することとし、主たる債務との一体整理を図るよう努めることとされています[5]。

そのため、通常は、準則型私的整理手続に基づき主たる債務者の弁済計画を策定する際に、保証人による弁済計画もその内容に含めることになります。

4．支援専門家

保証ガイドラインにおいては、一時停止等の要請や私財調査に係る表明保証の適正性の確認等の場面等（いずれも後述）において、弁護士等の**支援専門家**が手続に関与することが予定されています。

本ガイドラインとの一体型の場合、本ガイドラインにおける**外部専門家**または**第三者支援専門家**がこの支援専門家を兼ねることが望ましいと考えられます。

5．保証ガイドラインによる保証債務整理手続の概略

主たる債務者、保証人および対象債権者は、保証債務の整理にあたり、保証ガイドラインの定めに従うものとされ、対象債権者は、合理的な不同意事由[6]がない限り、当該債務整理手続の成立に向けて誠実に対応することになります。

なお、保証ガイドラインに記載のない内容（債務整理の開始要件、手続等）

4　具体的には、特定調停（一体再生型・廃業支援型）、中小企業活性化協議会、REVICによる特定支援を利用することになります。

5　一方、主たる債務者について法的債務整理手続が申し立てられ、保証債務のみについてその整理を行う必要性がある場合等、主たる債務と保証債務の一体整理が困難なために保証債務のみを整理するときは、一般的に**単独（のみ）型**と呼ばれます。

　　単独（のみ）型では、原則として、保証債務の整理にあたっては、当該整理にとって適切な準則型私的整理手続（具体的には、特定調停（単独型）または中小企業活性化協議会）を利用することとされています。

6　保証人が、保証人の適格要件を充足しない、一時停止等の要請後に無断で財産を処分した、必要な情報開示を行わないなどの事由により、債務整理手続の円滑な実施が困難な場合をいいます（保証ガイドラインQ&Aの各論Q7−7）。

については、各準則型私的整理手続に則して対応することになります。

【想定される保証ガイドラインによる保証債務整理手続の流れ】

支援専門家の選定 ➡ 一時停止等の要請 ➡ 私財調査 ➡ 表明保証 ➡ 支援専門家による確認等 ➡ 弁済計画案の策定 ➡ 債権者会議の開催 ➡ 弁済計画の成立 ➡ 弁済計画の実行

6．保証ガイドラインによる保証債務整理手続（第1フェーズ）

【保証ガイドラインによる保証債務整理手続（第1フェーズ）】

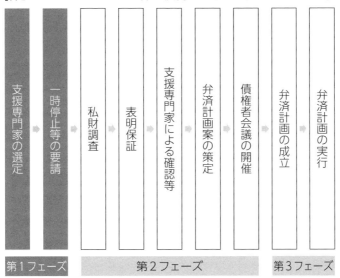

支援専門家の選定　→　一時停止等の要請　→　私財調査　→　表明保証　→　支援専門家による確認等　→　弁済計画案の策定　→　債権者会議の開催　→　弁済計画の成立　→　弁済計画の実行

第1フェーズ　　第2フェーズ　　第3フェーズ

(1)　支援専門家の選定

　前述のとおり、保証債務整理手続には、**弁護士等の支援専門家**が一時停止等の要請の場面において手続に関与することが予定されています。

　そのため、通常は一時停止等の要請に先立ち支援専門家が選任されます。

(2)　一時停止等の要請

　保証人が対象債権者に対し**一時停止や返済猶予**（以下「**一時停止等**」[7]）の要請を行う場合、以下のすべての要件を充足している必要があります。

7　一時停止等の要請が、保証人および支援専門家等の連名の書面で行われた場合は、対象債権者が当該要請を応諾したときから保証ガイドライン手続が開始します。一時停止等の要請が、債権者集会等において行われた場合においては、当該集会に参加したすべての対象債権者が当該要請を応諾したときから保証ガイドライン手続が開始します（保証ガイドラインQ&Aの各論Q7－11）。

① 原則として、一時停止等の要請が、**主たる債務者、保証人、支援専門家が連名した書面**によるものであること（ただし、すべての対象債権者の同意がある場合および保証債務のみを整理する場合で当該保証人と支援専門家が連名した書面がある場合はこの限りでない）

② 一時停止等の要請が、**すべての対象債権者に対して同時に**行われていること

③ 主たる債務者および保証人が、手続申立て前から債務の弁済等について**誠実に対応**し、**対象債権者との間で良好な取引関係が構築**されてきたと対象債権者により判断されうること

7．保証ガイドラインによる保証債務整理手続（第2フェーズ）

【保証ガイドラインによる保証債務整理手続（第2フェーズ）】

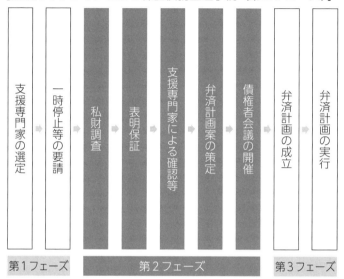

第1フェーズ：支援専門家の選定　→　一時停止等の要請

第2フェーズ：私財調査　→　表明保証　→　支援専門家による確認等　→　弁済計画案の策定　→　債権者会議の開催

第3フェーズ：弁済計画の成立　→　弁済計画の実行

(1)　保証債務の減免を受ける場合の要件（私財調査等・経済合理性）

　保証債務の減免を内容とする保証債務の弁済計画案を策定する場合、以下の
すべての要件を充足する必要があります（保証ガイドライン7項(3)⑤）[8]。

> ア　私財調査・表明保証・支援専門家による確認
> 　①　保証人は、すべての対象債権者に対して、**保証人の資力に関する情報を
> 　　誠実に開示し、開示した情報の内容の正確性について表明保証を行うこと**
> 　　とし、**支援専門家**は、対象債権者からの求めに応じて、当該**表明保証の適
> 　　正性についての確認**を行い、対象債権者に報告すること
> 　②　保証人が**自らの資力を証明するために必要な資料を提出すること**

8　対象債権者が、保証ガイドラインに沿って準則型私的整理手続等を利用し対象債権者としても
　一定の経済合理性が認められる範囲で残存保証債務を減免・免除する場合、保証人に対する利益供
　与はないことから、保証人および対象債権者ともに課税関係は生じないとされています（中小企業
　庁および金融庁から国税庁に確認済）（保証ガイドラインQ&Aの各論Q7－32）。

> ③　保証人が開示し、その内容の正確性について表明保証を行った資力の状況が事実と異なることが判明した場合（保証人の資産の隠匿を目的とした贈与等が判明した場合を含む）には、免除した保証債務および免除期間分の延滞利息も付した上で、**追加弁済**を行うことについて、保証人と対象債権者が合意し、**書面での契約を締結**すること
> イ　主たる債務および保証債務の弁済計画が、対象債権者にとっても**経済合理性**が認められるものであること

　実務的には、保証債務の減免を内容とする保証債務の弁済計画案を策定することがほとんどと考えられ、よって、私財調査を行い、表明保証をして、その適正性につき支援専門家による確認を受け、また、主たる債務および保証債務の弁済計画案に経済合理性が認められる必要があるということになります。

ア　私財調査・表明保証・支援専門家による確認

　保証人は、保証債務の免除要請に先立ち、すべての対象債権者に対して、保証人の資力に関する情報を誠実に開示（以上の保証人の資力に関する情報収集のための調査を「**私財調査**」といいます）し、**開示した情報の内容の正確性について表明保証**を行います。また、保証人は、支援専門家に対し、自らの資力を証明するために必要な資料を提出します。

　支援専門家は、対象債権者からの求めに応じて、**当該表明保証の適正性についての確認**を行い、対象債権者に報告します。

　保証人と対象債権者とは、保証人が開示し、その内容の正確性について表明保証を行った資力の状況が事実と異なることが判明した場合（保証人の資産の隠匿を目的とした贈与等が判明した場合を含みます）には、免除した保証債務および免除期間分の延滞利息も付した上で、**追加弁済**を行うことについて、書面で契約を締結します。

イ　経済合理性

　保証債務の免除を受ける場合、主たる債務および保証債務の弁済計画案が対象債権者にとっても**経済合理性**が認められるものである必要があります。対象債権者は、**保証債務の履行請求額の経済合理性について、主たる債務と保証債務を一体として判断**することになります。具体的には以下のとおりです（保証ガイドラインQ&Aの各論Q7-13）。

【保証債務の免除を受ける場合の要件（経済合理性)】

主たる債務者が再生型手続の場合

主たる債務および保証債務の弁済計画(案)に基づく回収見込額（保証債務の回収見込額にあっては、合理的に見積もりが可能な場合。以下同じ。）の合計金額	＞	現時点において主たる債務者および保証人が破産手続を行った場合の回収見込額の合計金額

主たる債務者が再生型手続で第二会社方式により再生を図る場合

会社分割（事業譲渡を含む）後の承継会社からの回収見込額および清算会社からの回収見込額ならびに保証債務の弁済計画(案)に基づく回収見込額の合計金額	＞	現時点において主たる債務者および保証人が破産手続を行った場合の回収見込額の合計金額

主たる債務者が清算型手続の場合

現時点において清算した場合における主たる債務の回収見込額および保証債務の弁済計画(案)に基づく回収見込額の合計金額	＞	過去の営業成績等を参考としつつ、清算手続が遅延した場合の将来時点（将来見通しが合理的に推計できる期間として最大3年程度を想定）における主たる債務および保証債務の回収見込額の合計金額

　なお、保証人がほとんど資産を有さず、または、残存資産となることによって、保証債務の弁済が全くできない場合も想定されます。

　そのような場合には、保証債務に対する弁済を行わない弁済計画案であっても、①破産配当率が０％である場合には、当該破産配当率を下回るわけではないこと、②債権者にとって、債務免除に係る無税償却が可能となること、③債権管理コストの低減を図ることができること、④強制回収を実施するにあたって必要となる手続的な負担を回避できることなどを理由として、経済合理性が認められうる、と解されています[9]。

9　小林信明・中井康之編『経営者保証ガイドラインの実務と課題（第2版）』（商事法務、2021年）90～91頁。

(2)　弁済計画の策定

ア　保証債務の弁済計画

保証債務の弁済計画案[10]には、以下の事項を含む内容を記載することが原則とされています。

---

① 　保証債務のみを整理する場合には、主たる債務と保証債務の一体整理が困難な理由および保証債務の整理を法的債務整理手続によらず、保証ガイドラインで整理する理由

② 　**財産の状況**（財産の評定は、保証人の自己申告による財産を対象として、**残存資産を除いた財産を処分**するものとして行う。なお、財産の評定の基準時は、保証人が保証ガイドラインに基づく保証債務の整理を対象債権者に申し出た時点（保証人等による一時停止等の要請が行われた場合にあっては、一時停止等の効力が発生した時点をいう）とする）

③ 　**保証債務の弁済計画**

④ 　**資産の換価・処分の方針**

⑤ 　対象債権者に対して要請する保証債務の減免、期限の猶予その他の**権利変更の内容**

保証債務の減免を受ける場合の保証債務の弁済計画は、概要、以下のとおりです。

保証人が上記②の財産の評定の基準時において保有するすべての資産から「残存資産」を除いた資産を処分・換価して[11]得られた金銭を弁済原資として、担保権者その他の優先権を有する債権者[12]に対する優先弁済（通常は100％弁済）を行い、その余の金銭を弁済原資として、すべての対象債権者[13]に対して、

10　準則型私的整理手続を利用する場合は、各手続に沿って提出します。なお、主たる債務と保証債務の一体整理を図る場合は、主たる債務の弁済計画案の提出と同時の提出となります。また、準則型私的整理手続を利用することなく、支援専門家等の第三者の斡旋による当事者間の協議に基づき整理を行う場合には、弁済計画の作成について対象債権者と調整することになります（保証ガイドラインQ&Aの各論Q7-22）。

11　処分・換価の代わりに、処分・換価対象資産の「公正な価額」（関係者間の合意に基づき適切な評価基準日を設定し、当該期日に処分を行ったものとして資産価額を評価します。具体的には、法的倒産手続における財産の評定の運用に従うことが考えられます（保証ガイドラインQ&Aの各論Q7-25））に相当する額を弁済することも可能です。

12　公租公課債権者や労働債権者等がその他の優先権を有する債権者となります（保証ガイドラインQ&Aの各論Q7-26参照）。

13　原則債権額20万円以上の債権者に限定されますが、この金額は、その変更後に対象債権者となる

それぞれの債権の額の割合に応じたプロラタ弁済を行い[14]、プロラタ弁済後の保証債務について免除を受けます。

【保証債務の弁済イメージ】

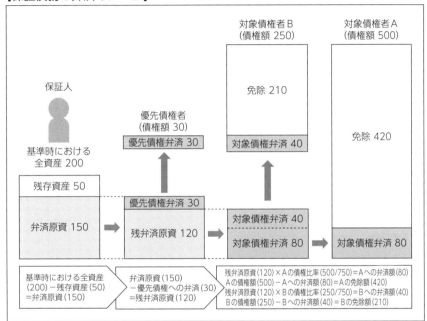

イ　保証債務の履行基準（残存資産の範囲）

保証債務の履行にあたり保証人の手元に残すことのできる**残存資産の範囲**については、以下のような点が総合的に勘案されて決まります。

すべての対象債権者の同意により変更することが可能です。例えば、20万円未満の債権者の数が多い場合において、これらのすべての債権者に対して全額を弁済すると、対象債権者に対する返済原資が減り、対象債権者に対して破産手続による回収の見込みを下回る弁済しかできず、保証ガイドラインに適合した弁済計画案が作成できなくなるおそれがあるときには、破産手続による回収の見込みを下回ることがないよう20万円未満の債権者も対象債権者として、全額の弁済を行うのではなく、保証債務の免除を要請することが考えられます（保証ガイドラインQ&Aの各論Q7−27）。

14　「公正な価額」に相当する額を弁済する場合等には、5年以内（原則）の分割弁済とする計画もありえます。保証ガイドラインにおいては、原則として、基準日以降に発生する収入は返済原資として想定していません。ただし、例外として、保証人からの申出により、資産を換価・処分しない代わりに、公正な価額に相当する額を分割して弁済する方法をとる場合に、将来の収入が返済原資に充当されうることがあります（保証ガイドラインQ&Aの各論Q7−29）。

> ①　保証人の保証履行能力や保証債務の従前の履行状況
> ②　主たる債務が不履行に至った経緯等に対する経営者たる保証人の帰責性
> ③　経営者たる保証人の経営資質、信頼性
> ④　経営者たる保証人が主たる債務者の事業再生、事業清算に着手した時期等が事業の再生計画等に与える影響
> ⑤　破産手続における自由財産（破産法34条3項および4項その他の法令により破産財団に属しないとされる財産をいう。以下同じ）の考え方や、民事執行法に定める標準的な世帯の必要生計費の考え方との整合性

　保証ガイドラインでは、以下の資産につき、残存資産とすることが認められうるとされています。

> ● 破産手続における自由財産（①）
> ● インセンティブ資産[15]
> 　・一定期間の生計費に相当する現預金（②）
> 　・「華美でない自宅」等（③）
> 　・華美でない自宅「等」（④）

　具体的な残存資産の範囲の検討においては、以下のような目安を勘案するとされています（ただし、**当事者の合意に基づき、個別の事情を勘案し、回収見込額の増加額を上限として、以下のような目安を超える資産を残存資産とすることも差し支えないものとされています**）。

　なお、保証人が保有する資産を処分・換価して得られた金銭について、その一部または全部を保証人の残存資産に含めることも可能です（保証ガイドラインQ&Aの各論Q7-14-2）。

15　経営者たる保証人（早期の事業再生等の着手の決断に寄与した経営者以外の保証人がある場合にはそれを含みます）による早期の事業再生等の着手の決断について、主たる債務者の事業再生の実効性の向上等に資するものとして、対象債権者としても一定の経済合理性が認められる場合に認められうる残存資産。主たる債務者の債務整理が再生型手続の場合には、破産手続等の清算型手続に至らなかったことによる対象債権者の回収見込額の増加額、または、主たる債務者の債務整理が清算型手続の場合には、当該手続に早期に着手したことによる保有資産等の劣化防止に伴う回収見込額の増加額について合理的に見積りが可能な場合は当該回収見込額の増加額が上限となります。

①　破産手続における自由財産

・現金（99万円まで）
・差押禁止財産（生活に欠くことのできない家財道具、業務に欠くことのできない器具、行使上の一身専属権等）
・破産法34条4項に基づく自由財産の拡張に係る裁判所の実務運用に従い、通常、拡張が認められると考えられる財産
・債務整理の申出後に新たに取得した財産

②　一定期間の生計費に相当する現預金

●「一定期間」については、以下の雇用保険の給付期間の考え方等を参考にする。

保証人の年齢	給付期間	目安額
30歳未満	90日～180日	99～198万円
30歳以上35歳未満	90日～240日	99～264万円
35歳以上45歳未満	90日～270日	99～297万円
45歳以上60歳未満	90日～330日	99～363万円
60歳以上65歳未満	90日～240日	99～264万円

（引用元）厚生労働省職業安定局 ハローワークインターネットサービスウェブサイト（保証ガイドライン公表日時点）

●「生計費」については、1カ月当たりの「標準的な世帯の必要生計費」として、民事執行法施行令で定める額（33万円）を参考にする。なお、「華美でない自宅」を残すことにより保証人に住居費が発生しない場合は、一般的な住居費相当額を「生計費」から控除する調整も考えられる。

　上記のような考え方を目安としつつ、保証人の経営資質、信頼性、窮境に陥った原因における帰責性等を勘案し、個別案件ごとに増減を検討することとする。

③　「華美でない自宅」等

●一定期間の生計費に相当する現預金に加え、残存資産の範囲を検討する場合、自宅が店舗を兼ねており資産の分離が困難な場合その他の場合で安定した事業継続等のために必要となる「華美でない自宅」については、回収見込額の増加額を上限として残存資産に含めることも考えられる。

　上記に該当しない場合でも、保証人の申出を踏まえつつ、保証人が、当分の間住み続けられるよう、「華美でない自宅」を、処分・換価する代わりに、当該資産の「公正な価額」に相当する額から担保権者やその他優先権を有する債権者に対する優先弁済額を控除した金額の分割弁済を行うことも考えられる。なお、弁済条件については、保証人の収入等を勘案しつつ、保証人の生活の経済

的再建に支障を来すことのないよう定めることとする。
- 自宅に担保権が設定されている場合として、以下のパターンが考えられる。
  - ⑦　住宅ローンでオーバーローン
  - ⑦　住宅ローンのみで剰余あり
  - ⑨　住宅ローンで剰余あり＋物上保証
  - ⑨　住宅ローンなしで物上保証なし
  - ⑨　住宅ローンなしで物上保証あり

　そして、⑦の場合には、換価価値がなく残存資産（住宅ローンは約定どおり返済を続ける）となる点は特徴的である。また、剰余部分または評価額見合いの金員を調達して保全、もしくは非保全の弁済原資とし、残存資産とすることも可能であると考えられる。なお、保証ガイドラインに基づく保証債務の弁済計画の効力は保証人の資産に対する抵当権者には及ばないため、当該抵当権者は、弁済計画の成立後も、保証人に対して抵当権を実行する権利を有する。ただし、保証ガイドラインに基づく弁済計画においては、当該計画の履行に重大な影響を及ぼすおそれのある債権者を対象債権者に含めることが可能であるため、当該計画において利害調整をすることも考えられる（保証ガイドラインQ&Aの各論Q7−19）。

④　華美でない自宅「等」

　債務者および保証人側の代理人において、華美でない自宅「等」の解釈として、残存資産の範囲を広げるために、以下のように解する見解もある。

＜主たる債務者の実質的な事業継続に最低限必要な資産＞
- 主たる債務者の債務整理が再生型手続の場合で、本社、工場等、主たる債務者が実質的に事業を継続する上で最低限必要な資産が保証人の所有資産である場合は、原則として保証人が主たる債務者である法人に対して当該資産を譲渡し、当該法人の資産とすることにより、保証債務の返済原資から除外する。なお、保証人が当該法人から譲渡の対価を得る場合には、原則として当該対価を保証債務の返済原資とした上で、保証人の申出等を踏まえつつ、残存資産の範囲を検討する。

＜その他の資産＞
- 一定期間の生計費に相当する現預金に加え、残存資産の範囲を検討する場合において、生命保険等の解約返戻金、敷金、保証金、電話加入権、自家用車その他の資産については、破産手続における自由財産の考え方や、その他の個別事情を考慮して、回収見込額の増加額を上限として残存資産の範囲を判断する。

(3)　経営者の経営責任のあり方

　一体型においては、対象債権者は、中小企業の経営者の経営責任について、法的債務整理手続の考え方との整合性に留意しつつ、結果的に私的整理に至った事実のみをもって、一律かつ形式的に経営者の交代を求めないとされています。具体的には、以下のような点を総合的に勘案し、準則型私的整理手続申立時の経営者が引き続き経営に携わることに一定の経済合理性が認められる場合には、これを許容することとされています。

---

① 　主たる債務者の窮境原因および窮境原因に対する経営者の帰責性
② 　経営者および後継予定者の経営資質、信頼性
③ 　経営者の交代が主たる債務者の事業の再生計画等に与える影響
④ 　準則型私的整理手続における対象債権者による金融支援の内容

　なお、準則型私的整理手続申立時の経営者が引き続き経営に携わる場合の経営責任については、上記帰責性等を踏まえた総合的な判断の中で、保証債務の全部または一部の履行、役員報酬の減額、株主権の全部または一部の放棄、代表者からの退任等により明確化を図るとされています。

8．保証ガイドラインによる保証債務整理手続（第3フェーズ）

【保証ガイドラインによる保証債務整理手続（第3フェーズ）】

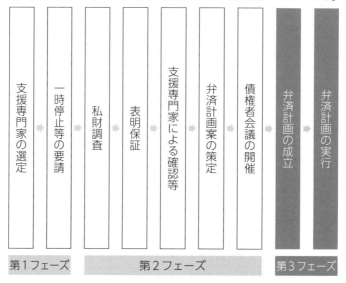

支援専門家の選定　一時停止等の要請　私財調査　表明保証　支援専門家による確認等　弁済計画案の策定　債権者会議の開催　弁済計画の成立　弁済計画の実行

第1フェーズ　　第2フェーズ　　第3フェーズ

(1)　弁済計画の成立

　対象債権者全員から同意を得ることにより弁済計画は成立します。

　なお、一体型の場合、主たる債務者の事業再生計画案または弁済計画案には同意し、保証人の弁済計画案には同意しない、ということはできません（逆も同様）。主たる債務者の弁済計画と保証人の弁済計画は不可分一体となっているからです。

(2)　弁済計画の実行

　弁済計画が成立すると、弁済計画に従った資産の換価処分等が行われ、弁済計画に従った弁済が行われます。

9．廃業時における「経営者保証に関するガイドライン」の基本的考え方

本ガイドラインの公表にあわせて、「廃業時における『経営者保証に関するガイドライン』の基本的考え方」（以下「基本的考え方」）が公表されました。

基本的考え方は、主たる債務者の廃業時における保証ガイドラインを利用した保証人の債務整理手続の明確化等を図っています。

基本的考え方の概要は、以下のとおりです。

- リース債権者[16]および固有債権者[17]が対象債権者となりうることが明記された。
- 保証人の対象債権者に対する弁済がない弁済計画（いわゆるゼロ円弁済）も許容されうることが明記された[18]。
- 主たる債務者は、廃業を決断するにあたっても、支援専門家に相談するなどして、事業の売却先を検討するなど、当該地域における雇用を守るための取組みについても、可能な範囲で検討を行うものとされた。
- 支援専門家は、主たる債務者からの廃業の相談を受けるにあたり、破産手続を安易に勧めるのではなく、損益および財産の状況、業績と資金繰りの見通し等の主たる債務者の経営状況や事業売却の可能性、対象債権者との協議状況、対象債権者の経済合理性、従業員・取引先を含めた地域経済への影響なども考慮した上で、主たる債務者の意向を踏まえて、債務整理の方法を検討することとされた。
- 主たる債務者がやむをえず破産手続による事業清算を行うに至った場合であっても、支援専門家は、保証人に、破産手続を安易に勧めるのではなく、対象債権者の経済合理性、固有債権者の有無や多寡、保証人の生計維持、事業継続等の可能性なども考慮した上で、保証人の意向を踏まえて、保証ガイドラインに基づく保証債務の整理の可能性を検討することとされた。
- 支援専門家は、対象債権者との間では、望ましい情報開示の内容・頻度について認識を共有するとともに、保証人に対し、資力に関する情報を誠実に開示することの重要性を理解させるため、自ら開示し、その内容の正確性について表明保証を行った資料の状況が事実と異なることが判明した場合（保証

16　保証人との間でリース契約に係る保証契約を締結しているリース債権者。
17　住宅ローン等の保証人の固有の債務の債権者。
18　保証ガイドライン7項(1)ハには「主たる債務及び保証債務の破産手続による配当よりも多くの回収を得られる見込みがあるなど、対象債権者にとっても経済的な合理性が期待できること」と記載されていますが、ゼロ円弁済であっても経済的な合理性が期待できることを否定していません。

人の資産の隠匿を目的とした贈与等が判明した場合を含む）には、免除した保証債務および免除期間分の延滞利息も付した上で、追加弁済を行うことになることを十分説明することとされた。

第2部

想 定 事 例

※各事案はフィクションであり、実在の人物、団体、
事件等とは一切関係がありません。

事例1 ▌ スポンサーに頼らない自主再生による再生型私的整理手続

1. 事案の概要

<事業の概要>

社名	株式会社ユウゾラ出版
事業の内容	出版社。売上8億円（雑誌3億円、書籍・ムック5億円）。出版取次を通じて、全国の書店に販売している。
店舗	本社・事務所は賃借
株主	ユウゾラ社長（64歳）60％、専務（社長の息子）30％、従業員持株会10％
借入	カンダ銀行（地銀、メインバンク）3億円 チヨダ信用金庫　8,000万円 イイダバシ信用金庫　7,000万円（保証協会付き）
リース	カンダ・リース　月額リース料7万円、残リース期間3年

<窮境原因>

売上の減少	出版不況により売上が減少する中、コロナ禍では巣ごもり需要のため、売上減少に歯止めがかかる。しかし、巣ごもり需要が一巡し、近時は、また売上が減少し始める。
本社購入時の借入金の負担	バブル期に本社社屋をカンダ銀行からの借入により購入。業績悪化に伴い売却したが、完済できず、多額の債務が残る。
事業継続の困難性	雑誌・書籍の返品率が60％まで上昇。営業損益は赤字に転落。コロナ禍では、補助金により運転資金を確保していたが限界に。

<経営者保証の状況>

保証の状況	社長は、ユウゾラ出版の金融負債およびリース負債のすべてに連帯保証
資産の状況	現預金：500万円 生命保険：解約返戻金　700万円 自宅：自己所有

【関係図】

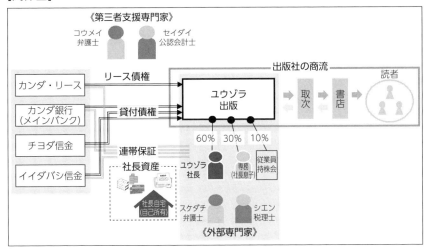

2. 手続の選択および方針の決定

【手続選択のフロー】

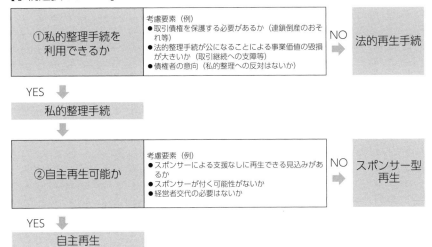

<本件における手続選択および方針決定>

①　本件では、ユウゾラ出版は、取引相手の印刷会社に対する未払印刷代金

債務があり、民事再生手続などの法的再生手続を取った場合、**取引継続に支障**が出る可能性がありました。

　そこで、ユウゾラ出版は、**私的整理手続による事業再生を選択**することとしました。

②　ユウゾラ出版は、確実に事業再生を行うためにスポンサー候補を探索しました。しかし、書籍・ムックの市場在庫が多数あり、これが返品された場合、出版取次に対する売掛金は、逆に出版取次に対する債務になります。そのため、**スポンサー候補者が提示した、ユウゾラ出版の事業価値は低く、金融機関が納得しうる事業再生計画案を策定することが困難**でした。

　そこで、ユウゾラ出版は、メインバンクと協議し、自主再生型の計画を立案することとしました。

3．想定されるスケジュール

日付	内　　容
5月10日	ユウゾラ出版社長は、メインバンクのカンダ銀行に3月末期の決算書を説明。カンダ銀行から、売上の減少や、営業損益が赤字に転落したこと、金融債務の圧縮が進んでいないことを指摘され、抜本的な再建策の策定を示唆された。
5月11日	ユウゾラ出版社長は、顧問のシエン税理士を訪問し、銀行から抜本的な再建策について示唆された旨を伝え、今後どうすればよいかアドバイスを求めた。 シエン税理士は、社長の説明から、再生には金融債務の免除が必要であると考え、金融機関交渉には弁護士が必要であるため、スケダチ弁護士を紹介することとした。
5月12日	ユウゾラ社長は、シエン税理士とともに、スケダチ弁護士に今後の方策について相談。法的再生手続ではなく、私的整理手続による事業再生を基本方針に決めた。 リース債務は少額であるため、対象債権者から除外した。
5月中旬	シエン税理士による財務DDおよび事業DD開始。 並行して、M&A仲介会社を通じて、スポンサー候補者の探索を開始。
6月上旬	スポンサー候補者複数による買収DD開始。
7月上旬	シエン税理士による財務DDおよび事業DD終了。 実態貸借対照表で1.5億円の債務超過。清算配当率1.5％。
7月中旬	スポンサー候補者のうち、1社のみが提案書を提出。 提示金額は想定よりも大幅に低く、金融債務の大幅な債務免除が必要であった。
7月中旬	ユウゾラ出版は、カンダ銀行に、スポンサー選定状況について説明。カンダ銀行は、スポンサー候補者の提示金額では、事業再生計画案に同意できないと回答。
7月20日	ユウゾラ出版は、スポンサー支援による再生を断念。 収益弁済を基本とした自主再生型の事業再生計画案を策定することを決める。
7月21日	スケダチ弁護士は、第三者支援専門家として、公表された候補者リストから、コウメイ弁護士とセイダイ公認会計士を選定。両名に連絡をして、就任の内諾を得た。
7月22日	ユウゾラ出版がカンダ銀行に、本ガイドラインを申請予定と説明。カンダ銀行は、第三者支援専門家の選任について同意。
7月23日	ユウゾラ出版は、チヨダ信用金庫とイイダバシ信用金庫に対し、本ガイドラインを申請予定と説明。第三者支援専門家の選任についても同意を得る。
7月31日	第三者支援専門家は、カンダ銀行の意向も踏まえて、支援等を開始。
7月31日	ユウゾラ出版は、全金融機関に対して、再生の基本方針を記載した一時停止の要請を、FAXで一斉に送信。
8月上旬	ユウゾラ社長とスケダチ弁護士は、各金融機関を訪問し、今後の方針などを説明。
8月～10月	ユウゾラ出版は、外部専門家の指導の下、従業員の希望退職を募集するなどのリストラを実施。出版点数の見直し、刷り部数の見直しなどの事業の改善を行う。
9月～10月	外部専門家が金融機関を訪問し、経営改善の状況、事業再生計画案の概要などを説明。その際、チヨダ信用金庫から、債務免除を伴う事業再生計画案には反対する旨、表明される。
10月31日	DDSと収益弁済を骨子とした事業再生計画案を立案。
11月10日	ユウゾラ出版は、債権者会議を実施し、事業再生計画案の内容を説明。 第三者支援専門家は、調査報告書を提出。
12月15日	全金融機関からユウゾラ出版に対し、事業再生計画案に同意する旨の同意書が届く。
12月28日	事業再生計画案の内容に基づき、第1回目の弁済を実施。
	以後、カンダ銀行のモニタリングを受けながら、事業再生計画を履行。

4．事業再生計画案の概要

<事業再生の基本方針>

✓ 収益から弁済を行う自主再生型
✓ 元本の一部について、デット・デット・スワップ（DDS）を実施
✓ 元本は、営業収益から得られるキャッシュ・フローを資金として、分割弁済
✓ 利息は約定どおり弁済
✓ 遅延損害金について債務免除
✓ 実態債務超過の解消
✓ 計画終了時には、有利子負債の対キャッシュ・フロー比率が10倍以下

<事業再生計画>

実態貸借対照表	● 実態貸借対照表では1.5億円の債務超過 ● 5年以内に債務超過の解消
事業再生のための具体的施策	● 役員報酬の減額 ● 人員の削減などのリストラを実施 ● 賃料の安い事務所に移転 ● 印刷会社の変更によるコスト削減 ● 出版点数の見直しなどによる経営改善
資金繰り計画（債務弁済計画を含む）	計画0年度（事業再生計画成立後最初に到来する事業年度）
	リストラの実施などにより、経常利益はトントンに
	計画1年度（事業再生計画成立後最初に到来する事業年度開始の日から1年）
	リストラの効果が生じることにより、営業キャッシュ・フロー1,000万円
	計画2年度（同2年）
	出版点数の増加による売上向上を見込み、営業キャッシュ・フロー3,000万円
	計画3年度（同3年）
	営業キャッシュ・フロー3,000万円
	計画4年度（同4年）
	営業キャッシュ・フロー3,200万円
	計画5年度（同5年）
	営業キャッシュ・フロー3,300万円

金融支援の内容（債務減免などを要請する場合はその内容）	元本	
	DDS	事業再生計画成立後に、元本4,000万円の債務についてDDSを実施
	第1回弁済	事業再生計画成立後2週間以内に、900万円（元本額の2％）を弁済
	第2回弁済	計画1年度の末日に800万円を按分弁済
	第3回～第6回弁済	計画2年度から計画5年度の各末日に各2,600万円を按分弁済
	弁済額	弁済総額　1億2,100万円
	計画終了時	●残債　3億2,900万円（うち、DDS4,000万円） ●計画終了時に正常先となるため、残債については、以後、約定どおり弁済
	事業再生計画案成立までに発生した利息・遅延損害金	
	●事業再生計画成立後2週間以内に、約定金利相当額を弁済 ●遅延損害金は免除を受ける	
	事業再生計画案成立後の利息	
	約定どおり弁済する	
モニタリング	●事業再生計画成立から3年間、主要債権者によるモニタリング ●主要債権者は、モニタリングの期間終了時に、事業再生計画の達成状況などを踏まえ、その後のモニタリングの要否を判断する	

<経営責任、株主責任>

経営責任	社長は退任。専務（社長の息子）を社長に昇格
株主責任	社長が保有する株式を無償で、専務と従業員持株会に譲渡

<経営者保証>

私財提供	次の私財をユウゾラ出版に無償で贈与 ●現預金：137万円 ●生命保険解約返戻金：700万円
残存資産	●現預金：363万円 ●自宅：華美なものではないため、残存資産とする
保証解除	全金融機関から連帯保証債務の解除を受ける

5．本件のポイント

(1)　デュー・ディリジェンス（DD）

ア　財務DD、事業DD

　適切な事業再生計画案を作成するためには、前提として、財務および事業の状況に関する調査分析（デュー・ディリジェンス（DD））が必要となります（本Q&AのQ38）。

　DDは、原則として外部専門家（公認会計士、税理士など）が行う必要があります。

　DDの程度は、事業規模や事業内容、事業再生計画案の内容などによりケース・バイ・ケースです。

　事案によっては、財務DD、事業DDのほかに、法務DD、税務DD、環境DDなどが必要となります。

　特に、新たに資金を出資するスポンサーがいない自主再生型の再生型私的整理手続の場合、適切な事業DDを行う必要があります。

イ　DDの検証

　第三者支援専門家である公認会計士は、外部専門家が行った、実態債務超過額などを把握するための財務DDや、事業の再建可能性などについて把握するための事業DDについて検証を行い、誤りなどを指摘します。外部専門家は、その結果を踏まえて、一部修正を行いながら、DD報告書を完成させることになります。

ウ　調査報告書の作成

　第三者支援専門家は、DD報告書および事業再生計画案の内容を検証し、債務免除額が過剰支援にならないか、債務免除益が発生しないかなどの点を中心に検討し、債権者に提出する調査報告書を作成します。

エ　本件への当てはめ

　本件では、自主再生型であるため、財務DDに加え、事業DDを行っています。企業規模が小さく、法的な問題もないため法務DDは実施しませんでした。

(2)　事業再生計画案
ア　事業再生計画案の記載事項

	記載事項
①	実態貸借対照表
②	資金繰り計画（債務弁済計画を含む）
③	金融支援（返済猶予、債務減免）を要請する場合、その内容
④	実質債務超過の場合、事業再生計画成立後最初に到来する事業年度開始の日から5年以内を目処に実質的な債務超過を解消するものであること
⑤	経常利益が赤字の場合、事業再生計画成立後最初に到来する事業年度開始の日から3年以内を目処に黒字に転換する内容とすること
⑥	事業再生計画の終了年度（原則、実態債務超過を解消する年度）における有利子負債の対キャッシュ・フロー比率が概ね10倍以下となる内容
⑦	経営責任の明確化 ＊新型コロナウイルス感染症に配慮し、経営者退任を必須としない
⑧	株主責任の明確化 債務減免などを要請する場合には必要
⑨	保証人の資産などの開示と保証債務の整理方針を明らかにすること

イ　税務上の取扱い

　金融機関に対して、債権放棄、デット・エクイティ・スワップ（DES）、デット・デット・スワップ（DDS）などを依頼する場合、金融機関に同意してもらうためには、債権放棄などを行った場合に、それが寄付金に該当しないことなど、税務上の取扱いについて確認しておく必要があります。

　また、債務者が、債務免除などを受ける場合、免除益課税が発生しないよう、法人税基本通達12-3-1(3)の要件を満たしている必要があります。

　そのため、以下の点について、検討を行うことが必要です。

①　合理的かつ実現可能性の高い経営改善計画

　事業再生計画案は、合理的かつ実現可能性の高い経営改善計画に基づくものである必要があります。すなわち、(i)計画期間終了後の当該債務者の業況が良好であり、(ii)財務内容にも特段の問題がないと認められる計画であることが必要です。

② 損失負担等を行う相当な理由

事業再生計画案は、破産した場合よりも債権者にとって有利な弁済を行う必要があるという清算価値保障原則を満たしている必要があります。

③ 再建計画の合理性

(i) 損失負担額、支援額の合理性

自助努力の反映、役員報酬の削減、経営者貸付の放棄、私財提供などの経営責任の明確化、株主責任の明確化（支配株主の権利を消滅させる方法、減増資により既存株主の割合的地位の減少または消滅）が必要とされています。

本ガイドラインに則り、第三者支援専門家の調査報告書の作成や、事業再生計画案を全債権者の同意を得ることで成立させることにより、過剰支援とならないよう損失負担額の合理性が検証されることになります。

(ii) 再建管理等の有無

再建計画について、適切なモニタリングが必要とされています。

(iii) 支援者の範囲の相当性

原則として、全金融債権者を対象とする必要があります。

(iv) 負担割合、支援割合の合理性

負担割合、支援割合は、債権者間で平等である必要があり、個別に衡平性の観点から検討する必要があります。

ウ 本件への当てはめ

① 事業再生計画案の記載事項

(i) 債務超過の解消

実質債務超過の場合、5年以内を目処に実質的な債務超過を解消する必要がありますが、本件では、元本の一部についてDDSを実施することで、債務超過を解消しています。

(ii) 赤字の解消

経常利益が赤字の場合、3年以内を目処に黒字に転換する必要がありますが、本件では、経営改善が功を奏し、計画1年度で、経常利益が黒字に転換しています。

(iii) キャッシュ・フロー倍率

事業再生計画の終了年度における有利子負債の対キャッシュ・フロー比率が

概ね10倍以下となる必要がありますが、本件では、計画終了時の有利子負債は２億8,900万円（DDSを除く）であるのに対して、営業キャッシュ・フローは3,000万円であり、概ね10倍以下となっています。

②　税務上の取扱い

本件では、金融機関に対して、DDSおよび遅延損害金の放棄を依頼しているため、免除益課税が発生しないよう、法人税基本通達12－3－1(3)の要件を満たしているか否かなど税務上の取扱いについて確認しておく必要があります。

本件では、以下の点について、検討を行っています。

（i）　合理的かつ実現可能性の高い経営改善計画

本件では、計画成立後１事業年度目から、計画期間終了までの間、継続して営業キャッシュ・フローがプラスになっており、かつ、計画期間終了時点で実質資産超過状態である計画であるため、合理的かつ実現可能性が高いといえます。

（ii）　損失負担等を行う相当な理由

本件では、清算配当率は1.5％である一方、初回に元本の２％を弁済し、以後これを上回る弁済を行う計画であるため、清算価値保障原則を満たしています。

（iii）　再建計画の合理性

（a）　損失負担額、支援額の合理性

本件では、従業員の希望退職などのリストラを実施し、役員報酬を削減したほか、社長は預金・生命保険解約返戻金の私財を債務者会社に提供し、株式も無償で手放しています。

本件では、100％減資ではなく、社長が保有する株式の無償譲渡という方法をとっていますが、経営責任があるとはいえない者の株式までなくすことは酷であること、新たに新株を引き受ける第三者がいなかったことから、許容されるものと判断しました。

さらに、本ガイドラインに則り、第三者支援専門家の調査報告書、事業再生計画案を全債権者の同意を得ることで成立させることにより、過剰支援とならないよう損失負担額の合理性が検証されています。

　　　(b)　再建管理等の有無

本件では、主要債権者によるモニタリングが予定されています。

　　　(c)　支援者の範囲の相当性

全金融債権者を対象としており、支援者の範囲の相当性に問題はありません。

　　　(d)　負担割合、支援割合の合理性

本件では、債権者間で弁済率を平等にしており、負担割合、支援割合の合理性について、問題はありません。

(3)　デット・デット・スワップ（DDS）

ア　DDSとは

DDSとは、金融機関が、既存の貸付金を、劣後ローンなどの別の条件の債権に変更するものです。事業再生の局面においては、既存の貸付金を資本的劣後ローンなどに変更することで、一定期間の返済猶予などの金融支援を行うことになります。

イ　本件への当てはめ

本件では、当初、金融債務の元本の一部免除を予定していましたが、チヨダ信用金庫が、債務免除を伴う事業再生計画案に強硬に反対していたため、債務免除ではなく、DDSを行うことで、実態債務超過の解消を図ることにしました。

(4)　経営責任、株主責任

ア　経営責任

経営者が、どのように経営責任を負うべきかについては、窮境原因への関与度合い、金融支援の内容、対象債権者の意向、事業継続における経営者の関与の必要性、中小企業者の自助努力の内容や程度など種々の事情を考慮して決めることになります（本Q&AのQ23）。

自然災害や感染症の世界的流行などにも配慮することとされており、経営者の退任は必須とされていません。

経営者責任の明確化の内容としては、役員報酬の削減、経営者貸付に係る債権の放棄、私財提供や支配株主からの離脱などによる方法もあります。

イ　株主責任

事業再生計画案で債務減免などを定める場合、株主権は債権より劣後することから、全株主の株主権を消滅させることにより、株主責任の明確化を図る必要があります。

もっとも、事案によっては、全株主の株主権を消滅させるのではなく、支配株主の権利のみを消滅させる方法や、減増資により既存株主の割合的地位を減少・消滅させる方法も考えられます。一般株主については、支配株主のような経営への関与が認められないのが通例であるため、支配株主とは別の取扱いをすることもありえます。

特に、小規模企業者においては、新たな増資の引受先が見つからないことが多く、既存株主権を消滅させることは相当でないことも少なくないため、株主責任の内容については、柔軟に判断する必要があります（本Q&AのQ24）。

ウ　本件への当てはめ

①　経営責任

本件では、後継者として息子の専務がいたので、社長自身は退任することとし、さらに私財提供や支配株主からの離脱を行うことで経営責任を果たしました。専務は、窮境原因への関与の度合いが少なく、今後の事業継続には専務の関与が必要であるため、取締役にとどまることとなりました。

②　株主責任

本件では、事業再生計画案で、遅延損害金の免除およびDDSを定めているので、一定程度、株主責任の明確化を図る必要がありました。

もっとも、本件では、適切なスポンサーが見つからず、新たに増資を引き受ける者がいないので、社長の株式を専務および従業員持株会に無償で譲渡することで、社長の支配権を消滅させ、株主責任を果たすことにしました。

POINT

✓ **デュー・ディリジェンス（DD）**
　事業再生計画案を作成するためには、前提として、実態を把握する必要があります。

✓ **事業再生計画案**
　DDを踏まえて将来の事業計画、資金繰り計画、弁済計画を作ります。
　税務の検討を忘れずに行いましょう。

✓ **デット・デット・スワップ（DDS）**
　金融機関が債権放棄に応じない場合は、DDSを検討しましょう。

✓ **経営責任、株主責任**
　個別事情に応じて、経営責任、株主責任の有無、程度が変わります。
　役員の退任、株主権の消滅は必須ではありません。

事例2 ▎ 法人格を維持しつつスポンサーを選定する再生型私的整理手続

1．事案の概要

＜事業の概要＞

社名	ミナモト建設株式会社
事業の内容	カマクラ県に拠点を置く老舗の中堅ゼネコン。 民間工事のみならず、公共工事も受注。
沿革	先代の社長が事業を拡大し、カマクラ県の老舗の中堅ゼネコンに成長。 5年前にワンマン経営者であった先代の社長が交通事故で急逝し、息子のミナモト氏（当時45歳）が二代目の社長に就任。
株主	ミナモト社長100%
許認可	建設業、特定建設業。カマクラ県の公共事業の入札参加資格Aランクを保有。
借入	カマクラ銀行（地元の地銀、メインバンク）9億円（うち2億円は保証協会付） カマクラ信用金庫（地元の信金）1億円

＜窮境原因＞

売上の減少	ミナモト社長は、先代の人的関係を十分に承継できず、営業力が不足。そのため、売上確保のための赤字受注を継続。
経費等の増加	ミナモト社長は、下請業者への交渉力も乏しかったため、下請業者への支払額が年々増加。また、管理能力不足によって、先代から続く過大な経費の圧縮もできなかったため、年々経営が厳しい状況。
突発的な支出の増加	このような状況の中、ようやく受注した大型工事に施工不良が生じ、度重なる再施工等や遅延の損害金を支払うなどしたため、一気に赤字が拡大。
新規借入の停止	大幅な赤字決算となったところ、今般メインバンクであるカマクラ銀行から、現在の経営体制ではこれ以上の与信が困難であるとの連絡。そのためミナモト建設は新規受注のための借入が困難となり、自力では事業継続が困難な状況。

＜経営者保証の状況＞

保証の状況	社長は、ミナモト建設の金融負債のすべてに連帯保証
資産の状況	現預金：300万円 生命保険：200万円 貸付金：2,000万円（ミナモト建設宛て） 自宅：賃貸物件

【関係図】

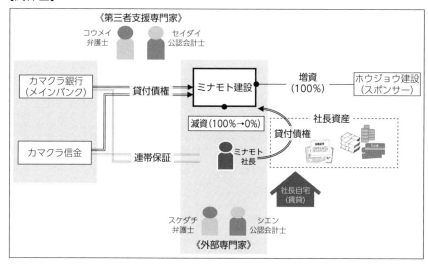

2．手続の選択および方針の決定

【手続選択のフロー】

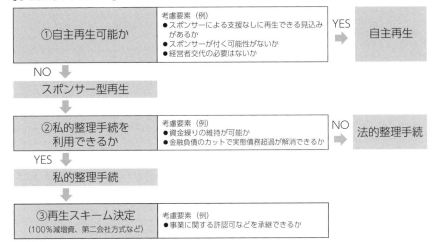

<本件における手続選択および方針決定>

① 本件では、ミナモト建設は、資金面でも経営面でも自主再生が困難で
あったことから、スポンサーによる支援を希望しました。また、カマクラ
県の公共事業の入札参加資格としてＡランクを保有しており、かかるＡラ
ンクは同業他社にとっては魅力であり、スポンサーが現れる可能性があり
ました。

　　そこで、ミナモト建設は、スポンサー型による事業再生を選択すること
としました。

② この点、ミナモト建設は、元金の返済を停止すれば、６カ月程度は資金
繰りの維持が可能であり、また、ミナモト建設の実態貸借対照表によれば、
金融負債をカットすれば実態債務超過を解消できる見込みがありました。
そこで、本件では、再生型法的手続ではなく再生型私的整理手続を採用す
ることとしました。

③ 会社分割等のいわゆる第二会社方式では、上記ランクがスポンサーに承
継することが困難であることから、スキームとしては、ミナモト建設の株

主を入れ替える100％減増資のスキームを採用しました。

　そこで、ミナモト建設は、メインバンクと協議し、**100％減増資による**
スポンサー型の計画を立案することとしました。

3．想定されるスケジュール

日付	内　　容	本ガイドライン（第三部）・本Q&A
7月1日	カマクラ銀行から新規借入を受けられない旨を告げられた直後、ミナモト社長が顧問弁護士のスケダチ弁護士に相談。ただちにシエン会計士にも相談。	4(1)①
7月10日	ミナモト建設は、スケダチ弁護士の助言の下、リストから第三者支援専門家として、コウメイ弁護士を選定し、就任を打診。	4(1)①
7月13日	コウメイ弁護士は、ミナモト建設の関係者と利害関係がないことを確認し、受諾。もっとも、第三者支援専門家として公認会計士も選任すべきと考えられたことから、公認会計士も選任するようミナモト建設に指示を出す。	
7月14日	ミナモト建設は、リストから第三者支援専門家として、セイダイ会計士を選定し、打診。セイダイ会計士は、利害関係を確認の上、受諾。	
7月15日	ミナモト建設は、カマクラ銀行に対して、再生型私的整理手続を検討している旨を申し出、第三者支援専門家の選任について同意を得る。カマクラ銀行は、債権放棄の額次第ではあるが、スポンサー型でこの手続を進めていくことはむしろ歓迎であるとの反応。カマクラ銀行は保証協会と連携を開始。	4(1)②
7月22日	第三者支援専門家は、カマクラ銀行の意向も踏まえて、支援等を開始。	4(1)③
7月24日	ミナモト建設は、金融機関に対して、FAXで一斉に一時停止の要請（再生の基本方針を示す）。	4(2)
7月下旬	シエン会計士による財務DDが開始。	
7月31日	ミナモト建設は、第1回債権者会議を実施し、今後の再生の基本方針（スポンサー型）を伝える（議長はコウメイ弁護士）。スポンサー選定手続を開始。入札期限は8月31日。	
8月上旬	ミナモト建設は、合計6社に対して、打診を行い、うちファンドを含む4社との間で秘密保持契約を締結し、交渉を開始。	
8月31日	スポンサー選定手続の入札期限には、秘密保持契約を締結して検討していた4社のうち3社が札入れを行い、結果として、ホウジョウ建設が独占交渉権を獲得。	
9月15日	ホウジョウ建設との間で2億円を出資する旨のスポンサー契約を締結。	
9月下旬	シエン会計士により、財務DD報告書が完成。	
10月10日	ミナモト建設は、スケダチ弁護士とシエン会計士の助力を得て、スポンサー契約の内容を反映した事業再生計画案を立案。	4(3)①
10月末	コウメイ弁護士とセイダイ会計士は調査報告書を完成。	
11月10日	ミナモト建設は、第2回債権者会議を実施し、事業再生計画案の内容を説明。第三者支援専門家は、調査報告書を提出。金融機関からは、報告書の内容も含めて、質問がなされたが、カマクラ信用金庫が、債権放棄を前提とする事業再生計画案に対しては、当初、不同意の意向を示す。同意の期限は、12月15日。	4(5)① 4(6)①
11月中旬	コウメイ弁護士が、カマクラ信金に対して、不同意とするにあたっての理由の説明を求めたところ、カマクラ信用金庫は、同意の意向を表明。	Q&AのQ72
12月15日	事業再生計画案の内容につき、全債権者から同意を得る。スポンサー契約のクロージングにより2億円が出資される。	4(6)④
2月25日	事業再生計画案の内容に基づき、弁済を実施。	4(6)④

4．事業再生計画案の概要

＜事業再生の基本方針＞

> ✓ スポンサーの下で事業再生を図る「スポンサー型」
> ✓ スキームは、旧株主の株式はすべて減資し、スポンサーに対する増資を行う、いわゆる100％減増資
> ✓ スポンサーの増資による資金を原資とした一括弁済
> ✓ 事業再生計画に基づく弁済と引換えに残債務の免除を受ける

＜弁済計画＞

事業再生のための具体的施策	● スポンサーの増資による資金注入 ● スポンサーの下での経営改善
今後の事業および財務状況の見通し	● 同業者のスポンサーによる営業力の強化 ● 赤字受注を回避する受注体制の見直し ● スポンサーとのシナジー効果 ● 経営管理を適切に行うことで経費等を削減
資金繰り計画（債務弁済計画を含む）	● スポンサーの増資による資金を原資とした一括弁済
債務減免等を要請する場合はその内容	● 実態債務超過額は8億円 ● 金融負債の弁済率は20％、残額は免除 ● 取引債務は全額保護 ● 清算した場合は、配当率は0％（清算価値保障原則）

＜経営責任、株主責任＞

経営責任	社長は辞任し、その他の取締役も辞任。役員退職慰労金はなし
株主責任	社長の株式はすべて減資

＜経営者保証＞

弁済原資	● 現預金：201万円 ● 貸付金2,000万円は放棄
残存資産	● 現預金：99万円 ● 保険：200万円

5. 本件のポイント

(1) 第三者支援専門家の選定

第三者支援専門家は、原則として、弁護士、公認会計士等の専門家であり、中小企業活性化協議会全国本部および一般社団法人事業再生実務家協会が公表する候補者リストから、債務者自身が選定します（本Q&AのQ30、Q31）。

また、選任する第三者支援専門家の人数や構成はケース・バイ・ケースですが、債権放棄が必要となる場合には、必ず弁護士を選任する必要があります。

本件では、債権放棄が見込まれることから、ミナモト建設は、顧問弁護士であるスケダチ弁護士と相談し、候補者リストの中から、事業再生分野で定評があるコウメイ弁護士を第三者支援専門家として選定しています。

また、本件では、スポンサーの支援額、金融支援額の相当性等の会計面、債務免除益等の税務面等を検証する必要性があることから、コウメイ弁護士から、第三者支援専門家として公認会計士も選任すべきとのアドバイスを受け、ミナモト建設は、上記リストから、事業再生分野で定評があるセイダイ公認会計士に対して第三者支援専門家への就任を打診し、セイダイ公認会計士はこれを受諾しています（本Q&AのQ33）。

上記調整の後、スケダチ弁護士は、主要債権者であるカマクラ銀行に対して、コウメイ弁護士とセイダイ公認会計士の合計2名を第三者支援専門家として選定する方針を伝え、カマクラ銀行から同意を得ています。

(2) 第三者支援専門家の役割
ア　支援開始の決定

第三者支援専門家は、主要債権者の意向も踏まえ、再生支援を行うことが不相当ではないと判断した場合には、中小企業者の資産・負債および損益の状況の調査検証や事業再生計画策定の支援を開始します。

本件では、第三者支援専門家の選定後、スケダチ弁護士は、コウメイ弁護士とセイダイ公認会計士とともに、カマクラ銀行を訪問し、スポンサー型で手続を進めていくことについての意向を確認したところ、カマクラ銀行は、債権放棄額次第ではあるが、当該方針について歓迎するとの反応でした（本Q&Aの

Q44）。

　これを受け、コウメイ弁護士とセイダイ公認会計士は、ミナモト建設に関する財務資料等を検討し、スポンサー選定の方向性も確認した上で、ミナモト建設につき再生支援を行うことが不相当ではないと判断し、支援の開始を決定しています。

イ　計画の策定

　本ガイドラインでは、中小企業者、外部専門家、第三者支援専門家および主要債権者は、①経営・財務および事業の状況に関する調査分析（財務デュー・ディリジェンス（DD）等が具体的には考えられます）や②事業再生計画案作成の進捗状況（スポンサー型の場合はスポンサー選定手続、交渉、スポンサー契約の締結等も含まれると考えられます）に応じて適宜協議・検討を行うとされています。

　本件では、シエン公認会計士は、セイダイ公認会計士とも随時連携しつつ、9月末に財務DD報告書を完成させています。

　また、ミナモト建設は、7月末からスポンサー選定手続を開始していますが、コウメイ弁護士とセイダイ公認会計士に対して、随時状況を報告しています。特に、スポンサーの選定、スポンサーの支援金額の交渉およびスポンサー契約の締結にあたっては、両者の意見も聴取して、慎重に進めています。

　これにより、ホウジョウ建設をスポンサーとする内容の事業再生計画案が完成するに至っています。

ウ　調査報告書の作成と報告

　第三者支援専門家は、債務者および対象債権者から独立して公平な立場で、事業再生計画案の内容の相当性および実行可能性等について調査し、原則として調査報告書を作成の上、対象債権者に提出し報告します。

　本件では、第三者支援専門家であるコウメイ弁護士とセイダイ公認会計士は、事業再生計画案および財務DD報告書の内容を検証し、スポンサー選定手続の妥当性、スポンサーの拠出額の相当性、債務免除額が過剰支援にならないか、債務免除益が発生しないか等の点を中心に検討し、10月末頃に調査報告書を作成しています。

　また、ミナモト建設は、11月10日、第2回債権者会議を開催し、全金融機関

に対して、事業再生計画案と最終版の財務DD報告書を提出していますが、かかる会議の場において、コウメイ弁護士とセイダイ公認会計士は、あわせて調査報告書を金融機関に対して提出し、内容について報告を行っています。

　エ　反対の意向への対応

　再生型私的整理手続においては、事業再生計画案に対して不同意とする対象債権者は、速やかにその理由を第三者支援専門家に対し誠実に説明するものとされています。また、その際、可能な範囲で、不同意とするにあたっての数値基準などの客観的な指標や、その理由について具体的な事実をもって説明することが望ましいとされています（本Q&AのQ72）。

　本件では、カマクラ信用金庫が、債権放棄を前提とする事業再生計画案に対して、当初、不同意の意向を示していましたが、コウメイ弁護士が、カマクラ信用金庫に対して、理由の説明を求めたところ、カマクラ信用金庫は、最終的に賛成の意向を表明するに至っています。

(3)　許認可等の承継

　再生型私的整理手続において、スポンサー選定をする場合は、スキームとして、会社分割や事業譲渡を利用する第二会社方式や100％減増資によって株主を入れ替える減増資の方式などが考えられます。

　本件では、ミナモト建設は、建設業・特定建設業の許認可に加え、カマクラ県の公共事業への入札参加資格としていわゆるAランクを有しており、このランクを引き続き保有できることがその事業価値にとって重要でした。

　もっとも、会社分割などの第二会社方式を採用して事業を承継する場合には、法律上、これらの許認可は当然には承継されず、また、かかるランクの承継も実務上困難です。

　また、ホウジョウ建設は、建設業・特定建設業の許認可は保有していたものの、カマクラ県における入札参加資格Aランクは保有していませんでした。

　これらの事情を考慮し、本件では、ミナモト建設の法人格を維持しつつ事業再生を行うべく、第二会社方式ではなく100％減増資スキームとし、金融負債については直接の債権放棄を求めることになりました。

　会社法上の手続としては、クロージング日に株主総会を開催して、ミナモト

社長の株式をすべて減資し、ホウジョウ建設に対して、増資を行っています。

POINT

✓ **第三者支援専門家の選定**

　必ずしも受諾してもらえるわけではないので、時間的余裕をもって選定しましょう。

✓ **第三者支援専門家の役割**

　第三者支援専門家の役割は、支援の決定、計画策定に関する協議・検討、調査報告書の作成等、多岐にわたります。第三者支援専門家と随時相談して手続を進めましょう。

✓ **コンプライ・オア・エクスプレイン**

　事業再生計画案に対して不同意とする金融機関は、速やかにその理由を第三者支援専門家に対し説明する必要があります。

✓ **許認可とスキーム**

　第二会社方式では許認可等を承継できない場合もあるので、許認可等につき十分検討した上で、事業再生計画案のスキームを検討しましょう。

事例3 ▍製造業のスポンサー型（会社分割を用いた「第二会社方式」）による再生

1．事案の概要

＜事業の概要＞

社名	株式会社オータム化粧品
事業の内容	化粧品の企画・製造・卸売業
沿革	大手広告代理店出身のアキカワ社長（43歳、女性）が、化粧品の商品企画・開発経験のある友人（トモダ氏）とともに2015年に会社を設立。 製造工場を持たず製造は外注（いわゆるファブレス）。 特にリップメイクやチークなどのポイントメイクに注力し、SNSや雑誌などを通じて戦略的な広告・メディア露出を行い、順調に売上を伸ばし、利益率も同業他社に比しても高かった（利益率約30％）。 2019年8月には、金融機関から多額の新規借入を行い、アキカワ社長の長年の夢であったアジア進出を果たした。
株主	アキカワ社長100％
許認可	化粧品製造販売業許可
借入	アカサカ銀行（地銀、メインバンク）4億円 ミナトク銀行　5,000万円（在庫商品・売掛金債権に譲渡担保設定） ミツケ信用金庫　6,000万円（保証協会付）

＜窮境原因＞

コロナ禍による売上の大幅な減少	新型コロナウイルス感染症拡大を受けた外出自粛要請やマスク着用が必須の生活となったことにより、化粧品、特に主力であったリップやチークの需要がほとんど消滅し、売上が激減した（前年比70％以上の減少）。
商品の瑕疵による特別損失の発生	昨年来、一部ユーザーから、新商品の1つである練りチーク兼リップを使用した際、唇に色素沈着が起こる旨のクレームが数百件あり、いまだ訴訟等には至っていないものの、決着していないものが多数ある。これに伴い、新商品の練りチーク兼リップ全品を回収し、廃棄した。

アジア進出時の借入金の負担	多額の借入を行って念願のアジア進出を果たしたものの、売上は低調であり、営業損失を計上し続けていた。そのため、アジア進出のための借入金の元本返済ができず、利払いも負担となっていた。さらにコロナ禍による売上不振を受けて、現在はアジアにおける事業活動を事実上停止している。
主力人材の退職・外注費の増加	コロナ禍による売上の大幅な減少を受けて、広告宣伝費や研究開発費を削減したところ、これに反発した商品企画・開発の主力担当者であったトモダ氏が部下を連れて退職してしまった。そのため、商品企画・開発を外注せざるをえず、商品企画・開発のための費用が激増した。
新商品の企画・開発の遅れによる取引打切り	トモダ氏らの退職により、新商品の企画・開発を外注せざるをえず、外注切替えに伴う混乱により新商品の企画・開発が遅延した結果、一部の卸先から商品の陳腐化を理由に取引を打ち切られた。

＜経営者保証の状況＞

保証の状況	社長は、オータム化粧品の金融債務のすべてを連帯保証
資産の状況	現預金：500万円 貸付金：1,000万円（オータム化粧品に対して） 自宅：賃貸物件 他の資産はなし

【関係図】

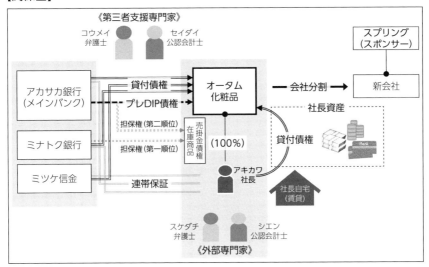

2．手続の選択および方針の決定

【手続選択のフロー】

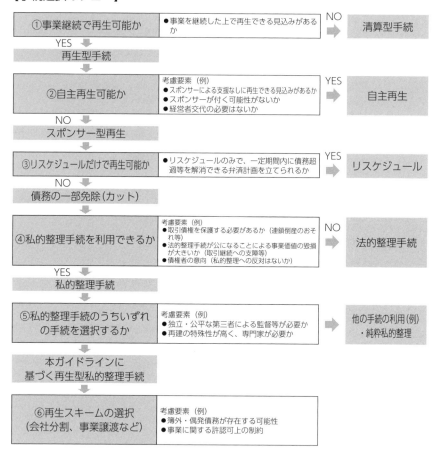

<本件における手続選択および方針決定>

① 本件では、窮境原因が明確であり、窮境原因を除去できれば以前の高収益体質に戻ることも可能と考えられたことから、この時点で事業継続をあきらめ廃業するのではなく、資金繰りの続く限り事業の継続を模索することにしました。

② 当面の運転資金確保のためメインバンクのアカサカ銀行に追加融資を申

し込みましたが、信用力不足を理由に追加融資を断られました。また、換価可能な有価値資産は流動資産（在庫商品・売掛金債権等）と事業のみでしたが、流動資産は既にミナトク銀行の担保に供しており、新規資金を得られるとすれば事業価値に依拠した資金調達のほかにありませんでした。

　そこで、本件では**スポンサー型再生**を目指すことにしました。

③　スポンサー次第ではあるものの、実態貸借対照表等からすると**金融支援（債務の一部免除（カット））**まで必要となる可能性が高いと予想されました。

④　化粧品会社においては、ブランドイメージが重要であるところ、法的整理手続では情報が公開されることから、顧客離れを招き、事業価値が毀損されるおそれがありました。また、大手卸先から取引を打ち切られるリスクや、製造外注先に対する買掛金未払いを理由とする取引打ち切りリスクも考えられました。

　そこで、事業価値毀損を避けるため、密行性の高い**私的整理手続による再生**を目指すこととしました。

⑤　後述のようにスポンサー型再生においては**スポンサー選定の相当性**の説明がポイントとなるところ、金融機関がスポンサー選定の相当性につき独立・公平な第三者による検証を要求したため、**独立・公平な第三者の監督**等により手続が進行する**準則型私的整理手続**を利用することとしました。その中でも柔軟性の高い、**本ガイドラインに基づく再生型私的整理手続**の利用を選択しました。

⑥　本件では、スポンサーが新型コロナウイルス感染症の影響により、対象事業の先行きが不透明であるとして、一部対象債権については収益弁済とすることを希望したことから、**債務承継型（収益弁済型）**の事業再生計画案を検討することになりました。

　また、新商品に対する数百件のクレームに起因して簿外・偶発債務が発生する可能性があったことから、簿外・偶発債務の承継リスクの低い**第二会社方式**が選択されました。第二会社方式のスキームとしては、許認可の円滑な承継と大手卸先との取引維持のため手続の密行性を確保する必要が高いという点に鑑み、取引先との契約関係等の承継を含め原則として包括的な承継が可能な**会社分割**を採用しました。

3．想定されるスケジュール

日付	内容
5月1日	アキカワ社長がスケダチ弁護士に相談。ただちにシエン公認会計士にも相談。
5月初旬	シエン公認会計士は資金繰りドラフトの作成を開始。
5月10日	第三者支援専門家として、コウメイ弁護士とセイダイ公認会計士をリストから選定・打診・内諾を得る。
5月15日	アキカワ社長は、アカサカ銀行に対して、再生型私的整理手続を検討している旨を申し出る。 また、第三者支援専門家の選任について同意を得る。さらに、プレDIPファイナンスを要請。
5月20日	第三者支援専門家は、アカサカ銀行の意向も踏まえて、支援等を開始。シエン公認会計士による財務DD・事業DDが開始。
5月25日	オータム化粧品は、金融機関に対して、FAXで一斉に一時停止の要請。 アカサカ銀行によるプレDIPファイナンス（5,000万円、在庫商品・売掛金債権（評価額1億円）に第2順位の譲渡担保設定）につき、各金融機関の優先性の同意取得。
5月30日	オータム化粧品は、シエン公認会計士およびスケダチ弁護士と資金繰りを作成の上、各金融機関を訪問し、今後の方針を伝えた。 スポンサー選定手続を開始。フィナンシャルアドバイザー（FA）を起用し、インフォメーション・メモランダム（IM）とプロセス・レターを作成の上、タッピングを開始。アカサカ銀行によるプレDIPファイナンスが実行される。
6月20日	スポンサー選定手続の一次入札には、製造業務委託先であるスプリング、その他2社が入札。二次入札に向け、3社が、事業DD・財務DD・法務DDを実施。
7月15日	スポンサー選定手続の二次入札には、スプリングのみ入札。スポンサー契約締結に向け、同社に1カ月間の独占交渉権を付与し、スポンサー契約締結に向けた交渉を開始。
8月1日	スプリングとの間で支援金額1億9,200万円（うち9,200万円は新会社に債務承継）とする旨合意し基本合意書を作成。スポンサー契約締結に向けた交渉継続。事業再生計画案の策定開始。
8月30日	事業再生計画案を策定。シエン公認会計士は、財務DD・事業DD報告書完成⇒第三者支援専門家に提出。 スプリングとの間でスポンサー契約の締結。
9月1日	オータム化粧品は、シエン公認会計士およびスケダチ弁護士と金融機関を訪問し、事業再生計画案の内容を説明。 第三者支援専門家は、調査報告書を提出。
9月30日	オータム化粧品は、債権者会議を実施し、事業再生計画案の内容につき、全債権者から同意を得る。
11月1日	スポンサー契約における吸収分割の効力発生（クロージング）と引換えに代金1億円が支払われ、代金1億円からアカサカ銀行とミナトク銀行に各5,000万円を弁済し、担保解除を受けた。
	オータム化粧品は解散し、特別清算手続による清算が結了し、清算結了登記により法人格が消滅した。 事業再生計画に従い弁済を実施。モニタリング。

4．事業再生計画案の概要

＜事業再生の基本方針＞

- ✓ スポンサーに事業を承継させてスポンサーの下で事業再生を図る「スポンサー型」を選択
- ✓ スポンサーへの事業承継スキームは吸収分割を選択
- ✓ スポンサーから支払われる事業承継代金で承継対象資産に設定された担保解除を受ける
- ✓ 一部金融債務を新会社に承継し、収益弁済
- ✓ 旧会社に残った金融債務は特別清算手続において整理

＜再生スキーム＞

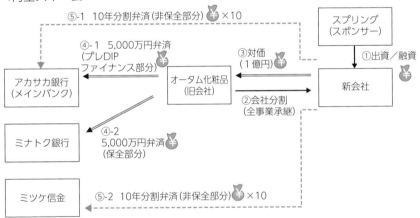

＜スポンサーによる施策（事業計画）＞

- ✓ シナジー効果（特に、製品製造外注先であったスポンサーによる商品企画・開発担当者の派遣）
- ✓ 運転資金（商品企画・開発費を含む）の注入
- ✓ アジア事業からの撤退
- ✓ 外注業務の内製化による外注費等の削減
- ✓ 予算管理強化・発注体制見直し

＜弁済計画＞

対象債権	全金融債務。ただし、アカサカ銀行のプレDIPファイナンス5,000万円については全行から優先性の確認を得て、対象外とした。
保全部分	保全部分（ミナトク銀行5,000万円）についてはスポンサーからの事業承継代金を弁済原資として100％一括弁済。引換えに担保解除（放棄）を受ける。
非保全部分	非保全部分（アカサカ銀行4億円、ミツケ信金⇒保証協会6,000万円）については非保全債権額の20％を新会社に承継し、新会社の収益を弁済原資として非保全債権額の2％ずつ10年間の分割弁済を行う。
	旧会社に残る非保全債権については、旧会社の特別清算手続において整理する（非保全債権に係る債務を除く負債（取引債務を含む）および現預金を除く会社資産（売掛金債権を含む）は会社分割に伴い新会社に承継される）。

＜経営責任、株主責任＞

経営責任	社長は、新会社の従業員（フルタイム、給料月額30万円）となり、新会社の事業運営に協力する（役員には就任しない）。 社長は、旧会社に対する貸付金1,000万円を放棄する。 社長は、旧会社の代表清算人に就任し、清算を結了させる。
株主責任	オータム化粧品の清算に伴い株式消滅。

＜経営者保証＞

私財提供	現預金500万円のうち残存資産とする396万円を引いた残り104万円を保証債務の弁済に充てる（貸付金1,000万円は放棄）。
残存資産	現預金：396万円
保証解除	全金融機関から連帯保証債務の解除を受ける。

5．本件のポイント

(1) スポンサー選定手続

　スポンサー型による再生を目指す場合、対象債権者に対し、スポンサー選定の相当性を説明し、納得を得る必要があります。

ア　スポンサー選定手続の選択

　スポンサーを選定する方法としては、複数のスポンサー候補者と同時に交渉する入札方式と、特定の候補者とのみ交渉する相対交渉方式がありますが、入札方式のほうが競争原理が働くことからスポンサー支援の相当性、特に支援額

の相当性を説明しやすいため、可能な限り入札方式によるスポンサー選定が模索されます。

　もっとも、窮境に陥っている事業者は、入札方式によるスポンサー選定を行う金銭的・時間的余裕がない場合も多く、また、事業規模が小さい・事業内容が特殊であるといった理由から、スポンサー候補者が非常に限定されており、複数の入札は到底見込めないといった場合等、入札方式によるスポンサー選定が事実上不可能な場合もあります。

　入札方式によるか否かは、企業の規模、企業の事業内容、特定個人への依存度および時間的要素を総合的に考慮して判断すべきとの提言がなされています。

　本件においては、オータム化粧品は従業員30人程度の比較的小さい企業（企業規模）であること、事業はアキカワ社長に依存するところが大きいこと（特定個人への依存度）からすると相対交渉方式によることも考えられましたが、化粧品の企画・製造・卸販売という参入障壁の低い高収益業態であること（事業内容）、プレDIPファイナンスにより当面の資金繰りをつなぐことができる見込みであること（時間的要素）を重視して、入札手続によるスポンサー選定を模索することにしました。

イ　スポンサー選定の相当性

　入札方式によりスポンサーが選定された場合、入札過程の公正性を前提として、原則として最高価格を提示した者がスポンサーに選定される限りその相当性が認められるといえます。もっとも、極めて例外的な場合ですが、雇用の維持や地域経済に与える影響等を勘案して最高価格を提示した者以外の者がスポンサーに選定された場合においても、相当性が認められる可能性もあります。

　一方、入札方式によるスポンサー選定が事実上不可能な場合においては、スポンサー選定の相当性は、①スポンサーの支援によって実現する弁済率が清算価値保障原則を満たすことを前提に、②諸事情を総合的に考慮することによって候補者の選定に合理性が認められれば、スポンサー選定の相当性が認められるとされています。総合的な考慮なので、支援額だけでなく、事業を維持・拡大しやすい、シナジー効果が期待できる、従業員の雇用を確保できる、取引先との取引を継続できる、地域社会への貢献が期待できる、経営方針が相当であることなどを考慮することも認められます。

(2)　本件の再生スキーム

ア　第二会社方式・会社分割（吸収分割）

　本件では、旧会社（現在の法人）から新会社（他の法人）に事業のみを承継させ、その後旧会社を清算手続により消滅させるといういわゆる第二会社方式を再生スキームとして採用しています。

　第二会社方式によれば、旧会社の清算の過程において旧会社に残された債務も最終的に消滅するため、当該債務につき直接的に債権放棄を受けるのと実質的に同じ結果となります。また、旧会社と新会社は別人格なので、原則として旧会社で発生した簿外・偶発債務は新会社に承継されません。私的整理手続の場合には、法的整理手続におけるような債務の遮断効が認められないこと、DDにかけられる時間が平時に比べて少ないことから、第二会社方式が選択されることが多いと考えられます。

　第二会社方式において、旧会社から新会社に事業を承継させる方法としては、事業譲渡（原則として、事業を構成する資産・契約・従業員等を個別に承継させる方法）と会社分割（原則として、会社が有する事業に関する権利義務の全部または一部を他の会社に包括的に承継させる方法）という方法があります。双方にメリット・デメリットが存在するため、事案に応じてどちらかの方法が選択されることになります。

　会社分割と事業譲渡の主な相違点は以下のとおりです。

【会社分割と事業譲渡】

	会社分割	事業譲渡
行為の性質	組織法上の行為	取引法上の行為
契約・債権債務の承継	包括承継（原則承諾不要）[1]	個別承継（承諾必要）
許認可の承継	簡易承継の可能性あり	新会社で新規取得
承継対象の選択	ある程度可能	可能
債権者保護手続	原則あり	なし（承諾の場面で対応）
労働者保護手続	あり	なし（承諾の場面で対応）
行為自体の登記	必要	不要

1　いわゆるチェンジ・オブ・コントロール条項や譲渡禁止特約が存在する場合、会社分割においても、契約・債権債務の承継につき相手方の承諾等が必要です。

　本件では、化粧品製造販売業に係る許認可の円滑な承継という点と、顧客離れを防ぎ大手卸先との取引を維持するため手続の密行性を確保する必要が高いという点に鑑み、取引先との契約関係等の承継を含め原則として事業の包括的な承継が可能な会社分割が採用されました。

イ　債務承継（新会社における収益弁済）

　スポンサー型の私的整理手続において第二会社方式が選択された場合、その弁済計画の多くは、スポンサーが旧会社に対して支払う事業承継対価を弁済原資として、対象債権者に対する一括弁済を行い、残債務の免除を受けるという内容になります。もっとも、新会社が金融債務等の一部を承継し、承継された金融債務等を新会社の将来の収益によって分割弁済するという弁済計画もありえます。ただし、対象債権者としては、スポンサー選定の相当性に加えて、新会社における事業計画を分析・検討しなければならないことから、対象債権者に過度な負担を課すものとの批判もあるところです。

　本件では、スポンサーが、新型コロナウイルス感染症の影響が見通せず、よって、対象事業の先行きが不透明であるとして、事業承継対価として多額の資金を投入することができず、一部対象債権については収益弁済とすることを希望したことから、新会社において対象債務の一部を承継し、承継債務については将来収益から弁済を行うという債務承継を含む弁済計画となりました。

⑶　プレDIPファイナンス

ア　概　　要

　債務者が法的整理手続中に受ける運転資金等を目的とした借入のことをDIPファイナンス、債務者がその前段階すなわち私的整理手続中に受ける運転資金等を目的とした借入のことをプレDIPファイナンスといいます。

　プレDIPファイナンスは、債務者の事業継続のために必要不可欠なものであり、事業継続の結果、事業が再生することは債権者全体の利益につながることから、既存の金融債務よりも優先的な取扱いを受けます。その方法としては、通常、プレDIPファイナンスの実行に先立って、対象債権者全員から優先性の確認をとり、私的整理手続の対象債権から除外することになります。また、多くの場合、プレDIPファイナンスを実行する貸出先は、担保提供を求めます。

　本件でも、アカサカ銀行がプレDIPファイナンスを実行していますが、実行に先立ち対象債権者全員から優先性の確認を受けて、対象債権から除外されています。また、担保余剰があった在庫商品・売掛債権に第2順位の譲渡担保権が設定されています。

イ　法的整理手続に移行した場合の問題点

　しかし、上記のプレDIPファイナンスの優先的な取扱いはあくまで合意に基づく優先的な取扱いにすぎません。そのため、債務者が法的整理手続に移行した場合においてもプレDIPファイナンスが優先的な取扱いを受けることができるのかが問題となります。

　プレDIPファイナンスは法的整理手続開始前に発生原因のある債権であることから、倒産債権となるのが原則です。しかし、それではプレDIPファイナンスを受けられる場合が非常に限定的となり、多くの事業者が資金繰りを維持できずに事業継続を断念することになりかねません。

　そこで、法的整理手続においても優先性を確保すべく、事案に応じた法律構成により共益債権化等が図られています。

　また、一定の要件[2]を充足するプレDIPファイナンスについては、法的整理手続において、他の倒産債権と取扱いに差を設けることが許容されています（産業競争力強化法56条1項・3項、58条の2等参照）。

2　一定の要件とは、以下のとおりです（産業競争力強化法56条1項参照）。
　① 事業者の事業の継続に欠くことができないものとして経済産業省令で定める基準に適合するものであること（(a)事業再生計画決議成立の日までの間における再生債務者の資金繰りのために合理的に必要なものであることおよび(b)プレDIPファイナンスの返済期限が当該決議成立の見込まれる日以後に到来すること（産業競争力強化法施行規則33条1項参照））
　② プレDIPファイナンスに係る債権に対する返済を事業再生ADR手続における対象債権者が、他の債権の弁済よりも優先的に取り扱うことについて対象債権者全員の同意を得ていること
　③ 上記①・②を手続実施者が確認すること

POINT

✓ **スポンサー選定手続**
　入札方式によることが原則です。

✓ **第二会社方式**
　簿外・偶発債務等を遮断することができます。

✓ **会社分割か事業譲渡か**
　双方にメリット・デメリットがあるため、事案に応じて選択する必要があります。

✓ **債務承継型**
　第二会社方式においても収益弁済が可能ですが、対象債権者の同意を取得するのが難しい可能性があります。

✓ **プレDIPファイナンス**
　優先性の確認を受けて実行（対象債権から除外）します。また、通常、担保提供を求められることが多いです。
　法的整理手続移行時の優先性確保が問題となります。

事例4 ┃ 医療法人社団のスポンサー型（事業譲渡）による再生

1．事案の概要

＜事業の概要＞

法人名	医療法人社団ミカヅキ会
事業の内容	ギンガ地方において総合病院ミカヅキ病院を運営
病棟	土地建物ともに法人所有（ドクター信金の1番抵当、ギンガ銀行の2番抵当設定、時価評価額5億円）
沿革	ミカヅキ院長は、ギンガ県において、総合病院であるミカヅキ病院を運営する医療法人社団ミカヅキ会の理事長を務めている。 ミカヅキ会は、2000年に設立された持分のある社団型の医療法人である。 ミカヅキ病院は、ミカヅキ院長の父が個人で始めた単科病院であったが、法人化に際して、新病棟を建てて20名の医師を雇うなどして総合病院化した。現在では、地域の中核病院となっている（病床数200床、総従業員数100名）。
社員持分	ミカヅキ院長（70歳）50％、ミカヅキ院長の父（96歳）50％
理事会の構成	理事長：ミカヅキ院長 理事：ミカヅキ院長の父、ミカヅキ院長の母 監事：ミカヅキ院長の妻
借入	ギンガ銀行（地銀、メインバンク）　5億円 ドクター信金　10億円 ドクター銀行　1億円＋ファクタリング

＜窮境原因＞

地域の過疎化による患者の減少	ミカヅキ病院のあるギンガ県は、法人化した2000年当時から全人口に占める高齢者の割合が高く、人口は減少傾向にあった。もっとも、他の地域と比較して医師・病院が少なく、病床数が不足がちであったことから、法人化当初は来院患者数も収益も順調に推移していた。 しかし、ギンガ県における高齢化に拍車がかかり、来院患者数の減少・収益の悪化に歯止めがかからなくなっている。

ずさんな経営・管理体制	法人化直後、ミカヅキ病院の来院患者数や収益が順調に増加していたことから、2001年、新たにいわゆるMS法人を設立して、当該MS法人に業務の一部を委託したが、当該業務委託にかかる報酬額は、相場に比べてかなり割高であった。 また、ミカヅキ院長は病院経営に興味がなく、事務局長に実質的な病院経営を任せていた。事務局長は、自らの給与額を高額に設定するとともに、一部の従業員を厚遇して人材流出を招くなどしており、人材流出も来院患者数減少の一因となっていた。また、事務局長は、MS法人との取引条件の見直し等の収益の改善や集客のための具体的な施策をとることもなく、運転資金を捻出するために、ギンガ銀行から追加借入を行い、また、ドクター銀行との間で診療報酬債権のファクタリング（本件の場合、診療報酬債権を真正譲渡して現金化すること）を行い、さらに、将来診療報酬債権を担保に新規借入を行うなどして、ミカヅキ会の資金繰りを維持していた。
後継者の不存在	ミカヅキ院長は現在70歳である。ミカヅキ院長には、子どもが2名（36歳、34歳）いるものの、いずれも医師資格を有さず、民間企業に勤めており、今後を含めミカヅキ会に関与する気はない。また、ミカヅキ院長の父（96歳）を除き、ミカヅキ院長の親族の中に医師資格を有する者は存在しない。 ミカヅキ院長は、近時、突然耳が聞こえにくくなり、患者との円滑なコミュニケーションが取れないことがあったことから（これも来院患者数が減少する一因となっている）、引退を考え出したものの後継者がいないことに頭を悩ませている。
コロナ禍	2020年3月以降、コロナ禍により、来院患者数が激減した。来院患者数の減少は継続しており、今般、ミカヅキ会の資金繰りは限界に達した。

＜経営者保証の状況＞

保証の状況	院長は、ミカヅキ会の金融債務およびファクタリング債務のすべてを連帯保証している。
資産の状況	現預金その他金融資産：1,500万円 自宅土地建物を所有（妻と持分1：1で共有、時価評価額5,000万円）

【関係図】

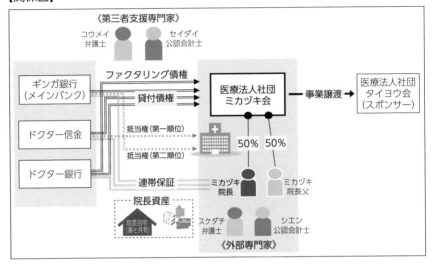

２．手続の選択および方針の決定

【手続選択のフロー】

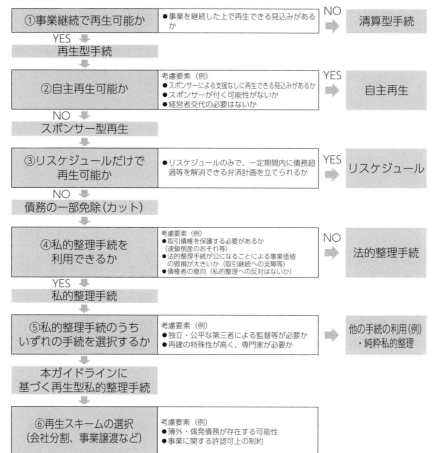

＜本件における手続選択および方針決定＞

①　ミカヅキ病院のあるギンガ県では、今後も人口減少が進むことが予想されています。もっとも、他の地域と比較して医師・病院が少なく、病床数が不足している地域であることから、地域医療における中核病院としてのミカヅキ病院の潜在的ニーズは依然として高いと考えられます。また、ミカヅキ病院は地域医療において重要な役割を担っており、廃業した場合の

　地域医療に与える影響は甚大です。さらに、ずさんな経営を正せば収益改善も可能と考えられること、コロナ禍が徐々に収束傾向にあり、来院患者数の減少に歯止めがかかり、増加に転じると予想されること等の理由から、この時点で事業継続をあきらめて**廃業するのではなく**、**事業の継続を模索**することにしました。

② 　ミカヅキ院長の経営管理意思・能力の欠如や高齢化による身体能力の変化が窮境の一因となっていることからすると**経営者の交代は必須**でした。また、親族の中に後継者候補がおらず、仮に今回**自主再生**に成功しても、近い将来、後継者問題が再度浮上することは明白でした。そこで、後継者問題についても一挙に解決すべく、**スポンサーの支援**による**再生**を選択しました。

③ 　スポンサー次第ではあるものの、事業の利益率が低下傾向にあり、仮に現時点の売上・利益率を維持できたとしても債務超過の解消まで100年以上を要することから、**リスケジュールのみでは足りず**、**金融支援（債務の一部免除（カット））**まで必要と考えました。

④ 　医療法人においては、取引先からの医薬品等の納入が止まると事業が停止し、患者の生命・身体の危険が具体化するといった事情から、**取引債権を保護する**ことが必須です。また、法的整理手続を行った場合、法的整理手続を行っている旨が公表され、瞬く間に**信用不安**が広がり、取引停止や来院患者数のさらなる減少を招くことが予想されました。そのため、事業価値毀損を避けるため、事実上**取引債権が保護**され、**密行性の高い私的整理手続**による再生を目指すこととしました。

⑤ 　ミカヅキ院長による経営管理意思・能力の欠如が窮境原因の1つとなっており、金融機関もこれを問題視していたことから、**純粋私的整理手続**ではなく、**独立・公平な第三者の監督**等により手続が進行する**準則型私的整理手続**を利用することとしました。また、医療法人の私的整理手続による再建は**特殊性が高い**ことから、全国の専門家の中から当該分野に豊富な経験を有する者を**第三者支援専門家**に選任することができる、本ガイドラインに基づく**再生型私的整理手続**を利用することとしました。

⑥ 　ミカヅキ病院では、ミカヅキ院長以外に20名もの医師が法人化当初から

現在に至るまで勤務しているところ、医師に対しては残業手当および深夜手当を支払っていないことが判明しました。また、事務局長の事務処理についても不透明な部分が多く、他にも**簿外・偶発債務**が存在する可能性があります。スポンサー候補としても詳細なDDを行っている時間がなく、上記の状況で簿外・偶発債務を遮断できないとすると簿外・偶発債務の承継リスクを事業価値評価に織り込んでくる可能性が高いこと、また、上記のとおり、ギンガ県では病床が不足しており、後述するオーバーベッドの問題もないこと、以上を総合判断して、**事業譲渡スキーム**を選択しました。

3．想定されるスケジュール

日付	内容
4月1日	ミカヅキ院長は、事務局長から、ミカヅキ会の資金繰りが逼迫しており、来月末の医薬品代金の支払ができない可能性があるとの報告を受けた。 驚いたミカヅキ院長は大学時代の友人の弁護士に相談したところ、スケダチ弁護士を紹介された。 ミカヅキ院長は友人弁護士とともにスケダチ弁護士とオンライン会議を行い、概要を説明。 オンライン会議を終えたスケダチ弁護士は、シエン公認会計士に協力を依頼し、その承諾を得た。
4月2日	スケダチ弁護士とシエン公認会計士はミカヅキ病院を訪問し、基礎資料と資金繰りを確認。検討結果を踏まえておおまかな方針とスケジュール感をミカヅキ院長に説明した上で、本件を受任。
4月3日	スケダチ弁護士とシエン公認会計士は、第三者支援専門家リストの中から、医療法人の再建について経験豊富なコウメイ弁護士とセイダイ公認会計士を選択し、ミカヅキ院長の了解を得た上で、決算書等を持参してコウメイ弁護士とセイダイ公認会計士を訪問し、第三者支援専門家就任の内諾を得た。
4月上旬	シエン公認会計士は実態BSと資金繰りのドラフト作成を開始。 並行して、医療法人のM&A仲介会社に依頼して、スポンサー探索を開始。
4月20日	シエン公認会計士は実態BSと資金繰りのドラフトを完成させた。スケダチ弁護士は、資金繰りを説明した上で、MS法人等への支払の調整により、資金繰りを持たせるようにミカヅキ院長を説得。 M&A仲介会社はミカヅキ会の入札資料を完成させてタッピングを開始。 スケダチ弁護士は、ミカヅキ院長とともに、資金繰りドラフト等を持参してドクター信金を訪問し、本ガイドラインを利用したスポンサー型の再生型私的整理手続を検討している旨を申し出るとともに、第三者支援専門家の選任につき同意を依頼。
4月21日	スケダチ弁護士は、ミカヅキ院長とともに、資金繰りドラフト等を持参してギンガ銀行とドクター銀行を訪問し、本ガイドラインを利用したスポンサー型の再生型私的整理手続を検討している旨を説明。
5月10日	第三者支援専門家の選任についてドクター信金の同意が得られたため、ミカヅキ会は、第三者支援専門家としてコウメイ弁護士とセイダイ公認会計士を選任。 コウメイ弁護士とセイダイ公認会計士は、金融機関の意向も踏まえて、支援を開始。 ミカヅキ会は、ドクター信金、ギンガ銀行およびドクター銀行に対して、FAXで一時停止の要請を行った（ドクター銀行のファクタリングについては念のため全金融機関の同意を得た上で除外）。シエン公認会計士による財務DD・事業DD開始。
5月20日	M&A仲介会社のタッピングの結果、ミカヅキ会に興味を示した医療法人が多数現れたことから、5月20日を1次提案書提出期限に設定。3法人が1次提案書を提出。
5月25日	スポンサー候補者によるDDが開始した。最終意向表明書提出期限は6月30日とされた。
6月30日	最終意向表明書は1法人（医療法人社団タイヨウ会）のみから提出。
7月上旬	スケダチ弁護士はミカヅキ院長と一緒に金融機関を回りスポンサー入札の結果を報告するとともに、タイヨウ会をスポンサーとする事業再生計画案の策定に着手。 スケダチ弁護士はタイヨウ会と交渉を行いタイヨウ会がミカヅキ会に対し、クロージング日に事業譲渡代金6億円を支払うことを主な内容とするスポンサー契約が締結された。
7月31日	事業再生計画案と財務DD・事業DDの最終報告書を第三者支援専門家に提出。
8月上旬	スケダチ弁護士とシエン公認会計士は、金融機関に事業再生計画案ドラフトと財務・事業DDの最終報告書ドラフトの内容を説明して回った。
8月20日	第1回債権者会議を実施し、事業再生計画案を説明。第三者支援専門家は調査報告書を提出し、内容を説明。同意期限は9月30日とされた。
9月30日	事業再生計画案への同意期限。期限までに全金融機関から同意書が届き、事業再生計画が成立。第三者支援専門家がその旨を文書等により確認。
10月31日	スポンサー契約に基づきタイヨウ会に対する事業譲渡を実行した。同時に事業再生計画に基づく弁済を行い、保証人も弁済計画に基づく弁済を実行、引換えに残債務につき免除を受けた。
11月30日	ミカヅキ会は解散し、通常清算手続を開始。
1月31日	ミカヅキ会の清算は結了し、登記により法人格が消滅。

4．事業再生計画案の概要

＜事業再生の基本方針＞

> ✓ スポンサーに事業を承継させてスポンサーの下で事業再生を図る「スポンサー型」を選択
> ✓ スポンサーへの事業承継スキームは事業譲渡を選択
> ✓ スポンサーから支払われる事業譲渡代金を主な弁済原資として一括弁済
> ✓ 事業再生計画に基づく弁済と引換えに残債務の免除を受け、通常清算手続で法人格消滅

＜弁済計画＞

弁済計画	スポンサーから受領した事業譲渡代金、事業譲渡実行時点の現預金およびファクタリングの精算金を対象債権者に対する弁済原資とする
	保全部分（ドクター信金5億円）については100％一括弁済。引換えに担保解除（放棄）を受ける
	非保全部分については、非保全債権額（ギンガ銀行5億円、ドクター信金5億円、ドクター銀行1億円）に応じたプロラタ一括弁済

＜経営責任、社員責任＞

経営責任	理事長のミカヅキ院長は、理事長・理事を退任。一方、ミカヅキ病院には、ミカヅキ院長を信頼して通院している患者も多数存在したことから、ミカヅキ院長は、勤務医としてミカヅキ病院に残ることになった（年俸2,000万円）
社員責任	ミカヅキ会の清算に伴い社員権消滅

＜経営者保証＞

私財提供	現預金等金融資産1,500万円のうち残存資産とする363万円を引いた残り1,137万円を保証債務の弁済に充てる
残存資産	● 現預金：363万円 ● 自宅：華美なものではないため、残存資産とする
保証解除	全金融機関から連帯保証の解除を受ける

5．本件のポイント

(1)　窮境に陥った医療法人事業の再生の必要性と再生方法

ア　中小企業版私的整理手続の活用

　医療機関は地域の住人の生活インフラとなっているところ、地域医療の中核病院については、他の医療機関による代替可能性はほぼありません。そのため、窮境時において最初から廃業が選択されることはほとんどなく、多くの場合、本事例のように、まずは事業の継続が模索されることになります。

　医療法人事業の再生においては、民事再生手続をはじめとする法的整理手続が利用されることもあります。しかし、法的整理手続においては全債権が整理対象となることや法的整理手続を利用していることが必ず公表されることから、信用不安により医薬品の供給が止まるなどして事業停止を余儀なくされるなど事業が短期間で大きく毀損されてしまう蓋然性が高く、また、患者の生命・身体に重大な影響が生じる可能性も高いため、多くの場合、事業毀損リスクが低い私的整理手続、特に準則型私的整理手続が選択されます。

　この点、以前はREVIC手続が事実上唯一の医療法人が利用できる準則型私的整理手続でしたが、平成27（2015）年の法改正により従業員数が300人以下の医療法人であれば中小企業再生支援協議会（現在の中小企業活性化協議会）手続を利用できるようになりました。また、中小企業版私的整理手続も従業員数が300人以下の医療法人であれば利用することができます。

　中小企業版私的整理手続においては、全国の候補者の中から第三者支援専門家を選任できるため、本事例のように医療法人の私的整理手続による再生に造詣の深い専門家を第三者支援専門家として選任することによって、より事案に即した柔軟な事業再生を図ることが可能となると考えられます。今後、中小企業版私的整理手続が活用されて多くの医療法人事業が再生されることが期待されます。

イ　スポンサー型による再生のメリット

　経営危機に瀕した医療法人は、多くの場合、いわゆる自主再生が困難になっています。その理由はさまざまですが、例えば、本事例のように、理事長の経営者としての資質に問題がある場合や、後継者がいない場合があります。

　この点、スポンサー型による再生の場合、その本質は経営権の移転にあるため（いわゆるM&A）、原則としてスポンサーの送り込んだ人材に経営者が変更されることにより、これらの問題はクリアされ、経営責任も明確になります。さらに、スポンサーの信用力により信用不安の問題も解消されえます。

(2)　医療法人事業のスポンサー型による再生時の注意点
ア　医療法人のガバナンスの特殊性

　スポンサーが医療法人に対して投融資を行う際にまず注意しなければならないのは、医療法人のガバナンスの特殊性です。

　医療法人の意思決定機関としては、役員の選解任および法人の重要事項を決定する①社員総会と、業務執行の決定を行う②理事会が存在します。

①　社員総会

　社員総会は、株式会社における株主総会に当たる機関です。医療法人の社員（株式会社における株主）により構成されます。

　医療法人においては、社員権と出資額は関係なく、また、社員1人に対して1個の議決権しか与えられないのが原則です。なお、原則として営利法人は医療法人の社員になることができません。

　そのため、スポンサーが社員総会の支配権を獲得するためには、支配権を獲得するのに足りる人数の社員候補者を確保しておく必要があります。

②　理事会

　理事会は、株式会社における取締役会に当たる機関です。医療法人の理事（株式会社における取締役）により構成され、監事（株式会社における監査役）も出席します。

　医療法人と利害関係のある営利法人等の役職員は、原則として医療法人の役員を兼任することができません。そのため、スポンサーは、自社の役職員を役員として医療法人の理事会に送り込むことができません。

　医療法人の理事長は原則として医師でなければなりません。また、原則として施設管理者を理事としなければなりません。

　スポンサーは、事業再生のために自社または外部から登用した経営の専門家を業務執行機関に送り込むことが通常と思われますが、その人選および人数等

には一定の制約がかかることになります。また、一定数の医師資格を有する者を理事候補として確保する必要があります。

イ　スポンサー型において選択しうる再生スキーム

本事例のミカヅキ会は持分あり型の医療法人社団です[1]。

持分あり型の医療法人社団のスポンサー型による再生スキームとしては、実務上、①出資持分の譲渡＋社員交代、②事業譲渡のどちらかのスキームが利用されることがほとんどです。

①　出資持分の譲渡＋社員交代

スポンサーが既存の社員から出資持分の譲渡を受けるとともに、既存社員の退社および新社員の入社を同時に行うことで社員を変更することにより、医療法人の経営権を取得するスキームです。

このスキームの最大のメリットは、法人格に変更がないことから、特段の資産や契約関係等の移転行為が不要な点にあります。また、持分譲渡や社員の交代については医療審議会による審査等も要しないことから、すぐに経営権を承継できるというメリットもあります。

一方、デメリットとしては、前述の医療法人のガバナンスの特殊性から、種々の制約をクリアできるような人材を確保しなければならないという点が挙げられます。

②　事業譲渡

既存の医療法人が営む事業を構成する資産および契約上の地位等をスポンサーに対して譲渡するスキームです。医療法に特則は存在しないため、事業譲渡契約の締結・実行には、定款の「その他重要な事項」として社員総会の普通決議が必要となると解されます。また、病院の事業主体が変わることから、事業譲渡の実行に際しては、既存の病院の廃止と新規の病院開設・病床許可の取

1　医療法人は、社団と財団の2つに大別できますが、厚生労働省の統計資料によれば、令和3（2021）年3月31日現在、99％以上が社団型の医療法人です。また、医療法人社団は、出資持分の有無によって、「出資持分のある医療法人」（持分あり型）と「出資持分のない医療法人」（持分なし型）に区分されます。持分あり型の医療法人社団は、医療法の改正により、2007年以降は新規設立できなくなりましたが、それまでに設立された持分あり型の医療法人は、経過措置型医療法人として存続が許されており、同じく厚生労働省の統計資料によれば、令和3（2021）年3月31日現在においても社団型の医療法人の約7割が、持分あり型です。

得を同時に行うことになります。

このスキームの最大のメリットは、①出資持分の譲渡＋社員交代と異なり、旧法人と事業承継先の新法人の法人格が別であることから、原則として旧法人の偶発・潜在債務等が新法人に承継されない点にあります。本件では、この点を重視して事業譲渡スキームを選択しました。また、スポンサーが医療法人の場合等には、上記のガバナンスの特殊性が問題とならないこともあります。

逆にデメリットとしては、事業譲渡一般のデメリットでもありますが、契約上の地位の譲渡につき契約相手方の承諾が必要になるという点があります。もっとも、医療法人においては、取引先が限定されていることなどから、契約相手方の承諾を得ることは比較的容易なことが多いと思われます。また、新規の病院開設・病床許可が必要になる点に関連して、各都道府県は、厚生労働省の地域医療構想に基づき、必要とされる「基準病床数」を全国統一の算定式により算定しているところ、既存病床数が基準病床数を超える地域（病床過剰地域）では、新規の病院開設・増床を許可しない運用となっていることから、（本事例では問題にならないものの）地域によっては、事実上、本スキームを採用することが難しい場合があります（オーバーベッドの問題）。

ウ　事業再生計画案策定・実行における特殊性および注意点
①　補助金の返還
医療法人によっては、病棟の新設・増床時等に、国や地方自治体から補助金の交付を受けている場合があります。補助金には一定の条件が付されており、事業を第三者に譲渡する場合に、補助金の返還を求められることがあります。補助金の返還請求がなされた場合、事業再生計画に多大な影響が生じることがあります。

②　医療従事者確保の困難化
大都市圏等で医療従事者の供給が潤沢な地域を除き、医師をはじめとする医療従事者をどのように確保するかという点も多くの医療法人の経営課題の1つとなっています。自力で人材を安定的に確保することが困難であることから、特定の大学病院や大規模な医療機関に依存する形でどうにか必要人員を確保している医療法人も珍しくありません。そのような場合には、医療法人の経営主体が変更することにより、既存の人材の供給源との関係が断絶し、必要な数の

医療従事者を確保できなくなるおそれがあります。

③　未払賃金

医師も労働法上の労働者とされています。医師をはじめとする医療従事者の業務は変則的かつ裁量的な性質が強いこと、また、医療法人の中には、管理部門が脆弱なために労働時間の適正な管理が行われていない法人もあることなどの理由から、DD等において、簿外債務として多額の未払賃金が認識されることがあります。

未払賃金債務は、原則として私的整理手続や民事再生手続において減免を受けることができないため、DD等において多額の未払賃金が認識された場合には、再生スキームの選択等に大きな制約が課されることになります。

本件においても、医師について未払賃金が認識されており、それを踏まえて事業譲渡スキームが選択されています。

④　診療報酬債権

業態にもよるものの、医療法人の売上の多くは保険診療を行うことによる診療報酬が占めることがほとんどです。したがって、診療報酬債権を回収して資金繰りを維持することは医療法人の事業継続および再生において不可欠な要素です。

診療報酬債権については、いわゆるファクタリングが利用されていることもあります。また、ファクタリングと呼ばれていたとしても、実質的には貸金と将来債権譲渡担保である場合もあります。

いずれも事業再生計画の内容に大きな影響があるため、ファクタリングが利用されているか否か、利用されているとしてその仕組みはどうなっているか、といった点をきちんと確認して、事業再生計画に織り込むことが必要です。

本件では、ドクター銀行との間でファクタリングと貸金＋将来債権譲渡担保の両方が行われていました。まず、前者のファクタリングについては資金繰り維持のために必要不可欠であったので、念のため全金融機関の同意を得た上で、一時停止の対象から除外し、ファクタリングを継続し、資金繰りを維持しました。一方、貸金＋将来債権譲渡担保については、担保付の金融債権として対象債権となります。問題は、将来債権の担保価値評価です。諸説ある大変難しい問題ですが、本件においては、一時停止時を基準時として、事業譲渡実行後に

発生するであろう診療報酬債権のみが譲渡担保の対象となっていたため、これは実際には発生しないものとして無価値と評価し、ドクター銀行の納得を得ることができました。

POINT

✓ **窮境に陥った医療法人事業の再生の必要性と再生方法**
　できる限り私的整理手続で再生を模索することが望ましいといえます。
　中小企業版私的整理手続の活用が期待されます。

✓ **医療法人事業のスポンサー型による再生時の注意点**
　医療法人の特殊性（ガバナンス、再生スキーム等）を踏まえて検討する必要があります。
　特に補助金、医療従事者の確保、未払賃金、診療報酬債権等に注意が必要です。

事例5 ▎事業継続を行っている法人の廃業型私的整理手続

1．事案の概要

＜事業の概要＞

社名	ムロマチ商事株式会社
事業の内容	大手のノブナガ商事からライセンスを受けている "Bakufu" ブランドのライセンス商品を主力商品として、アパレル商品を店舗において販売。
店舗	日本全国に8店舗。自社経営の店舗（フランチャイズはなし）。内装、什器備品は、銀行系のアヅチ・リースのファイナンスリースにより調達。
株主	ヨシアキ社長100%
借入	アヅチ銀行（地元の地銀、メインバンク）8億円 アヅチ信金（地元の信金）1億円
リース	アヅチ・リース　規定損害金2億円

＜窮境原因＞

売上の減少	コロナ禍により来店者数が減少し、売上が激減。
ライセンス契約の終了	今般、ノブナガ商事が、自社ルートにより商品を製造し、Eコマースで "Bakufu" ブランドの商品を販売する方針を採用。ムロマチ商事に対して、9月末に更新時期が到来するライセンス契約を更新しない方針を伝達。
事業継続の困難性	ムロマチ商事は、独自ブランドの商品も販売しているが、これらの商品の売上では、到底、事業の継続が困難な状況。

＜経営者保証の状況＞

保証の状況	社長は、ムロマチ商事の金融負債およびリース負債のすべてに連帯保証
資産の状況	現預金：90万円 ムロマチ商事への貸付金：1,000万円 自宅：賃貸物件

【関係図】

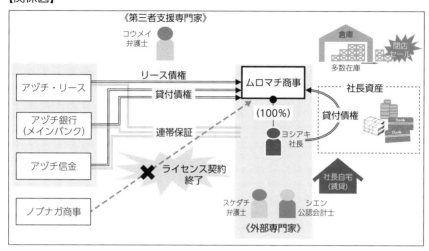

2．手続の選択および方針の決定

【手続選択のフロー】

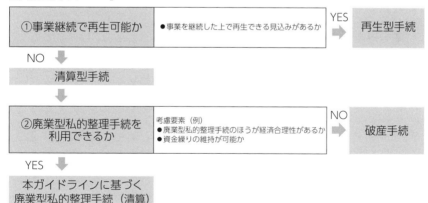

<本件における手続選択および方針決定>

　① 本件では、ノブナガ商事からライセンス契約を更新しない方針が伝えられた後、スケダチ弁護士は、ノブナガ商事に対して、ライセンス契約の打切りが不当であるとして、今後も事業を継続すべくライセンス契約の更新

　等を求めました。また、ムロマチ商事は、スポンサーを探すべく、スポンサー探索に着手しました。しかし、ノブナガ商事とのライセンス交渉は難航し、スポンサー選定についてもノブナガ商事とのライセンス契約が締結できないため、**スポンサー候補は現れませんでした**。また、"Bakufu"ブランド以外の商品の売上では、**自力による事業の継続は困難**でした。

　　そこで、ムロマチ商事はやむなく**廃業型を検討せざるをえない状況**となりました。

②　ムロマチ商事は、倉庫に過去の在庫、今シーズンの在庫を多数抱え、これらを処分する必要があるところ、上記のノブナガ商事との交渉の結果、ライセンスの更新は認められませんでしたが、ライセンス契約終了後も在庫セールの期間中は在庫の販売を行うことの許諾は得ることができました。他方、ムロマチ商事が破産した場合は、在庫セールは行うことができないため、すべての在庫を廃棄する必要が生じ、金融債権者、リース債権者への配当が見込めないと考えられ、**廃業型私的整理手続のほうが破産手続よりも経済合理性がある**と考えられました。

　　また、借入の元本返済を停止すれば、**6カ月近く資金繰りが維持できる**ため、かかる期間内に在庫セールを含めた廃業型私的整理手続の遂行が可能と考えられました。

　　そこで、ムロマチ商事は、メインバンクであるアヅチ銀行と協議し、**廃業型私的整理手続を利用し、最終的には通常清算する方針を採用**しました。

3．想定されるスケジュール

日付	内容	本ガイドライン（第三部）・本Q&A
1月10日	ムロマチ商事はノブナガ商事から9月末に期限が到来するライセンス契約の更新をしない旨を告げられた。 直後に顧問弁護士であるスケダチ弁護士に相談。	
1月～4月	スケダチ弁護士は、ノブナガ商事とライセンス契約の更新等を交渉。 ムロマチ商事は、同時にスポンサーを探したが、スポンサー候補は現れず。	
5月10日	ヨシアキ社長とスケダチ弁護士にて、メインバンクのアヅチ銀行に廃業型私的整理手続を選択する旨を申し出る。	5(1)①
5月15日	スケダチ弁護士は、アヅチ銀行の意向を踏まえて、ムロマチ商事の資産負債、損益の状況の調査検証や弁済計画の策定支援等を開始。 シエン公認会計士は、実態BSの作成開始。	5(1)②
5月25日	ムロマチ商事は、金融機関およびリース会社に対して、アヅチ銀行の同意を得て、FAXで一斉に一時停止の要請。	5(1)③
6月15日	ムロマチ商事は、第1回の債権者会議を実施し、今後の方針を伝える。	
7月10日	在庫セールによる資産処分を含む弁済計画案を立案。	5(2)①
7月15日	ムロマチ商事は、第三者支援専門家として、コウメイ弁護士を選任し、アヅチ銀行の同意を得る。	5(4)②
8月20日	ムロマチ商事は、第2回の債権者会議を実施し、弁済計画案の内容を説明。 コウメイ弁護士は、調査報告書を提出し説明。同意の期限は、9月20日。	5(4)③ 5(5)①
9月20日	弁済計画案の内容につき、全債権者から同意を得る。	5(5)③
9月25日	ムロマチ商事は、関係者に廃業のお知らせを発送。 従業員説明会を実施し、閉店セール完遂までの勤務を依頼。	
10月1日～10月31日	ムロマチ商事が閉店セールを実施。	
11月30日	セール終了後、すべての店舗を原状回復の上明渡し。リース物件も撤去。全従業員も退職。ムロマチ商事は、スケダチ弁護士、アヅチ銀行へ報告。	5(7)
1月31日	弁済計画に基づく初回弁済を実施。 ムロマチ商事は、スケダチ弁護士、アヅチ銀行へ報告。	5(7)
3月31日	ムロマチ商事は、解散決議。	
7月31日	弁済計画に基づく追加弁済を実施。	
8月31日	清算結了。	

4．弁済計画案の概要

<弁済計画の基本方針>

- ✓ 在庫セールによる在庫の換価
- ✓ 在庫セールによる在庫の換価代金およびその他の資産の換価代金を原資とした弁済（基本弁済と追加弁済）
- ✓ 法人は、追加弁済完了後に通常清算
- ✓ 弁済計画に基づく弁済と引換えに残債務の免除を受ける

<弁済計画>

資産の換価および処分の方針	全店舗にて10月1日〜10月31日までの間、在庫セールを実施して在庫を換価する方針。
金融債務以外の債務の弁済計画	下請けの製造業者、賃貸人への原状回復費用などは全額支払。
債務減免等を要請する場合はその内容	金融負債、リース負債については、①基本弁済5％、②換価完了後に追加弁済。 破産した場合、予想清算配当率は2％（清算価値保障原則）。 保証人はゼロ弁済。ムロマチ商事に対する貸付金、求償権等は放棄。保証債務は全額免除。

<経営責任、株主責任>

経営責任	清算に伴い社長は辞任し、その他の取締役も辞任。役員退職慰労金はなし 社長は清算人報酬もなし
株主責任	ムロマチ商事は通常清算

<経営者保証>

弁済原資	なし ムロマチ商事に対する貸付金1,000万円は放棄
残存資産	現預金：90万円

5．本件のポイント

(1)　リース債権者の取扱い

　廃業型私的整理手続では、「リース債権者」も、ファイナンスリース・オペレーティングリースの別を問わず、対象債権者に含まれることとされています（本Q&AのQ20）。

　本件では、ムロマチ商事は、アヅチ・リースとの間でファイナンスリース契約を締結し、店舗の内装、什器を調達していましたが、残リース期間が残っており、店舗を11月30日に撤退するにあたっては、2億円の規定損害金を支払う必要がありました。

　また、実態貸借対照表（BS）を作成したところ、在庫の売却がうまくいったとしても、清算費用（原状回復費用等）を控除すると、金融負債、リース債務を全額弁済することは困難でした。

　そこで、ムロマチ商事は、すべての金融機関のみならず、リース会社に対しても、FAXで一時停止通知を送付し債権者会議への参加を依頼し、対象債権者に含めています。

(2)　弁済計画案
ア　資産売却のスケジュール

　本ガイドラインでは、弁済計画案には、資産の換価および処分の方針を記載するとされています。

　かかる記載に鑑みると、本ガイドラインでは、弁済計画案の成立後に資産の換価および処分が予定されているとも考えられます。

　本件では、ムロマチ商事は、事業を継続していたことから、弁済計画の成立までは、通常の営業の範囲内で資産の換価を行い、弁済計画が成立して資産の換価および処分の方針が決定してから、閉店セールによって、すべての在庫の売却を行っています。

　また、混乱回避の観点から、弁済計画の成立までは、廃業することを公表せず、弁済計画の成立の直後にムロマチ商事は廃業のお知らせをリリースしています。そして、全国の店舗で、一斉に閉店セールを実施し、1カ月で在庫を売

り切っています。

　もっとも、資金繰りの観点等からは、弁済計画の成立を待つことが難しい場合もあり、その場合は、金融機関、リース会社に説明の上、弁済計画の成立前に資産の売却を完了することも考えられます。このようなケースでは、第三者支援専門家の選定時期を早めることも考えられます。

イ　弁済率の明記

　廃業型私的整理手続の弁済計画案には、「対象債権者に対する金融債務の弁済計画」を記載した上で、「破産手続で保障されるべき清算価値よりも多くの回収を得られる見込みがある等、対象債権者にとって経済合理性があること」（清算価値保障原則）を示す必要があります。

　また、弁済計画案には、清算価値保障原則が満たされることを債権者が確認、判断できるように、資産の換価、処分の計画とそれらを弁済原資とする弁済計画を策定し、対象債権者宛の具体的な弁済率や弁済時期を明記する必要があります。

　本件では、ムロマチ商事が破産した場合は、ライセンス契約の延長が認められないため、在庫セールは実施できず、すべての在庫を廃棄する必要が生じ、金融債権者、リース債権者への弁済率は極めて低下することが見込まれました。この点につき、シエン公認会計士にて、清算BSを作成したところ、清算配当率は2％との結果でした。

　もっとも、本件では、弁済計画の成立後に在庫セールを行うことから、在庫セールでの換価の結果は予測できないため、具体的な弁済率を明示することが困難でした。

　そこで、初回弁済と追加弁済の2回の弁済計画とし、初回弁済は、確実に弁済が可能と見込まれる弁済率にて弁済を行うとしています（追加弁済ができない可能性にも鑑みて、清算配当率の2％を超えるように初回弁済の配当率を5％としています）。

　また、原状回復費用も含めた今後の清算費用も予測が難しいため、換価終了の残余財産から清算費用を控除した金額を原資として追加弁済を行う弁済計画を策定しています（本Q&AのQ87）。

(3)　第三者支援専門家の選定時期

　廃業型私的整理手続においては、資産の換価処分および当該換価処分の対価等を弁済原資とした比較的把握しやすい弁済計画案となることが想定されており、第三者支援専門家が弁済計画案作成後のタイミングで関与したとしても、十分に調査が可能であると考えられています。

　そこで、本件では、弁済計画案を作成した後に第三者支援専門家として、コウメイ弁護士を選定しています。

　もっとも、ケースによっては、弁済計画案の作成を完了する前から一部の資産売却等を始める必要がある場合もあり、その場合は、資産売却の経緯を第三者支援専門家に把握してもらうために、一時停止通知の前後から第三者支援専門家を選任して、その支援を受けることも考えられます（本Q&AのQ91）。

(4)　リース契約に係る保証債務についての取扱い

ア　リース契約に係る保証債務

　上記のとおり、廃業型私的整理手続では、「リース債権者」も、ファイナンスリース・オペレーティングリースの別を問わず、対象債権者に含まれることとされています。もっとも、リース契約は、代表者の個人保証がなされるのが通常であり、保証債務の処理も問題になります。

　この点、令和4（2022）年3月に公表された「廃業時における『経営者保証ガイドライン』の基本的考え方」（基本的考え方）によれば、廃業時における保証債務の整理においては、リース契約に係る保証契約を締結したリース債権者は、「経営者保証に関するガイドライン」（保証ガイドライン）上の対象債権者になりうるため、保証債務の整理に関する協議を求められた場合には、保証ガイドラインに基づく対象債権者として参加することが強く求められるとされています。

　本件では、ヨシアキ社長は、金融負債のみならず、リース契約についても連帯保証人となっているため、アヅチ・リースに対して、多額の規定損害金について保証債務を負っています。

　そこで、ヨシアキ社長の保証債務の整理にあたっては、金融機関のみならず、アヅチ・リースも対象債権者としています。

イ　ゼロ円弁済

　上記の「廃業時における『経営者保証ガイドライン』の基本的考え方」によれば、保証人に自由財産を超える保有資産がないなど、保証人の保証履行能力の状況によっては、保証人が対象債権者に対し、弁済する金額がない弁済計画（いわゆるゼロ円弁済）も保証ガイドライン上、許容されうるとされています。

　本件では、ヨシアキ社長は、実質的な資産として、現預金90万円しか有していません（ムロマチ商事に対する貸付金1,000万円は実質的に無価値であり、弁済計画では放棄が予定されています）。

　しかし、破産した場合の自由財産は99万円であるため、現預金を弁済原資に組み入れることはできません。

　そこで、本件の弁済計画においては、弁済計画上、保証人からの弁済はゼロとしています。

POINT

✓ **リース債権者の取扱い**
　廃業型私的整理手続においては、リース債権者も、ファイナンスリース・オペレーティングリースの別を問わず、対象債権者に含まれます。

✓ **弁済率の明記**
　弁済計画には、具体的な弁済率や弁済時期を明記する必要がありますが、明記が難しい場合は、複数回の弁済計画とし、初回弁済で清算価値保障原則を満たすようにしましょう。

✓ **第三者支援専門家の選定時期**
　廃業型私的整理手続の場合は、弁済計画案作成後のタイミングで第三者支援専門家を選定することが原則ですが、ケース・バイ・ケースで選定時期を早めることも考えられます。

✓ **リース契約に係る保証債務**
　廃業型私的整理手続における保証債務の整理においては、リース契約に係る保証契約を締結したリース債権者も保証ガイドラインの対象債権者としましょう。

✓ **ゼロ円弁済**
　廃業型私的整理手続における保証債務の整理においては、保証人の保証履行能力の状況によっては、ゼロ円弁済も検討しましょう。

事例6 ┃ 事業を停止した後に、廃業型私的整理手続を利用する事例

1．事案の概要

<事業の概要>

社名	株式会社ミナヅキ亭
事業の内容	飲食業（高級日本料理店）
沿革	高級日本料理店で長年修業したミナヅキ氏が2015年に独立して、会社を設立。 当初、都内の郊外に店舗を構えていたが、雑誌やインターネットの口コミの高評価により売上が順調に伸びたため、都心に店舗を移転することとし、金融機関から新規借入を行い、2019年8月、都心の一等地に所在する商業ビルのレストランフロアに店舗を移転し、大規模な設備投資を行った。 しかし、商業ビルの集客力が想定していたよりも低かったことなどから売上が伸び悩み、移転後から営業利益はほとんど出なかった。さらに、2020年3月以降、新型コロナウイルス感染症による影響を受け、売上が大幅に減少した。 最終的に資金繰りがつかなくなったため、2020年12月、従業員を全員解雇するとともに、賃貸人と交渉の上で店舗を明け渡して事業を停止。 現在の資産は、店舗明渡時に賃貸人から返還を受けた敷金相当額の預金100万円（二重橋銀行の口座）のみであり、そのほかに換価・処分が必要な資産は特段存在しない。 事業停止時に破産申立ても検討したが、破産手続費用が捻出できなかったため、これまで破産申立てを行っていない。
株主	ミナヅキ社長100％
許認可	飲食店営業許可
借入	キサラギ銀行　500万円 キサラギ信金　4,000万円

<窮境原因>

売上の大幅な減少	新型コロナウイルス感染症拡大を受けた緊急事態宣言の発出、外出自粛要請や営業時間の短縮要請、リモートワークの定着などにより、接待目的で利用する顧客が大幅に減少した。 また、同時期に、レストランフロアに所在する他の飲食店が次々と店舗を閉鎖したため、他の店舗との相乗効果による集客が見込めなくなった。
高額の賃料	店舗の賃料は高額であり、また、売上歩合方式（月額の売上額に一定の売上歩率を乗じた賃料とする方式）ではなく、固定額とされていた。そのため、大幅な売上の減少にもかかわらず、高額の賃料を引き続き支払わなければならなくなった。
手元資金の欠如	店舗移転および設備投資のために多くの資金を使用していたため、コロナ禍前から手元資金に余裕はあまりなかった。 かかる状況において、コロナ禍の影響によって売上が急減したため、手元資金が枯渇。新型コロナウイルス感染症関連の緊急支援を受けることも検討したが、売上の回復の見込みが立たないため断念。 個人の私財を会社に貸し付けるなどして急場をしのごうとしたが、コロナ禍の長期化により私財も底をついてしまった。

<経営者保証の状況>

保証の状況	社長は、ミナヅキ亭の金融負債に連帯保証
資産の状況	現預金：50万円 貸付金：500万円（ミナヅキ亭宛て） 自宅：賃貸物件

【関係図】

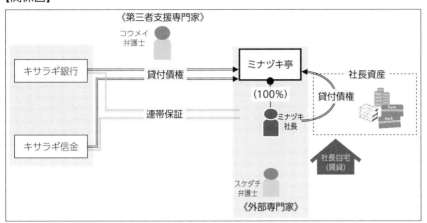

2．手続の選択および方針の決定

【手続選択のフロー】

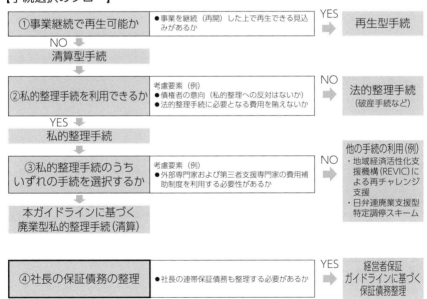

＜本件における手続選択および方針決定＞

① 本件では、株式会社ミナヅキ亭は、**事業を停止してから相当期間が経過**しており、再生型は採りえませんでした。そのため、**清算型を選択**しました。

② 株式会社ミナヅキ亭に残っている資産は少なかったため、一般的に法的整理手続より費用を抑えられるとされている**私的整理手続を選択**しました。

③ 本件では、②の事情もあったため、外部専門家および第三者支援専門家の**費用補助制度**を利用可能な**本ガイドラインに基づく廃業型私的整理手続**を選択することとしました。

④ ミナヅキ社長が保証債務を負っていたため、あわせて、**保証ガイドラインに基づく保証債務整理**を行うことを選択しました。

3．想定されるスケジュール

日付	内容
4月1日	ミナヅキ社長がスケダチ弁護士に相談。
4月5日	スケダチ弁護士とともに、金融機関に対して、廃業型私的整理手続を検討している旨を申し出る。
4月12日	スケダチ弁護士が、金融機関の意向を踏まえて、ミナヅキ亭に対する支援を開始。
4月24日	金融機関の同意が得られたため、ミナヅキ亭が金融機関に対して、FAXで一斉に一時停止の要請。
5月1日	スケダチ弁護士が弁済計画案を作成。
5月1日	ミナヅキ亭が、第三者支援専門家としてコウメイ弁護士を選任し、債権者から同意を取得。
5月1日	第三者支援専門家が、金融機関の意向も踏まえて、支援等を開始。
6月1日	ミナヅキ亭が、第1回の債権者会議を実施。 第三者支援専門家が調査報告書を提出し、弁済計画案の説明を行う。
7月1日	ミナヅキ亭が、第2回の債権者会議を実施し、弁済計画案の内容につき、全債権者から同意を得る。 第三者支援専門家がその旨を文書等により確認。
7月1日	弁済計画の実行・モニタリング。
8月1日	弁済計画の内容に基づき、弁済を完了。

4．弁済計画案の概要

＜弁済計画の基本方針＞

> ✓ 残存する預金を原資とした一括弁済
> ✓ 法人は、弁済完了後に通常清算
> ✓ 弁済計画に基づく弁済と引換えに残債務の免除を受ける

＜弁済計画＞

資産の換価および処分の方針ならびに対象債権者に対する金融債務の弁済計画	預金100万円の払い戻し後、速やかに一括弁済。
債務減免等を要請する場合はその内容	預金100万円を原資として弁済。残額は免除。

＜経営責任、株主責任＞

経営責任	法人の清算 貸付金の放棄
株主責任	法人の清算（なお、債務超過であるため、株主への残余財産分配は見込めない）

＜経営者保証＞

弁済原資	なし（ゼロ円弁済）
残存資産	現預金：50万円 （ミナヅキ亭に対する貸付債権500万円は放棄）

5．本件のポイント

(1)　第三者支援専門家の選定時期

　再生型私的整理手続の場合、事業再生にはさまざまな手法があり、再生シナリオも多種多様であることから、事業再生に豊富な知見と経験を有する第三者支援専門家が検討の初期段階から関与することとされています。

　他方で、廃業型私的整理手続の場合は、当初から中小企業者の廃業・清算が想定され、再生型私的整理手続と比較し、一定程度定型的な関与が想定される

ことから、第三者支援専門家は、弁済計画案の調査の段階から関与すれば足りるものとされています。

　もっとも、必要がある場合は、廃業型私的整理手続であっても、第三者支援専門家を初期段階から選任し、関与させることも可能です（本Q&AのQ37、Q91）。

　本件では、ミナヅキ亭は既に廃業しており、初期段階から第三者支援専門家の関与を必要とする事情も見当たらなかったため、原則どおり、第三者支援専門家は、弁済計画案の調査の段階で選任されました。

(2)　ゼロ円弁済

　弁済計画は、破産手続で保障されるべき清算価値よりも多くの回収を得られる見込みがあるなど、対象債権者にとって経済合理性があることが必要であるため、原則として、対象債権者に対する金融債務の弁済が全く行われない弁済計画は想定されていません。

　しかし、中小企業者の清算価値がゼロであり、すべての財産を換価・処分しても、公租公課や労働債権などの優先する債権を弁済することにより金融債務に対する弁済をできない場合には、金融債務の弁済が全く行われない弁済計画案も排除されないものとされています。ただし、この場合でも、金融債務の弁済がないにもかかわらず対象債権者にとっての経済合理性があることの説明およびその調査報告が必要とされています（本Q&AのQ90）。

　ミナヅキ亭には預金100万円以外の資産は特段存在しないため、仮に公租公課が100万円以上存在する場合は、金融債務に対する弁済ができないことになり、金融債務の弁済が全く行われない弁済計画案も許容されると考えられます。この場合、対象債権者にとっての経済合理性を認める方向の事情としては、①現状のままではミナヅキ亭による破産申立ては期待できず、債権の処理が困難であること、②他方、廃業型私的整理手続の場合は、外部専門家および第三者支援専門家の費用補助制度があるため手続遂行が可能となり、当該手続に基づき策定された弁済計画により債権放棄を行う場合、当該債権放棄額が損金処理可能となること（本Q&AのQ96）、といった点が考えられます。

　なお、保証ガイドライン上、保証債務の整理に関し、対象債権者における経

済合理性が必要とされていますが（同ガイドライン7(1)ハ）、保証人が対象債権者に対して弁済する金額がない弁済計画（いわゆるゼロ円弁済）であっても経済的な合理性が期待できることは否定していないため、保証人に自由財産を超える保有資産がないなど、保証人の保証履行能力の状況によっては、ゼロ円弁済も許容されえます（「廃業時における『経営者保証に関するガイドライン』の基本的考え方」4(2)）。

　本件では、保証人であるミナヅキ氏の資産は、50万円の現金とミナヅキ亭に対する貸付債権500万円のみですが、当該貸付債権については、経営責任の一環として放棄予定です。したがって、ミナヅキ氏には自由財産を超える保有資産はなく、保証履行能力がないとして、ミナヅキ氏の保証債務についてゼロ円弁済と扱うことも許容されうると考えられます（なお、ミナヅキ亭の財務状態に照らすと、当該貸付債権の価値はほとんどないと評価できるため、仮に当該貸付金を放棄しない場合であっても、ミナヅキ氏に保証履行能力がないことに変わりはないといえます）。

(3) 財務DD

　本件では、ミナヅキ亭には預金100万円以外の資産は特段存在せず、財務状況の変動も見込まれないため、財務DDの実施は不要であると考えられます。

　そのため、外部専門家および第三者支援専門家のいずれについても、弁護士のみを選任するということもありうると考えられます。

POINT

✓ **第三者支援専門家の選定時期**
　廃業型私的整理手続の場合、第三者支援専門家は、弁済計画案の調査の段階から関与すれば足ります。

✓ **ゼロ円弁済**
　公租公課や労働債権などの優先的な債権が存在するため、すべての財産を換価・処分しても金融債務に対する弁済ができない場合、金融債務の弁済を全く行わない弁済計画案（いわゆる「ゼロ円弁済」）も認められる余地があります。

✓ **財務DD**
　廃業型私的整理手続の場合、財務DDは必ずしも必要ありません。

第3部

資　　料

【巻末資料一覧】

資料1	中小企業の事業再生等に関する研究会「中小企業の事業再生等に関するガイドライン」（令和4（2022）年3月） https://www.zenginkyo.or.jp/fileadmin/res/abstract/adr/sme/sme-gl/sme-guideline.pdf	
資料2	中小企業の事業再生等に関する研究会「『中小企業の事業再生等に関するガイドライン』Q&A」（令和4（2022）年4月8日改訂） https://www.zenginkyo.or.jp/fileadmin/res/abstract/adr/sme/sme-gl/sme-guideline_qa.pdf	
資料3	国税庁「『中小企業の事業再生等に関するガイドライン（再生型私的整理手続）』に基づき策定された事業再生計画により債権放棄等が行われた場合の税務上の取扱いについて」（令和4（2022）年4月1日） 回答：https://www.nta.go.jp/law/bunshokaito/hojin/220311/index.htm 別紙：https://www.nta.go.jp/law/bunshokaito/hojin/220311/besshi.htm	回答 別紙
資料4	国税庁「『中小企業の事業再生等に関するガイドライン（廃業型私的整理手続）』に基づき策定された弁済計画により債権放棄が行われた場合の税務上の取扱いについて」（令和4（2022）年4月1日） 回答：https://www.nta.go.jp/law/bunshokaito/hojin/220311_02/index.htm 別紙：https://www.nta.go.jp/law/bunshokaito/hojin/220311_02/besshi.htm	回答 別紙

【その他参考資料一覧】

参考資料1	経営者保証に関するガイドライン研究会「経営者保証に関するガイドライン」（令和4（2022）年6月改定） https://www.zenginkyo.or.jp/fileadmin/res/abstract/adr/sme/guideline.pdf	
参考資料2	経営者保証に関するガイドライン研究会「『経営者保証に関するガイドライン』Q&A」（令和4（2022）年6月30日改定） https://www.zenginkyo.or.jp/fileadmin/res/abstract/adr/sme/guideline_qa.pdf	
参考資料3	経営者保証に関するガイドライン研究会「『経営者保証に関するガイドライン』に基づく保証債務の整理に係る課税関係の整理」（平成26（2014）年1月16日※令和4（2022）年6月中小企業活性化協議会発足等に関する注記追加） https://www.zenginkyo.or.jp/fileadmin/res/abstract/adr/sme/guideline_qa_taxation.pdf	
参考資料4	経営者保証に関するガイドライン研究会「廃業時における『経営者保証に関するガイドライン』の基本的考え方」（令和4（2022）年6月改定） https://www.zenginkyo.or.jp/fileadmin/res/abstract/adr/sme/guideline_bc.pdf	

資料1 ▎ 中小企業の事業再生等に関するガイドライン

＜第一部＞　本ガイドラインの目的等

1．はじめに

　令和3年6月に公表された「成長戦略実行計画」を受け、中小企業者の事業再生・事業廃業（以下「事業再生等」という。）に関し、関係者間の共通認識を醸成し、事業再生等に係る総合的な考え方や具体的な手続等をガイドラインとして取り纏めることを最終目標として、令和3年11月5日「中小企業の事業再生等に関する研究会」が発足した。

　本研究会では、金融界・産業界を代表する者が、中立公平な専門家、学識経験者などとともに活発に議論を重ねてきたが、今般、その成果物を「中小企業の事業再生等に関するガイドライン」として公表するものである。

　我が国の中小企業数は、平成28年時点で約357.8万社となっており、我が国の企業数のうち99.7％を占めている。また、その従業者数は約3,220万人で、全従業者数の68.8％を占めている。令和2年以降に世界的に拡大した新型コロナウイルス感染症は、我が国経済に対しても甚大な影響をもたらしたが、とりわけ中小企業者においてその影響は大きい。経営改善に取組む中小企業者がこうした難局を乗り切り、持続的成長に向けて踏み出していくためには、債務者である中小企業者と債権者である金融機関等が、お互いの立場をよく理解し、共通の認識の下で、一体となって事業

再生等に向けた取組みを進めていくことが重要である。本ガイドラインが中小企業者の維持・発展や事業再生等を後押しし、日本経済・地域経済の活性化に資するものとなることを願う。

2．目的

　本ガイドラインは、二つの目的から構成されている。

　一点目の目的は、中小企業者の「平時」、「有事」、「事業再生計画成立後のフォローアップ」、各々の段階において、中小企業者、金融機関それぞれが果たすべき役割を明確化し、中小企業者の事業再生等に関する基本的な考え方を示すことである。本ガイドラインと経営者保証に関するガイドラインの活用等を通じて、中小企業者と金融機関の間における継続的かつ良好な信頼関係の構築・強化、中小企業金融の円滑化及び中小企業者のライフステージ（創業、成長・発展、事業再構築、早期の事業再生や事業清算への着手、円滑な事業承継、新たな事業の開始等をいう。）における中小企業者の取組み意欲の増進を図り、中小企業者の活力が一層引き出されることを目的としている。本ガイドラインの第二部がこれに該当し、法的拘束力はないものの、債務者である中小企業者、債権者である金融機関等及びその他の利害関係人によって、自発的に尊重され遵守されること

が期待されている。

　二点目の目的は、令和２年以降に世界的に拡大した新型コロナウイルス感染症による影響からの脱却も念頭に置きつつ、より迅速かつ柔軟に中小企業者が事業再生等に取り組めるよう、新たな準則型私的整理手続、即ち「中小企業の事業再生等のための私的整理手続」を定めることである。当該手続は、第三者の支援専門家が、中立かつ公正・公平な立場から、中小企業者が策定する事業再生計画や弁済計画の相当性や経済合理性等を検証すること等を通じて、中小企業者や金融機関等による迅速かつ円滑な私的整理手続を可能とすることを目的としている。本ガイドラインの第三部がこれに該当し、当該手続は、中小企業者、金融機関等に対して準則型私的整理手続の新たな選択肢を提供するものである。

　なお、第二部と第三部は中小企業者の事業再生等の実現という共通の理念を有するものの、第三部が準則型私的整理手続という債務整理実施のための手続として独立した性質を持つことに鑑み、第二部が、第三部の手続利用にあたっての前提条件とはなっていないことを念のため付言する。

3．本ガイドラインの対象企業・対象金融機関等

　本ガイドラインにおける対象企業である「中小企業者」は、中小企業基本法第２条第１項で定められている「中小企業者」（常時使用する従業員数が300人以下の医療法人を含む。）を指すものとし、「小規模企業者」は中小企業者のうち中小企業基本法第２条第５項に定義される事業者を指すものとする。本ガイドラインでは、特に小規模企業者を対象とした条項を個別に設けているが、その事業規模や実態等に照らし適切と考えられる限りにおいて、小規模企業者に適用される条項をこれに該当しない中小企業者に対して適用することを妨げないものとする。

　第二部の「金融機関」は、中小企業者に対して金融債権を有する銀行、信用金庫、信用組合、労働金庫、農業協同組合、漁業協同組合及び政府系金融機関を指すものとする。

　また、第三部の「対象債権者」は、原則として、銀行、信用金庫、信用組合、労働金庫、農業協同組合、漁業協同組合、政府系金融機関、信用保証協会（代位弁済を実行し、求償権が発生している場合。保証会社を含む。）、サービサー等（銀行等からの債権の譲渡を受けているサービサー等）及び貸金業者を指すものとする。但し、第三部に定める手続に基づく私的整理を行う上で必要なときは、その他の債権者を含むものとする。

＜第二部＞　中小企業の事業再生等に関する基本的な考え方

1．平時における中小企業者と金融機関の対応

(1)　平時の重要性

　中小企業者と金融機関との取引においては、平時から、両者が適時適切な対応を取り、信頼関係を構築しておくことが極めて重要であり、そもそも有事（第二部２.柱書において定義する。）に移行しないことがお互いにとって望ましい。平時における適時適切な対応は、中小企業者が有事に陥ることを防止するという予防効果があるのみならず、中小企業者が仮に有事に陥った場合でも、平時において両者間で築かれた信頼関係は、金融機関による迅速で、円滑な支援検討を可能とし、もって中小企業者の早期の事業再生等に資することになるという効果が期待される。

　そのため、中小企業者と金融機関においては、平時からそれぞれ次の対応に努めることが望ましい。

(2)　債務者である中小企業者の対応

　中小企業者は、以下の対応に努めるものとする。

①　収益力の向上と財務基盤の強化

　　中小企業者は、事業計画を策定し、当該計画の実行・評価・改善を行うこと等で、本源的な収益力の向上を目指し、もって財務基盤及び信用力を強化する。これにより、中小企業者は、事業の維持・発展等に必要な資金を適時にかつ円滑に調達することが可能になるものである。

②　適時適切な情報開示等による経営の透明性

確保
　中小企業者は、経営の状況、損益の状況、財産（資産負債）の状況（保証人等のものを含む。）、事業計画・業績見通し及びその進捗状況等（以下「経営情報等」という。）に関して、正確かつ信頼性の高い情報を、自発的に又は金融機関からの要請に応じて、開示・説明することにより、経営の透明性を確保するように努める。また、開示・説明したのちに、経営情報等に関して重大な変動が生じた場合には、自発的に報告するなど金融機関に対する適時適切な開示・説明に努める。
　なお、情報開示の信頼性の向上の観点から、法令に即した計算書類等を作成することはもちろん、中小企業庁、金融庁を事務局とする「中小企業の会計に関する検討会」が策定した「中小企業の会計に関する基本要領」[1]や、中小企業の会計に関する指針作成検討委員会[2]が策定した「中小企業の会計に関する指針」を積極的に活用することが望ましい。加えて、公認会計士や税理士等に対して経営情報等の検証を求め、その検証結果と併せて開示を行うことが望ましい。
　但し、小規模企業者については、その事業規模等に照らして可能な範囲で以上の対応に努めるものとする。

③　法人と経営者の資産等の分別管理
　中小企業者は、法人の業務、経理、資産等に関し、法人と経営者の関係を明確に区分・分離し、法人と経営者の間の資金のやりとり（役員報酬・賞与、配当、経営者への貸付等）を、社会通念上適切な範囲を超えないものとする体制を整備するなど、適切な運用を図ることを通じて、法人と経営者の資産等を適切に分別管理するように努める。

④　予防的対応
　平時から有事への移行は、自然災害や取引先の倒産等によって突発的に生じるだけでなく、事業環境や社会環境の変化等に十分に対応できないことにより、段階的に生じることが十分に想定される。中小企業者は、有事へ移行しないように事業環境や社会環境の変化に的確に対応するように努めるとともに、有事へ移行する兆候を自覚した場合には、上記①～③の対応を取るのみならず、速やかに金融機関に報告し、金融機関や社外の実務専門家（以下、「実務専門家」という。）、公的機関や各地の商工会議所等の助言を得るように努める。併せて、中小企業者は、資金繰りの安定化を図りつつ、本源的な収益力の改善に向けた事業改善計画を策定して、実行することが重要である。また、計画の策定過程や実行過程において課題が生じた場合には、金融機関や実務専門家に早期に相談し、助言を得ることが重要である。

(3)　債権者である金融機関の対応
　金融機関は、以下の対応に努めるものとする。
①　経営課題の把握・分析等
　金融機関は、中小企業者との信頼関係の構築に努めるとともに、開示・説明を受けた経営情報等を基に、中小企業者の経営の目標や課題を把握するように努める。その上で、中小企業者の経営の目標や課題を分析し、中小企業者のライフステージや事業の維持・発展の可能性の程度等を適切に見極める。
　また、中小企業者が自らの経営の目標や課題を正確かつ十分に認識できるよう適切に助言し、中小企業者がその実現・解決に向けて主体的に取り組むように促す。

②　最適なソリューションの提案
　中小企業者の経営の目標の実現や課題の解決に向けて、メイン・非メイン先の別や、プロパー融資・信用保証協会保証付き融資の別にかかわらず、中小企業者のライフステージ

1　https://www.chusho.meti.go.jp/zaimu/kaikei/pamphlet/2012/kihon/index.htm
2　中小企業の会計に関する指針作成検討委員会は、日本税理士会連合会、日本公認会計士協会、日本商工会議所および企業会計基準委員会の関係4団体が主体となって2005年に設置した。

等を適切に見極めた上で、当該ライフステージ等に応じ、中小企業者の立場に立って、適時、能動的に最適なソリューションを提案する。その際、必要に応じ、他の金融機関、実務専門家、外部機関等と連携するとともに、国や地方公共団体の中小企業支援施策を活用する。

③　中小企業者に対する誠実な対応

中小企業者に対して1.(2)②の対応を促すため、経営情報等について中小企業者から開示・説明を受けた金融機関は、その事実や内容だけをもって中小企業者に不利な対応がなされることのないよう、情報開示に至った経緯やその内容等を踏まえ、誠実な対応に努めることとする。

④　予兆管理

中小企業者の平時から有事への移行は、自然災害や取引先の倒産等によって突発的に生じるだけでなく、事業環境や社会環境の変化に伴い段階的に生じることが十分に想定される。金融機関は、有事への段階的移行の兆候を把握することに努めるとともに、必要に応じて、中小企業者に対し、有事への段階的な移行過程にあることの認識を深めるよう働きかけ、事業改善計画の策定やその実行に関する主体的な取組みを促す。また、1.(2)④の助言を求められた場合には、事業改善計画策定支援（その後のフォローアップを含む。）や事業再構築に向けた支援を行うとともに、その過程で、課題が生じた場合には、その解決に向けて、実効性のある課題解決の方向性を提案する。

2．有事における中小企業者と金融機関の対応

中小企業者は、収益力の低下、過剰債務等による財務内容の悪化、資金繰りの悪化等が生じたため、経営に支障が生じ、又は生じるおそれがある場合（本ガイドラインにおいて「有事」という。）には、その置かれた状況に応じて、早期に経営改善を図るとともに、事業再生等を検討し実行することが望ましい。かかる考え方に基づき、平成13年の私的整理ガイドライン策定以降、有事に対応する各種の準則型私的整理手続が整備されてきたが、これまで私的整理手続を進めるにあたっては、中小企業者と金融機関のそれぞれの判断に拠っている面もあった。

しかしながら、有事に至っている中小企業者が円滑に事業再生等を図っていくにあたっては、中小企業者、金融機関双方がお互いの立場をよく認識し、共通の理解の下で、一体となって事業再生等に向けた取組みを進めていくことが重要である。よって、本項では、中小企業者の迅速かつ円滑な事業再生等を図るべく、中小企業者と金融機関が事業再生等に取り組む上での基本的な考え方を示すこととする。

(1)　債務者である中小企業者の対応

中小企業者は、有事に至った場合、原則的には以下の対応を行うことが求められる。

①　経営状況と財務状況の適時適切な開示等

中小企業者が事業再生等を図るためには、金融機関に対して、正確かつ丁寧に信頼性の高い経営情報等を開示・説明することが求められる。また、開示する経営情報等の信頼性の向上の観点から、公認会計士、税理士等による検証を経て、その検証結果と合わせた開示を行うことが望ましい。加えて、開示・説明したのちに、事業計画・業績見通し等に重大な変動が生じた場合は、平時以上に、自発的に金融機関に報告するなど適時適切な開示・説明に努める必要がある。

②　本源的な収益力の回復に向けた取組み

令和3年6月の政府の「成長戦略実行計画」でも指摘されている通り、事業再生には様々な手法がある。金融支援はそのオプションの一つであり、有事においては、本源的な収益力の回復が重要である。事業再生を進めるにあたっては、中小企業者が自律的・持続的な成長に向け、本源的な収益力の回復に取り組むことが必要である。

③　事業再生計画の策定

中小企業者は、自ら本質的な経営課題を認

識し、事業再生に向けて主体的に取り組んでいくためにも、必要に応じて、実務専門家等に相談し、その支援・助言を得つつ、自力で事業再生計画を策定することが望ましい。

事業再生計画の内容は、中小企業者の置かれた状況に応じて異なるが、金融債務の減免等を求める必要がある場合には、実行可能性のある内容であること、金融支援を求める必要性・合理性があること、金融債権者間の衡平や金融機関にとっての経済合理性が確保されていること、さらに、経営責任や株主責任が明確化されていることが求められる。

④　有事における段階的対応

有事における対応は、中小企業者を取り巻く事業環境のみならず、事業再生計画、金融支援及びスポンサー支援の有無やその内容によって様々であり、そのあり方や推移の態様は一様ではなく、必ずしも下記イからロ、ハ、ニと順番に推移するものではないが、以下に典型的な段階とそれに応じた必要な対応を記載する。

イ　返済猶予等の条件緩和が必要な段階

中小企業者は、事業改善計画の策定・実行を通じて、本源的な収益力の回復に向けた自助努力や非事業用資産の換価・処分等を行ってもなお、債務について約定の元本返済が困難となり、やむを得ない場合には、資金繰りの安定化のために、金融機関に対して、元本返済猶予その他債務の返済条件の緩和等（以下、第二部において、「条件緩和」という。）の要請を検討し、また急激な資金流出の抑制のために必要があるときは、元本返済の一時停止・一時猶予の要請を検討する。

中小企業者は、条件緩和を受けた場合には、金融機関や実務専門家の支援・助言等を得つつ、有事に至った原因を明らかにし、事業再生計画の策定・実行を通じて、収益力の回復に努める。

ロ　債務減免等の抜本的な金融支援が必要な段階

中小企業者が、条件緩和を受け、収益力の回復に努めてもなお、金融債務全額の返済が困難であり、やむを得ない場合には、事業再生を図るために必要かつ合理的な範囲で金融債務の減免その他債務の資本化等（DES[3]を含む。第二部、第三部において、以下「債務減免等」という。）の要請を検討する。このとき、中小企業者は、経営責任と株主責任を明確化する。

ハ　上記イ、ロの対応策を講じてもなお事業再生が困難な場合

中小企業者は、イ、ロの対応を経てもなお事業再生が困難である場合で、スポンサー支援や経営の共同化により迅速・確実に事業再生を実行できるときは、これらの対策を真摯に検討する。

スポンサー支援を求める場合、金融機関や実務専門家の支援・助言を得つつ、透明性のある手続でスポンサーを選定するように努める。

ニ　上記イ、ロ、ハの対応策を講じてもなお事業再生が困難な場合

中小企業者は、条件緩和や債務減免等の金融支援を受け、収益力の回復に努めてもなお、赤字が継続し、資金流出を止めることができないときには、事業廃止（廃業）を検討する。

具体的には、スポンサー支援により赤字を脱却し事業継続を図ることができる場合には、スポンサーへの事業譲渡等も検討することとし、スポンサー支援も得られる見込みのない場合には、早期に事業を廃止し、清算することを検討する。

(2)　債権者である金融機関の対応

金融機関は、中小企業者が有事に至った場合、原則的には以下の対応を行うことが求められる。

3　デット・エクイティ・スワップ。債務を株式と交換すること。

なお、信用保証協会、金融機関から債権を譲り受けたサービサー等、貸金業者、リース債権者においても、同様の対応を行うことが望ましい。

① 事業再生計画の策定支援

有事に陥った中小企業者が事業再生計画を策定するにあたっては、中小企業者が本質的な経営課題を認識し、経営改善に向けて主体的に取り組んでいく必要がある。その際、金融機関は、政府の計画策定支援に係る事業に基づくものを含め、事業再生計画の合理性や実現可能性等について、中小企業者と協力しながら確認する。また、中小企業者が自力で事業再生計画を策定できないと判断される場合には、中小企業者の理解を得つつ、事業再生計画の策定を積極的・継続的に支援する。

② 専門家を活用した支援

金融機関単独では事業再生計画の策定支援が困難であると見込まれる場合や、支援にあたり債権者間の複雑な利害調整を必要とする場合には、当該支援の確実性と実効性を高める観点から、実務専門家や外部機関の第三者的な視点、専門的な知見・機能の積極的な活用を促し、計画策定を積極的に支援する。また、中小企業者に直接貸金債権を有する金融機関は、必要に応じて、これを保証している信用保証協会に対し、計画内容や対応状況について共有し、連携した対応を行う。

③ 有事における段階的対応

中小企業者が、2.(1)①の適切な情報開示、②の本源的な収益力の回復、③の事業再生計画の策定等に向けて誠実に取り組んでいる場合には、中小企業者の置かれた状況に応じて、以下のような対応を検討する。

イ 中小企業者から条件緩和の申出を受けた場合

条件緩和により事業再生の可能性があり、必要性・合理性が認められる場合には、条件緩和等の要請について誠実に検討する。

ロ 中小企業者から債務減免等の申出を受けた場合

金融債務の減免等により事業再生の蓋然性があり、債務減免等の必要性と金融機関にとっての経済合理性があり、金融機関間の衡平が確保され、かつ、経営責任と株主責任が明確化されている場合には、経営規律の確保やモラルハザードの回避といった観点も総合的に勘案しつつ、債務減免等の要請について誠実に検討する。

ハ 上記イ、ロの対応策を講じてもなお、中小企業者の事業再生が困難で、中小企業者から、スポンサー支援を求める旨の申出を受けた場合

中小企業者の意向を踏まえつつ、適切なスポンサー支援の探索に可能な範囲で協力することが期待される。

ニ 中小企業者から廃業の申出を受けた場合

中小企業者から廃業の申出があった場合は、スポンサーへの事業譲渡による事業継続可能性も検討しつつ、中小企業者の再起に向けた適切な助言や中小企業者が廃業を選択するにあたっての取引先対応を含めた円滑な処理等への協力を含め、中小企業者自身や経営者を含む関係者にとって望ましいソリューション（第三部「5.廃業型私的整理手続」の適用を含む。）を提供するよう努める。その際、中小企業者の納得性を高めるための十分な説明に努めることとする。

3．私的整理検討時の留意点

(1) 保証債務の整理

中小企業者の債務について私的整理手続を実施する場合において、当該債務にかかる保証人が保証債務の整理を図るときは、保証人は経営者保証に関するガイドラインを積極的に活用する等して、主債務と一体整理を図るよう努めることとする。なお、中小企業者が法的整理手続（第三部1.(1)において定義する。）を実施する場合も、保証人は経営者保証に関するガイドラインを活用する等して、当該保証債務の整理を行うことが望ましい。

(2)　各種手続の選択並びに手続間の移行

　中小企業者、金融機関が私的整理手続・法的整理手続を検討する場合、お互いに誠実に協議し、中小企業者の置かれた状況等に適合した手続の利用が期待される。

　また、中小企業者の選択した私的整理手続の協議が不調に終わり、結果的に法的整理手続や、他の私的整理手続に移行する場合がある。こうした場合、中小企業者の円滑な事業再生等を図るためにも、中小企業者と金融機関は双方誠実に協力し、手続間の円滑な移行に努めることとする。加えて、中小企業者と金融機関は、移行後の民事再生手続若しくは会社更生手続又は他の私的整理手続において、移行前の私的整理手続における合意事項又は同意事項等を法の趣旨に反しないことに留意しつつ尊重するものとする。

4．事業再生計画成立後のフォローアップ

(1)　債務者である中小企業者の対応

　①　事業再生計画の実行に向けた取組み

　　中小企業者は、自らの経営資源を最大限活用し、債務の条件緩和・債務減免等の前提となった事業再生計画の実行及び達成に誠実に努める。

　②　金融機関への適時適切な状況報告

　　中小企業者は、事業再生計画の実行期間中は、その達成状況に関して、正確かつ丁寧に信頼性の高い経営情報等を開示・説明するとともに、開示・説明したのちに、事業再生計画・業績見通し等に重大な変動が生じた場合にも、自発的に報告するなど適時適切な開示・説明に努める。

(2)　債権者である金融機関の対応

　金融機関は、債務の条件緩和、債務減免等の実行後においても、必要に応じて連携先の実務専門家等と協力しながら、事業再生計画の達成状況を継続的にモニタリングするとともに、経営相談や経営指導を行うなど、達成状況を適切に管理する。また、進捗状況の管理を行っている間に、策定当初に予期しえなかった外部環境の大きな変化が生じた場合には、必要に応じて、事業再生計画の見直しの要否について、中小企業者や連携先の実務専門家等とともに検討を行うとともに、そうした変化や見直しの必要性等を中小企業者が認識できるよう適切な助言を行った上で、計画の見直しを提案し、中小企業者や連携先と協働する。

(3)　計画と実績の乖離が大きい場合の対応

　有事において中小企業者・金融機関・実務専門家等が真摯に検討し、策定した事業再生計画であっても、その後、必ずしも計画通りに業績が推移するとは限らない。そのため、事業再生計画実行開始年度から起算して、概ね3事業年度を経過するまでに、中小企業者と金融機関等は、事業再生計画の達成状況を確認することが望ましい。

　達成状況を確認した結果、事業再生計画と過年度の実績の乖離が大きい場合、中小企業者と金融機関は、相互に協力して乖離の真因分析を行い、計画を達成するための対策について誠実に協議することとする。協議の上、当初計画の達成が困難と見込まれる場合は、経営規律の確保やモラルハザードの回避といった点を踏まえ、抜本的再生を含む計画の変更や、法的整理、廃業等への移行を行うことが望ましい。

＜第三部＞　中小企業の事業再生等のための私的整理手続
（中小企業版私的整理手続）

1．対象となる私的整理

(1)　本ガイドライン第三部で以下に定める中小企業の事業再生等のための私的整理手続（以下「本手続」という。）は、準則型私的整理手続の一つである。即ち、経営困難な状況にある中小企業者である債務者を対象に、破産手続、民事再生手続、会社更生手続又は特別清算手続等の法的整理手続（以下「法的整理手続」という。）によらずに、債務者である中小企業者と債権者である金融機関等の間の合意に基づき、債務（主として金融債務）について返済猶予（以下、第三部において「債務返済猶予」という。）、債

務減免等を受けることにより、当該中小企業者の円滑な事業再生や廃業を行うことを目的とする私的整理手続であり、中小企業者に対して金融債権を有する債権者で、後記4．及び5．に基づいて作成される事業再生計画（再生型の場合）や弁済計画（廃業型の場合）が成立した場合に権利を変更されることが予定されている対象債権者（なお、廃業型の場合、第一部3．の定めにかかわらず、リース債権者も対象債権者に含まれる。）が関わることを前提とするものである。

(2)　本手続は、中小企業者の特性を考慮し策定した、中小企業者のための準則型私的整理手続に関する金融界・産業界のコンセンサスを得たものである。中小企業者が策定する事業再生計画案や弁済計画案の内容、その成立要件、計画成立のための手続、金融機関の対応及び計画成立後のモニタリングについては、他の準則型私的整理手続において具体的定めがない場合には、中小企業者及び対象債権者は、本手続を参照すべき拠り所として活用することが期待されている。本手続は、準則型私的整理手続を中小企業者に対して適用する場合に広く準用できる考え方を示すことを目指したものでもある。

2．本手続の基本的な考え方

(1)　本手続は、中小企業者が私的整理を公正かつ迅速に行うための準則であり、金融界・産業界を代表する者が、中立公平な専門家、学識経験者などとともに、協議を重ねて策定したものであって、法的拘束力はないものの、債務者である中小企業者、債権者である金融機関等及びその他の利害関係人によって、自発的に尊重され遵守されることが期待されている。

(2)　本手続における中小企業者の事業再生や廃業は、私的整理手続によった方が法的整理手続と比較し、事業価値や資産等の毀損が少ない等、中小企業者と対象債権者双方にとって相当性や合理性があることを前提としている。

(3)　また、本手続は、対象債権者に債務返済猶予・債務減免等の協力を求める前提として、中小企業者自身が事業再生のための自助努力を行うことはもとより、自然災害や感染症の世界的流行等にも配慮しつつ、その経営責任を明確にすること、また、債務減免等を求める場合は、株主もその責任を明確にすることを予定している。なお、本手続は主に株式会社等が利用することを前提とし、手続のための各要件を定めているものの、個人である中小企業者が利用するにあたっては、本手続の趣旨に反しない限りにおいて、適宜、必要な範囲内の読替（例：株主責任等の適用有無）を行うことを妨げない。

(4)　本手続は、公正衡平性の尊重及び透明性の確保を旨とする。

(5)　対象債権者のうち、債務者に対する金融債権額が上位のシェアを占める債権者（金融債権額のシェアが最上位の対象債権者から順番に、そのシェアの合計額が50％以上に達するまで積み上げた際の、単独又は複数の対象債権者をいい、廃業型ではリース債権額も金融債権額に含まれる。以下「主要債権者」という。）は、中小企業者から本手続の利用を検討している旨の申出があったときは、誠実かつ迅速にこれを検討し、主要債権者と中小企業者は、相互に手続の円滑で速やかな進行に協力する。なお、主要債権者は、手続の初期段階から信用保証協会と緊密に連携・協力する。

(6)　対象債権者は、本手続に誠実に協力する。

(7)　対象債権者と中小企業者は、本手続の過程において共有した情報につき相互に守秘義務を負う。

3．本手続の適用対象となる中小企業者

(1)　本手続のうち、「4．再生型私的整理手続」は、以下の全ての要件を充足する中小企業者に対して適用される。

① 収益力の低下、過剰債務等による財務内容の悪化、資金繰りの悪化等が生じることで経営困難な状況に陥っており、自助努力のみに

よる事業再生が困難であること。

②　中小企業者が対象債権者に対して中小企業者の経営状況や財産状況に関する経営情報等を適時適切かつ誠実に開示していること。

③　中小企業者及び中小企業者の主たる債務を保証する保証人が反社会的勢力又はそれと関係のある者ではなく、そのおそれもないこと。

(2)　本手続のうち、「5.廃業型私的整理手続」は、以下の全ての要件を充足する中小企業者に対して適用される。

①　過大な債務を負い、既に発生している債務（既存債務）を弁済することができないこと又は近い将来において既存債務を弁済することができないことが確実と見込まれること（中小企業者が法人の場合は債務超過である場合又は近い将来において債務超過となることが確実と見込まれる場合を含む。）。

②　円滑かつ計画的な廃業を行うことにより、中小企業者の従業員に転職の機会を確保できる可能性があり、経営者等においても経営者保証に関するガイドラインを活用する等して、創業や就業等の再スタートの可能性があるなど、早期廃業の合理性が認められること。

③　中小企業者が対象債権者に対して中小企業者の経営状況や財産状況に関する経営情報等を適時適切かつ誠実に開示していること。

④　中小企業者及び中小企業者の主たる債務を保証する保証人が反社会的勢力又はそれと関係のある者ではなく、そのおそれもないこと。

4.　再生型私的整理手続

(1)　再生型私的整理の開始

①　中小企業者は、本手続の利用を検討する場合、必要に応じて専門家（弁護士、公認会計士、税理士、中小企業診断士等の専門家をいう。以下「外部専門家」という。）と相談しつつ、第三者である支援専門家（弁護士、公

認会計士等の専門家であって、再生型私的整理手続及び廃業型私的整理手続を遂行する適格性を有し、その適格認定を得たものをいう。以下「第三者支援専門家」という。）の候補者を公表されたリストから選定する。

②　中小企業者は、主要債権者に対して、再生型私的整理手続を検討している旨を申し出るとともに、第三者支援専門家の選任について、主要債権者全員からの同意を得る（第三者支援専門家は、中小企業者及び対象債権者との間に利害関係を有しない者とする。）。なお、上記①にかかわらず、対象債権者全員から同意を得た場合は、リストにない第三者支援専門家を選定することも可とする。

③　中小企業者は、第三者支援専門家に支援を申し出ることができ、第三者支援専門家は、中小企業者からの申出に対して、誠実に対応する。第三者支援専門家は、主要債権者の意向も踏まえて、再生支援を行うことが不相当ではないと判断した場合には、中小企業者の資産負債及び損益の状況の調査検証や事業再生計画策定の支援等を開始する。

(2)　一時停止の要請

中小企業者は、上記③以降のいずれかのタイミングで、資金繰りの安定化のために必要があるときは、対象債権者に対して一時停止の要請を行うことができ、対象債権者は、以下の全ての要件を充足する場合には、一時停止の要請に、誠実に対応するものとする。

①　一時停止要請が書面によるものであり（但し、全ての対象債権者の同意がある場合はこの限りでない。）、かつ、全ての対象債権者に対して同時に行われていること。

②　中小企業者が、手続開始前から債務の弁済や経営状況・財務状況の開示等に誠実に対応し、対象債権者との間で良好な取引関係が構築されていること。

③　事業再生計画案に債務減免等の要請が含ま

れる可能性のある場合は、再生の基本方針が対象債権者に示されていること（債務減免等の要請を含まない事業再生計画案を作成することが見込まれる場合は、その旨を一時停止の要請書面に記載すること。）。

(3) 事業再生計画案の立案
　① 中小企業者は、自ら又は外部専門家から支援を受ける等して、相当の期間内に、後記(4)記載の内容を含む事業再生計画案を作成する。

　② 中小企業者、外部専門家、第三者支援専門家及び主要債権者は、経営・財務及び事業の状況に関する調査分析や事業再生計画案作成の進捗状況に応じて適宜協議・検討を行う。この協議・検討には、必要に応じて、主要債権者以外の対象債権者、スポンサー候補者等も参加させることができる。

(4) 事業再生計画案の内容
　① 事業再生計画案は、次の内容を含むものとする。
　　イ　自助努力が十分に反映されたものであるとともに、以下の内容を含むものとする。
　　　・企業の概況
　　　・財務状況（資産・負債・純資産・損益）の推移
　　　・保証人がいる場合はその資産と負債の状況（債務減免等を要請する場合）
　　　・実態貸借対照表（債務返済猶予の場合は必須としない）
　　　・経営が困難になった原因
　　　・事業再生のための具体的施策
　　　・今後の事業及び財務状況の見通し
　　　・資金繰り計画（債務弁済計画を含む）
　　　・債務返済猶予や債務減免等（以下、併せて「金融支援」という）を要請する場合はその内容
　　ロ　実質的に債務超過である場合は、事業再生計画成立後最初に到来する事業年度開始の日から5年以内を目途に実質的な債務超過を解消する内容とする（企業の業種特性や固有の事情等に応じた合理的な

理由がある場合には、これを超える期間を要する計画を排除しない。）。
　　ハ　経常利益が赤字である場合は、事業再生計画成立後最初に到来する事業年度開始の日から概ね3年以内を目途に黒字に転換する内容とする（企業の業種特性や固有の事情等に応じた合理的な理由がある場合には、これを超える期間を要する計画を排除しない。）。
　　ニ　事業再生計画の終了年度（原則として実質的な債務超過を解消する年度）における有利子負債の対キャッシュフロー比率が概ね10倍以下となる内容とする（企業の業種特性や固有の事情等に応じた合理的な理由がある場合には、これを超える比率となる計画を排除しない。）。
　　ホ　対象債権者に対して金融支援を要請する場合には、経営責任の明確化を図る内容とする。また、債務減免等を要請する場合には、株主責任の明確化を図る内容とするとともに、経営者保証があるときは、保証人の資産等の開示と保証債務の整理方針を明らかにすることとする。
　　ヘ　事業再生計画案における権利関係の調整は、債権者間で平等であることを旨とし、債権者間の負担割合については、衡平性の観点から、個別に検討する。
　　ト　債務減免等を要請する内容を含む事業再生計画案である場合にあっては、破産手続で保障されるべき清算価値よりも多くの回収を得られる見込みがある等、対象債権者にとって経済合理性があることとする。なお、債務減免等を必要とする場合の減免を求める額（DES総額を含む。）の算定については、その前提となる情報等について誠実に開示するものとする。
　　チ　必要に応じて、地域経済の発展や地方創生への貢献、取引先の連鎖倒産回避等による地域経済への影響も鑑みた内容とする。

　② 上記①の規定にかかわらず、小規模企業者が債務減免等の要請を含まない事業再生計画

案を作成する場合には、次のイ及びハ、又は
ロ及びハの内容を含むことにより、上記①の
ロからニの内容を含めないことができるもの
とする。
イ　計画期間終了後の業況が良好であり、か
　つ、財務内容にも特段の問題がない状態
　等となる計画であること
ロ　事業再生計画成立後2事業年度目（事業
　再生計画成立年度を含まない。）から、
　3事業年度継続して営業キャッシュフ
　ローがプラスになること。
ハ　小規模企業者が事業継続を行うことが、
　小規模企業者の経営者等の生活の確保に
　おいて有益なものであること。

(5)　事業再生計画案の調査報告
①　第三者支援専門家は、債務者である中小企
　業者及び対象債権者から独立して公平な立場
　で事業の収益性や将来性等を考慮して、事業
　再生計画案の内容の相当性及び実行可能性等
　について調査し、原則として調査報告書を作
　成の上、対象債権者に提出し報告する。なお、
　債務減免等を要請する内容を含む事業再生計
　画案の場合は、調査報告書の作成は必須とし、
　かつ、その際の第三者支援専門家には弁護士
　が必ず含まれるものとする。

②　調査対象は、次のイからニの内容を含むも
　のとし、債務減免等を要請する内容を含む事
　業再生計画案の場合、イからホの内容を含む
　ものとする。また、事業再生計画案に記載が
　ある場合は、ヘを含むものとする。
イ　事業再生計画案の内容の相当性（中小企
　業者が3．(1)の要件に該当することを含
　む。）
ロ　事業再生計画案の実行可能性
ハ　金融支援の必要性
ニ　金融支援の内容の相当性と衡平性
ホ　破産手続で保障されるべき清算価値と比
　較した場合の経済合理性（私的整理を行
　うことの経済合理性）
ヘ　地域経済への影響

(6)　債権者会議の開催と事業再生計画の成立
①　中小企業者により事業再生計画案が作成さ
　れた後、中小企業者、主要債権者及び第三者
　支援専門家が協力の上、原則として全ての対
　象債権者による債権者会議を開催する。債権
　者会議では、対象債権者全員に対して、事業
　再生計画案を説明し、第三者支援専門家は、
　債権者会議で、対象債権者全員に対し、事業
　再生計画案の調査結果を報告するとともに、
　事業再生計画案の説明、質疑応答及び意見交
　換を行い、対象債権者が再生計画案に対する
　同意不同意の意見を表明する期限を定める。
　なお、債権者会議を開催せず、事業再生計画
　案の説明等を持ち回りにより実施することは
　妨げない。

②　事業再生計画案に対して不同意とする対象
　債権者は、速やかにその理由を第三者支援専
　門家に対し誠実に説明するものとする。

③　中小企業者、主要債権者及び第三者支援専
　門家は、対象債権者等と協議の上、必要に応
　じて事業再生計画案を修正し、対象債権者の
　合意形成に努める。

④　全ての対象債権者が、事業再生計画案につ
　いて同意し、第三者支援専門家がその旨を文
　書等により確認した時点で事業再生計画は成
　立し、中小企業者は事業再生計画を実行する
　義務を負担し、対象債権者の権利は、成立し
　た事業再生計画の定めによって変更され、対
　象債権者は、金融支援など事業再生計画の定
　めに従った処理をする。

⑤　事業再生計画案について全ての対象債権者
　から同意を得ることができないことが明確と
　なった場合は、第三者支援専門家は、本手続
　を終了させるものとする。なお、本手続が終
　了したときは、対象債権者は一時停止を終了
　することができる。

(7)　保証債務の整理
　中小企業者の債務について再生型私的整理手続

（債務減免等の要請を含む事業再生計画に限る。）
を実施する場合において、当該債務にかかる保証
人が保証債務の整理を図るときは、保証人は、誠
実に資産開示をするとともに、原則として、経営
者保証に関するガイドラインを活用する等して、
当該主債務と保証債務の一体整理を図るよう努め
ることとする。

(8)　事業再生計画成立後のモニタリング
　①　事業再生計画達成状況等のモニタリング
　　イ　外部専門家や主要債権者は、事業再生計
　　　画成立後の中小企業者の事業再生計画達
　　　成状況等について、定期的にモニタリン
　　　グを行う。但し、債務減免等の要請を含
　　　まない事業再生計画の場合には、主要債
　　　権者が中小企業者の協力を得て、モニタ
　　　リングを行うことで足りる。
　　ロ　モニタリングの期間は、原則として事業
　　　再生計画が成立してから概ね3事業年度
　　　（事業再生計画成立年度を含む。）を目途
　　　として、企業の状況や事業再生計画の内
　　　容等を勘案した上で決算期を考慮しつつ、
　　　必要な期間を定めるものとする。
　　ハ　主要債権者は、モニタリングの結果を踏
　　　まえ、中小企業者に対し、事業再生計画
　　　の達成に向けた助言を行う。
　　ニ　主要債権者は、モニタリングの期間が終
　　　了したときには、中小企業者の事業再生
　　　計画達成状況等を踏まえ、その後のモニ
　　　タリングの要否を判断する。

　②　事業再生計画の変更等
　　　　上記①イのモニタリングの結果、事業再生
　　　計画と実績の乖離が大きい場合、中小企業
　　　者・主要債権者は乖離の真因分析を行うこと
　　　とする。その上で、中小企業者・主要債権者
　　　は、経営規律の確保やモラルハザードの回避
　　　といった点を踏まえつつ、その真因分析を踏
　　　まえた対応、例えば、事業再生計画の変更や
　　　抜本再建、法的整理手続、廃業等への移行を
　　　行うことを検討する。また、廃業を選択する
　　　ことが適切と中小企業者及び主要債権者が判
　　　断する場合には、中小企業者と主要債権者双

方が誠実に協力し、「5．廃業型私的整理手
続」の利用の検討を含めて、手続間の円滑な
移行に努めることとする。

(9)　廃業型私的整理手続との関係
　　　再生型私的整理手続を検討する過程において、
　第三者支援専門家や主要債権者が事業の継続可能
　性が見込まれないと判断し、かつ、中小企業者か
　らも廃業の申出があった場合は、中小企業者、第
　三者支援専門家、主要債権者は協力の上、「5．
　廃業型私的整理手続」の適用も含めて、可能な対
　応を行う。また、再生型私的整理手続から廃業型
　私的整理手続に移行する場合で、かつ、主要債権
　者全員からの合意を得たときは、中小企業者及び
　外部専門家は、廃業型私的整理手続の途中段階
　（例：弁済計画案の策定等）から手続を行うこと
　ができ、併せて、必要に応じて、再生型私的整理
　手続の検討時において関与した第三者支援専門家
　の支援を継続して得ることができる。

5．廃業型私的整理手続
(1)　廃業型私的整理の開始
　①　中小企業者は、外部専門家とともに、主要
　　債権者に対して、廃業型私的整理手続を検討
　　している旨を申し出ることができる。

　②　外部専門家は、主要債権者の意向を踏まえ
　　て、中小企業者の資産負債及び損益の状況の
　　調査検証や弁済計画策定の支援等を開始する。

　③　中小企業者及び外部専門家は、必要に応じ
　　て、上記②以降のタイミングで、主要債権者
　　全員からの同意を得た場合は、一時停止の要
　　請を行うことができ、対象債権者は、以下の
　　全ての要件を充足する場合には、一時停止要
　　請に、誠実に対応するものとする。なお、対
　　象債権者が一時停止に応じた場合、中小企業
　　者及び外部専門家は、相当の期間内に後記(3)
　　の弁済計画案を策定し対象債権者に提示する
　　ものとし、これが適切になされない場合や、
　　弁済計画案の策定状況について対象債権者か
　　らの求めに応じた適切な経過報告がなされな
　　い場合には、対象債権者は一時停止を終了す

ることができる。
イ　一時停止要請が書面によるものであり（但し、全ての対象債権者の同意がある場合はこの限りではない。）、かつ、全ての対象債権者に対して同時に行われていること。
ロ　中小企業者が、手続開始前から債務の弁済や経営状況・財務情報の開示等に誠実に対応し、対象債権者との間で良好な取引関係が構築されていること。

(2)　弁済計画案の立案
①　中小企業者は、自ら又は外部専門家から支援を受ける等して、相当の期間内に、廃業に向けて資産の換価等必要な対策を立案し、弁済計画案を作成する。

②　中小企業者、外部専門家及び主要債権者は、経営・財務及び事業の状況に関する調査分析や弁済計画案作成の進捗状況に応じて適宜協議・検討を行う。この協議・検討には、必要に応じて、主要債権者以外の対象債権者も参加させることができる。

(3)　弁済計画案の内容
①　弁済計画案は、次の内容を含むものとする。
イ　自助努力が十分に反映されたものであるとともに、以下の内容を含むものとする。
・企業の概況
・財務状況（資産・負債・純資産・損益）の推移
・保証人がいる場合はその資産と負債の状況
・実態貸借対照表
・資産の換価及び処分の方針並びに金融債務以外の債務の弁済計画、対象債権者に対する金融債務の弁済計画
・債務減免等を要請する場合はその内容
ロ　弁済計画案における権利関係の調整は、対象債権者間で平等であることを旨とし、債権者間の負担割合については、衡平性の観点から、個別に検討する。
ハ　破産手続で保障されるべき清算価値より

も多くの回収を得られる見込みがある等、対象債権者にとって経済合理性があることとする。
ニ　必要に応じて、破産手続によるよりも、当該中小企業者の取引先の連鎖倒産を回避することができる等、地域経済に与える影響も鑑みた内容とする。

(4)　弁済計画案の調査報告
①　中小企業者は、外部専門家とともに、第三者支援専門家の候補者を公表されたリストから選定する。

②　中小企業者は、第三者支援専門家の選任について、主要債権者全員からの同意を得る（なお、第三者支援専門家は、中小企業者及び対象債権者との間に利害関係を有しない者とする。）。なお、上記①にかかわらず対象債権者全員から同意を得た場合は、リストにない第三者支援専門家を選定することも可とする。

③　中小企業者は、第三者支援専門家に支援を申し出ることができ、第三者支援専門家は、中小企業者からの申出に対して、誠実に対応する。第三者支援専門家は、債務者である中小企業者及び対象債権者から独立して公平な立場で弁済計画案の内容の相当性及び実行可能性等について調査し、調査報告書を作成の上、対象債権者に提出し報告する。なお、債務減免等を要請する内容を含む弁済計画案の場合は、第三者支援専門家には弁護士が必ず含まれるものとする。

④　調査対象は、次の内容を含むものとする。また、弁済計画案に記載がある場合は、トを含むものとする。
イ　廃業の相当性（中小企業者が3．(2)の要件に該当することを含む。）
ロ　弁済計画案の内容の相当性
ハ　弁済計画案の実行可能性
ニ　債務減免等の必要性
ホ　債務減免等の内容の相当性と衡平性
ヘ　破産手続で保障されるべき清算価値と比

　　　較した場合の経済合理性（私的整理を行
　　　うことの経済合理性）
　　ト　地域経済への影響

(5)　債権者会議の開催と弁済計画の成立
　①　中小企業者により弁済計画案が作成された
　　後、中小企業者、主要債権者及び第三者支援
　　専門家が協力の上、原則として全ての対象債
　　権者による債権者会議を開催する。債権者会
　　議では、対象債権者全員に対して、弁済計画
　　案を説明し、第三者支援専門家は、債権者会
　　議で、対象債権者全員に対し、弁済計画案の
　　調査結果を報告するとともに、弁済計画案の
　　説明、質疑応答及び意見交換を行い、対象債
　　権者が弁済計画案に対する同意不同意の意見
　　を表明する期限を定める。なお、債権者会議
　　を開催せず、弁済計画案の説明等を持ち回り
　　により実施することは妨げない。

　②　弁済計画案に対して不同意とする対象債権
　　者は、速やかにその理由を第三者支援専門家
　　に対し誠実に説明するものとする。

　③　全ての対象債権者が、弁済計画案について
　　同意し、第三者支援専門家がその旨を文書等
　　により確認した時点で弁済計画は成立し、中
　　小企業者は弁済計画を実行する義務を負担し、
　　対象債権者の権利は、成立した弁済計画の定
　　めによって変更され、対象債権者は、債務減
　　免等など弁済計画の定めに従った処理をする。

　④　弁済計画案について全ての対象債権者から
　　同意を得ることができないことが明確となっ
　　た場合は、第三者支援専門家は、本手続を終
　　了させるものとする。なお、本手続が終了し
　　たときは、対象債権者は一時停止を終了する
　　ことができる。

(6)　保証債務の整理
　　中小企業者の債務について廃業型私的整理手続
　を実施する場合において、当該債務にかかる保証
　人が保証債務の整理を図るときは、誠実に資産開
　示をするとともに、原則として、経営者保証に関

するガイドラインを活用する等して、当該主債務
と保証債務の一体整理を図るよう努めることとす
る。

(7)　弁済計画成立後のモニタリング
　　外部専門家と主要債権者は、弁済計画成立後の
　中小企業者による計画達成状況等について、モニ
　タリングを行う。

<附則>
1．本ガイドラインは、令和4年4月15日から適
　用することとする。
2．本ガイドラインに基づく取扱いを円滑に実施
　するため、中小企業者、金融機関及び行政機関
　等は、広く周知等が行われるよう所要の態勢整
　備に早急に取り組むとともに、各々の準備が整
　い次第、本ガイドラインに即した対応を開始す
　ることとする。
　　　　　　　　　　　　　　　　　　以　上

中小企業の事業再生等に関する研究会名簿

（敬称略、五十音順）

<委　員>

青　木　隆　幸	商工組合中央金庫　融資管理室長
市　川　朋　治	あおぞら債権回収　常務取締役
井　上　賢　二	日本政策金融公庫　中小企業事業本部　企業支援部長
遠　藤　清　一	日本貸金業協会　常務執行役
加　藤　寛　史	中小企業再生支援全国本部　統括事業再生プロジェクトマネージャー
加　藤　正　敏	日本商工会議所　中小企業振興部長
鴨　田　和　恵	税理士　日本税理士会連合会　常務理事・中小企業対策部長
川　崎　大　輔	日本政策投資銀行　業務企画部担当部長
川　端　健　司	三井住友銀行　執行役員投融資企画部長
木　屋　英　樹	三井住友信託銀行　業務部長
熊　倉　竜　也	農林中央金庫　営業企画部部長

（座長）	小　林　信　明	長島・大野・常松法律事務所　弁護士
	齋　藤　恭　明	静岡銀行　企業サポート部担当部長
	渋　谷　　　浩	全国商店街振興組合連合会　専務理事
	須　賀　一　也	須賀公認会計士事務所　代表
	杉　本　純　子	日本大学法学部法律学科　教授
	髙　井　章　光	髙井総合法律事務所　弁護士
	辻　　　伸　敏	多摩信用金庫　価値創造事業本部融資部担当常勤理事
	土　井　和　雄	全国商工会連合会　政策推進部事業環境課長
	富　永　浩　明	富永浩明法律事務所　弁護士
	中　井　康　之	堂島法律事務所　弁護士
	菱　沼　貴　裕	全国中小企業団体中央会　政策推進部長
	藤　崎　武　志	全国信用保証協会連合会　事務局長
	松　岡　宏　治	北洋銀行　常務執行役員融資部長
	松　下　淳　一	東京大学大学院法学政治学研究科　教授
	蓑　毛　良　和	三宅・今井・池田法律事務所　弁護士
	宮　入　智　孝	大東京信用組合　融資部長
	山　田　周　一	リース事業協会　法制委員会委員長

<オブザーバー>

岩　井　一　真	最高裁判所　事務総局民事局第一課長兼第三課長
神　﨑　忠　彦	中小企業庁　事業環境部金融課長
中　尾　　　学	農林水産省　経営局金融調整課長
野　﨑　英　司	金融庁　監督局総務課長
福　田　　　敦	法務省　民事局参事官
横　尾　光　輔	財務省　大臣官房政策金融課長

<事務局>

佐　藤　純　一	全国銀行協会　委員会室長
平　谷　　　健	全国銀行協会　委員会室副室長
三　橋　　　衛	全国銀行協会　委員会室副室長

資料2 ▍「中小企業の事業再生等に関するガイドライン」Q&A

令和4年4月1日制定
令和4年4月8日一部改訂

【総論・第一部　本ガイドラインの目的等】

Q1　中小企業の事業再生等ガイドライン(以下「ガイドライン」といいます。)において、このQ&Aはどのような位置付けになるのでしょうか。

A．ガイドラインに即して具体的な実務を行う上で留意すべきポイントを、「中小企業の事業再生等に関する研究会」において取りまとめたものです。

Q2　ガイドライン第三部で定める「中小企業の事業再生等のための私的整理手続」と平成13年に策定された「私的整理に関するガイドライン」の相違点は何ですか。

A．「中小企業の事業再生等のための私的整理手続(以下「中小企業版私的整理手続」といいます。)」と「私的整理に関するガイドライン」は異なる準則型私的整理手続であり、具体的な内容について種々の相違がありますが、主要な相違点は、以下のとおりです。
① 「中小企業版私的整理手続」は、中小企業者(Q3参照)を対象としています。
② 「中小企業版私的整理手続」は、第三者である支援専門家(Q30、31参照)が、中立かつ公正・公平な立場から、中小企業者の策定する計画の検証等を行うことが特徴であり、これにより、迅速かつ円滑な手続を可能としています。
③ 「中小企業版私的整理手続」では、事業再生計画案の内容として含むべき数値基準である実質的な債務超過解消年数や有利子負債の対キャッシュフロー比率を中小企業者の実態に合わせた数値基準としています。また、小規模企業者が債務減免等の要請を含まない事業再生計画を作成する場合には、上記の実質的な債務超過解消年数や有利子負債の対キャッシュフロー比率等を満たさない計

画であっても許容される場合があるとしています。

④　「中小企業版私的整理手続」では、自然災害や感染症の世界的流行等にも配慮しつつ、経営責任を明確にし、さらに、債務減免等を受けるにあたっては株主責任を明確にすることとしています。また、中小企業者の規模や特性に照らし、経営規律の確保やモラルハザードの回避といった観点も踏まえつつ、債務減免等を受ける企業の経営者の退任や株主の権利の全部又は一部の消滅を必ずしも必須とはしていません（Q23、24参照）。

> **Q3**　ガイドラインの対象となる中小企業者には、どのような者が含まれるのでしょうか。また、個人事業主は含まれるのでしょうか。

A.　中小企業基本法第2条第1項に定められている「中小企業者」（常時使用する従業員数が300人以下の医療法人を含む。）で、この中小企業者には中小企業基本法第2条第5項に定められている小規模企業者や個人事業主も含まれます。なお、中小企業基本法に定める「中小企業者」は、主に会社法上の会社（株式会社及び持分会社）を念頭においていますが、学校法人や社会福祉法人など会社法上の会社でない法人についても、その事業規模や従業員数などの実態に照らし適切と考えられる限りにおいて、本ガイドラインを準用することを妨げるものではありません。中小企業基本法第2条1項の要件に形式上該当しない場合でも、その事業規模や従業員数などの実態に照らし適切と考えられる場合も同様です。なお、政府等が講じる支援制度の対象となるか否かについては、それぞれの支援制度の内容をご確認ください（Q14参照）。

> **Q4**　「第三部に定める手続に基づく私的整理を行う上で必要なときは、その他の債権者を含むものとする」における「その他の債権者」とはどのような債権者ですか。

A.　一般的な商取引債権者等が想定されています。一般的な商取引債権者を対象債権者に含めることは通常適切ではないと考えられますが、多額の債権を有し、債務者との間で密接な関係がある場合など、その債権者の同意を得なければ再生や円滑な廃業が難しい場合には、対象債権者として手続に参加してもらうことも想定されます。

【第二部　中小企業の事業再生等に関する基本的な考え方】

（平時における中小企業者と金融機関の対応）

> **Q5**　1.(2)②に「適時適切な情報開示等による経営の透明性確保」とありますが、中小企業者に求められる内容はどのようなものですか。

A.　金融機関の求めに応じて、与信取引において必要とされる情報の開示・説明に努めることが求められます。例えば、以下のような対応が考えられます（当然のことながら、内容に偽りのない書類の提出が必要になります。）。

> ➤　貸借対照表、損益計算書、株主資本等変動計算書、これら決算書上の各勘定明細（資産・負債明細、売上原価・販管費明細等）、法人税申告書、法人事業概況説明書の提出
> ➤　期中の財務状況を確認するための試算表・資金繰り表等の定期的な報告

> **Q6**　1.(2)②に「適時適切な情報開示等による経営の透明性確保」とありますが、中小企業版私

　的整理手続の開始前や一時停止の要請前に、中小企業者による財産状況等の不正確な開示があっ
　た場合は、本手続を利用することはできないのでしょうか。

A．中小企業者が財産状況等について適時適切に開示していることという要件は、中小企業版私的整理
　手続の開始後や一時停止の要請後の行為に限定されるものではありません。中小企業版私的整理手続
　の開始前や一時停止の要請前にかかわらず、「平時」から適時適切かつ誠実な開示に努めることが求
　められています。他方、中小企業版私的整理手続の開始前において、不正確な情報開示があったこと
　などをもって直ちに中小企業版私的整理手続の利用が否定されるものではなく、不正確な開示の金額
　及びその態様並びに不正確な情報開示等に至った動機の悪質性といった点を総合的に勘案して判断す
　べきと考えられます。

Q7　1．(2)③に「法人と経営者の間の資金のやりとり（役員報酬・賞与、配当、経営者への貸付
　　等）を、社会通念上適切な範囲を超えないものとする体制を整備する」とありますが、どのよう
　　な範囲をいうのでしょうか。

A．法人と経営者の間の資金のやりとりにおける「社会通念上適切な範囲」は、中小企業者の規模、事
　業内容、収益力等によって異なり、定量的な基準を示すことはできませんが、中小企業者は、中立公
　平な第三者から見て、社会通念に照らして不適切と評価されることのないようにすること（例えば、
　利益額に比して著しく高額な役員報酬・賞与を支給したり、法人の事業運営にとって必要な資金を
　もって私的目的のために経営者に多額の貸付をしたりすることのないようにすること）が求められま
　す。また、こうした対応状況についての公認会計士や税理士等による検証の実施と、金融機関に対す
　る検証結果の適切な開示が望ましいと考えられます。

Q8　1．(2)④の「社外の実務専門家」とは、どのような専門家をいうのでしょうか。また、「社
　　外の実務専門家」には「顧問税理士」等の顧問契約を結んでいる専門家は含まれるのでしょうか。

A．資産負債の状況、事業計画・事業見通し等について検証を行うことができる公認会計士、税理士、
　弁護士等の専門家をいいます。また、顧問契約を結んでいるこれら専門家も含まれます。

Q9　1．(3)③に「中小企業者に対する誠実な対応」とありますが、経営情報等について中小企業
　　者から開示・説明を受けた金融機関の誠実な対応とはどのようなものと考えたらよいですか。

A．ガイドラインでは、中小企業者において、平時から適時適切な情報開示等による経営の透明性確保
　に努めることが望ましいとしていますが、開示を受けた金融機関が、その事実や内容だけをもって中
　小企業者に不利な対応をすると、中小企業者は適時適切な情報開示に消極的となり、かえって金融機
　関にとっても正確な情報が入手できない事態となりかねません。したがって、中小企業者との平時の
　付き合いにおいて、情報開示をした中小企業者に対して金融機関がその事実や内容だけをもって不利
　な対応をしないことによってこそ、中小企業者に対して適時適切な情報開示等による経営の透明性確
　保に努めることを促すことができるものと考えられます。

（有事における中小企業者と金融機関の対応）

Q10　「本源的な収益力」の位置づけは、「平時」、「有事」においてどのような違いがあるのでしょ
　　うか。

A．中小企業者に限らず事業者にとって「本源的な収益力」は「平時」、「有事」にかかわらず重要です。ガイドラインでは、通常の「平時」においては本源的な収益力の「向上」が、「平時」から「有事」への移行期においては本源的な収益力の「改善」が、「有事」においては本源的な収益力の「回復」が重要としています。もとより、「有事」の場合の収益力の「回復」は、「有事」前に有していた収益力と同水準の収益力を確保することのみを意味するのではなく、有事に至った原因の除去、自助努力により「有事」前に有していた収益力の「改善」又は「向上」が含まれることもあります。

Q11　第二部で定義される条件緩和とはどのようなものを指しますか。資金繰りの安定化のために金融機関に条件緩和を要請する場合は、「有事」に該当するということですか。

A．条件緩和とは、資金繰り等の悪化のため事業活動の継続性に問題が生じ資金繰りを安定化するために元本返済期日の延長や元本返済の据置き等、既存の借入条件の緩和（＝債務者にとって有利な変更）に該当すると考えられるような変更を指し、このような条件緩和を金融機関に要請する場合は、通常「有事」に該当します。一方、例えば決算期変更に伴う財務内容報告期限の変更や、金利計算期間の変更等、実務的、形式的な借入条件の変更に過ぎない場合は、ここでいう「条件緩和」に該当せず、「有事」にも該当しないと考えられます。

Q12　２．(1)④ロ「債務減免等の抜本的な金融支援」を金融機関に要請する場合、２．(1)④イの対応を経る必要がありますか。

A．有事における段階的対応については、典型的な段階とそれに応じた対応を示したものであり、このとおりに推移する必要性を示しているものではありませんので、２．(1)④イの対応を経なくとも、債務減免等の抜本的な金融支援を依頼することができます。その場合、債務減免等の抜本的な金融支援を依頼する中で、本源的収益力の回復に向けた自助努力や非事業用資産の換価・処分等を前提とした事業計画の策定を進めることも考えられます。

Q13　２．(1)④ロに「中小企業者は、経営責任と株主責任を明確化する」とありますが、例外はないのですか。

A．債務減免等の抜本的な金融支援を要請する場合には、原則として経営責任と株主責任を明確化することが求められますが、例外を一切許容しない趣旨ではありません。準則型私的整理手続を活用する場合は、各準則型私的整理手続の考え方や手続内容、金融機関の意見等を総合的に考慮して、非準則型私的整理手続で債務整理を行う場合は、金融機関と中小企業者の協議に従って、中小企業者の規模や特性（例えば後継者の不在や資本の入替えの困難性等）のほか、自助努力の内容や程度、窮境に至る原因、自然災害等に由来するか等に照らして個別に判断することになります。小規模企業者の場合には、上記の個別判断が特に必要になると考えられます。

Q14　２．(2)①の「政府の計画策定支援に係る事業」とは、どのような事業が該当しますか。

A．中小企業庁では、中小企業者の経営改善計画の策定を後押しするため、「認定支援機関による経営改善計画策定支援事業」を実施しており本手続に基づく計画策定等に係る費用についても一部支援を行っています（令和４年４月15日取扱い開始予定）。詳しくは中小企業庁のホームページを確認してください。

> Q15　2.(2)③ロの「事業再生の蓋然性」とは、どのようなものですか。

A. 売上高・売上原価や販管費の推移や設備投資なども含めた損益計画及び損益計画に基づく税務を含めた資金計画などを含む事業再生計画案が合理的に定められており、これら計画が実行され財務基盤の強化と収益力の改善・回復が行われる可能性が認められることを指します。

　　また、スポンサー型再生の場合は、スポンサーの支援内容にもよりますが、譲渡対価で弁済を行うときは、その対価の支払の蓋然性とスポンサーのもとでの事業再生の蓋然性を、スポンサーのもとで事業を継続して事業再生計画に基づく弁済をするときは、スポンサーのもとでの事業再生計画の遂行の蓋然性をそれぞれ検討することになります。

（私的整理検討時の留意点）

> Q16　3.(2)に「移行前の私的整理手続における合意事項又は同意事項等を法の趣旨に反しないことに留意しつつ尊重するものとする」とありますが、どのような事態を想定していますか。

A. 本記載は、中小企業者と金融機関が移行前の私的整理手続における合意事項又は同意事項を可能な限り尊重することを定めています。例えば、移行前の私的整理手続において取り組んだ融資（プレDIPファイナンス）について、対象債権者が優先性を合意していた場合には、移行後の手続においても引き続き優先性を認めることなどが想定されていますが、移行後の手続において債権者の範囲が異なるような場合には当然に優先性を認めることは困難ですから、移行後の手続の枠組みにしたがって取り扱われることになります。

（事業再生計画成立後のフォローアップ）

> Q17　4.(1)①に「中小企業者は、自らの経営資源を最大限活用し、債務の条件緩和・債務減免等の前提となった事業再生計画の実行及び達成に誠実に努める」とありますが、外部環境の変化や経営方針の見直しによって、当初定めた事業再生計画の実行が難しくなる場合はどうすればよいですか。

A. 本記載は、経営の弾力性や変事対応への柔軟性を否定するものではなく、事業再生計画策定時に想定していなかった事象等により、計画を見直す場合もあり得ます。特に、当初定めた事業再生計画と過年度の実績の乖離が大きい場合、中小企業者と金融機関は、相互に協力して乖離の真因分析を行い、計画を達成するための対策について誠実に協議する必要があります（第二部4.(3)参照）。

　　なお、弁済計画に影響を及ぼさない事業計画の変更は、必ずしも対象債権者の同意を得る必要はないものと考えられます。

【第三部　中小企業の事業再生等のための私的整理手続】

（対象となる私的整理）

> Q18　「中小企業の事業再生等のための私的整理手続」を利用するために、中小企業者は対象の金融機関に事前に相談する必要はあるのでしょうか。

A. 対象金融機関への事前相談は「中小企業版私的整理手続」の利用要件ではありませんが、できる限り時間的余裕をもって事前に相談することが円滑な手続の進行のためには望ましいと考えられます。

Q19 1.(1)に「対象債権者」とありますが、債務者である中小企業者に対して金融債権を有する債権者は、全て対象債権者とする必要がありますか。

A. 第一部3.に定める「対象債権者」の定義に該当する債権者については、第三部の私的整理手続を利用する場合は、原則として、金融債権を有する債権者は全て対象債権者にする必要があります。ただし、例えば、対象債務者に対して有する債権額が少額であり、その債権者を除いたとしても債権者間の衡平を害さない場合に、他の対象債権者の同意により、その債権者を対象債権者に含まないことも考えられます。

Q20 1.(1)に「廃業型の場合、第一部3.の定めにかかわらず、リース債権者も対象債権者に含まれる」とありますが、再生型の場合、リース債権者は含まれないのでしょうか。

A. 再生型の場合、原則として、リース債権者は対象債権者に含まれませんが、第一部3.に記載のとおり私的整理を行う上で必要なときは含むものとしております。例えば、事業再生計画においてリース対象物件を処分することが想定されている場合や、金融債権と同等以上のリース料残高があり、当該リース料残高の支払が困難なことが想定されている場合など、リース債権者を対象債権者として含むことが合理的と考えられる場合もあると考えられます。廃業型の場合は、リース対象物件を処分し清算することが想定されているため、原則として、ファイナンスリース・オペレーティングリースの別を問わず、リース債権者も対象債権者に含みます。

Q21 1.(2)に「他の準則型私的整理手続において具体的定めがない場合には、中小企業者及び対象債権者は、本手続を参照すべき拠り所として活用することが期待されている」とありますが、他の準則型私的整理手続において本手続を参照するケースとしてどのような場合を想定しているのでしょうか。

A. 例えば、特定調停手続は準則型私的整理手続の一つですが、特定のスキーム型手続を除き、特段の定めがありませんので、中小企業者と対象債権者が本手続のうち事業再生計画の内容に関する定めなどを参照して進めることが考えられます。その他にも、他の準則型私的整理手続において必ずしも具体的な定めのない計画成立後のモニタリングについては、事案の規模や内容に応じて適切に本手続の規定を参照して活用することが期待されています。もっとも、ガイドライン本文記載のとおり、「具体的定めがない場合」に活用することが期待されているものであり、他の準則型整理手続において本手続を参照することを義務づけているものではありません。

Q22 「中小企業の事業再生等のための私的整理手続」の再生型私的整理手続において、いわゆる第二会社方式（債務者である中小企業者の事業を会社分割又は事業譲渡により別会社に譲渡した後、債務者である中小企業者について特別清算手続等により対象債権者から実質的な債権放棄を得る手法）を選択することは可能ですか。また、その場合、事業再生計画の内容はどのようになるのでしょうか。

A. 可能です。第二会社方式の場合の事業再生計画の内容はケースバイケースとなりますが、一般的には、①別会社へ譲渡する事業（資産負債）の内容、②対象債権者への弁済内容（譲渡対価等による一括弁済又は別会社の債務引受による分割弁済）、③債務者である中小企業者が事業譲渡の後に清算することを含み、対象債権者からこれらへの同意を得ることが必要となります。

　　なお、事業再生計画において残存する対象債権の放棄を受けることにより通常清算も可能ですが、残存する対象債権を特別清算手続等により処理することも考えられます。

（本手続の基本的な考え方）

> Q23　2．(3)に「中小企業自身が事業再生のための自助努力を行うことはもとより、自然災害や感染症の世界的流行等にも配慮しつつ、その経営責任を明確にすること」とありますが、具体的にどのようなことですか。

A．経営責任の明確化は、窮境原因に対する経営者の関与度合、対象債権者による金融支援の内容、対象債権者の意向、中小企業者の事業継続における経営者の関与の必要性、中小企業者の自助努力の内容や程度など種々の事情を考慮して、経営責任を負う範囲やその妥当性・程度も含め個別に対応されるべきであり、その際には自然災害や感染症の世界的流行等といった外的要因の影響度合いにも配慮する必要があります。Q13のとおり、こうした事情を踏まえ、経営責任の明確化について例外を一切許容しない趣旨ではありません。本手続においては、経営者の退任を必須としておらず、経営者責任の明確化の内容として、役員報酬の削減、経営者貸付の債権放棄、私財提供や支配株主からの離脱等により図ることもあり得ると考えられます。

> Q24　2．(3)に「債務減免等を求める場合は、株主もその責任を明確にすること」とありますが、具体的にどのようなことですか。

A．本手続においては、中小企業者が対象債権者に対して債務減免等を求める場合は、自然災害や感染症の世界的流行等といった外的要因の影響度合いにも配慮しつつ、経営者だけでなく株主もその責任を明確にすることとしています。

　　その内容としては、株主権は債権より劣後することから、債務減免等を求める以上は全株主の株主権を消滅させることが望ましいものの、事案に応じて支配株主の権利を消滅させる方法や、減増資により既存株主の割合的地位を減少又は消滅させる方法等が考えられます。なお、一般株主については、支配株主のような経営への関与が認められないのが通例であるため、そのような場合には、支配株主とは別に取り扱うこともあり得ると考えられます。

　　なお、小規模企業者においては、新たな増資引受先が見つからないことが多く、既存株主権を消滅させることは相当でないことも少なくありませんので、株主責任の内容については、当該小規模企業者の事情を考慮して柔軟に判断する必要があると考えられます。

> Q25　2．(5)に「主要債権者」の定義が定められていますが、分母は何ですか。また、その算出基準となる時点はあるのでしょうか。

A．物的担保・人的担保（保証）での保全の有無を問わず、債務者に対する金融債権額そのものの合計額を分母として算出します。また、算出基準の時点については、4．(1)②及び5．(1)①のとおり、中小企業者は「本手続の利用を検討している旨」を主要債権者に申し出ることになっていますので、当該申出時点における金融債権額を基準とすることが原則と考えられます。なお、債権額の変動があった場合等、取引関係の実態に応じ、計画成立後等に、主要債権者が変更となることもあり得ると考えられます。

> Q26　2．(5)に「主要債権者は、手続の初期段階から信用保証協会と緊密に連携・協力する」とあ

りますが、どのような趣旨に基づくものでしょうか。

A. 潜在的な債権者である信用保証協会の意向を確認することによって円滑な手続きが期待されることから、事前に連携し必要な協議を行っておくことが不可欠と考えられますので、緊密に連携・協力するとしています。なお、複数の債権者がいる場合であって、主要債権者に信用保証協会の保証付きの融資がない場合、他の保証付き融資がある金融機関が信用保証協会と連携することが考えられます。

(本手続の適用対象となる中小企業者)

Q27 3.(1)②、3.(2)③に「中小企業者が対象債権者に対して中小企業者の経営状況や財産状況に関する経営情報等を適時適切かつ誠実に開示していること。」とありますが、本手続の前に財産状況等の不正確な開示があった場合は、本手続の適用は受けられないのですか。

A. (平時における中小企業者と金融機関の対応) Q6を参照してください。

Q28 3.(1)③、3.(2)④に「反社会的勢力又はそれと関係のある者ではなく、そのおそれもないこと」とありますが、どのように判断するのですか。

A. 対象債権者が、中小企業者、保証人から提出される書類の記載内容、対象債権者において保有している情報等を基に総合的に判断します。

Q29 3.(2)①に「過大な債務を負い、既に発生している債務 (既存債務) を弁済することができない」「近い将来において既存債務を弁済することができないことが確実と見込まれる」とありますが、どのようなことを指していますか。

A. 「既に発生している債務 (既存債務) を弁済することができない」とは、破産手続開始の原因となる「支払不能」(破産法第2条第11項、第15条、第16条、第30条第1項) と同様の状態にあることを前提としており、また、「近い将来において既存債務を弁済することができないことが確実と見込まれる」とは、民事再生手続開始の要件である「破産手続開始の原因となる事実の生ずるおそれがあるとき」(民事再生法第21条第1項、第33条第1項) と同様の状態にあることをいいます。

(第三者支援専門家)

Q30 「第三者支援専門家」の適格性は、どのように判断すべきでしょうか。また、「公表されたリスト」は、どこに掲載されているのでしょうか。

A. 第三者支援専門家は、本手続において、事業再生計画案や弁済計画案の調査報告等を第三者の立場として行う者であるため、再生型私的整理手続、廃業型私的整理手続に関する高度な専門的知見を持つ者を選任する必要があります。そのため、中小企業者は第三者支援専門家として関与する専門家の選任に当たって慎重な判断が必要です。とりわけ、第三者支援専門家の役割の中には法律事務が含まれることがありますので、そのような場合は、弁護士法第72条に反しないように、弁護士を第三者支援専門家に含める必要があります。独立行政法人中小企業基盤整備機構が設置する中小企業活性化全国本部 (以下「全国本部」といいます。) 及び一般社団法人事業再生実務家協会 (以下「実務家協会」といいます。) において、高度な専門的知見を持つ第三者支援専門家の候補者リストを公表しており、この候補者リストから第三者支援専門家を選任することを原則としています。

> Q31　第三者支援専門家の要件として、「再生型私的整理手続及び廃業型私的整理手続を遂行する
> 　　　適格性を有し、その適格認定を得たもの」とありますが、認定要件とはどのようなものですか。

A．本研究会が以下の認定要件を定めています。同要件に照らし、全国本部及び実務家協会においては、
　該当する者をQ30の第三者支援専門家候補者リストに掲載しています。なお、対象債権者全員から同
　意を得た場合は、下記の両団体の掲載するリストにない第三者支援専門家を選定することも可能です。
　なお、以下の表の「選定時の要件」欄の「第三者支援専門家補佐人」については、Q33を参照して下
　さい。

作成者	金融支援の区分	選定時の要件
全国本部	債務減免等及び債務返済猶予	①平成28年4月以降に中小企業活性化協議会（旧称「中小企業再生支援協議会」。以下同じ。）において債権放棄案件における調査報告書の作成経験が2件以上あり、全国本部が確認した者 又は ②本手続に基づく第三者支援専門家補佐人（全国本部が作成したリストから選任された第三者支援専門家によって選任された者に限る）の経験が3件以上あり、全国本部が確認した者
	債務返済猶予	①平成28年4月以降に、常勤として中小企業活性化協議会において統括責任者／統括責任者補佐経験が2年以上あり、全国本部が確認した者（※） 又は ②平成28年4月以降に、常勤として全国本部の事業再生プロジェクトマネージャー経験が2年以上あり、全国本部が確認した者（※） 又は ③本手続に基づく第三者支援専門家補佐人（全国本部が作成したリストから選任された第三者支援専門家によって選任された者に限る）の経験が3件以上あり、全国本部が確認した者
実務家協会	債務減免等及び債務返済猶予	①事業再生ADRの手続実施者、手続実施者補佐人の資格を有する者 又は ②事業再生ADRの手続実施者補助者の経験があり、実務家協会が確認した者 又は ③本手続に基づく第三者支援専門家補佐人（実務家協会が作成したリストから選任された第三者支援専門家によって選任された者に限る）の経験が3件以上あり、実務家協会が確認した者

※　既に中小企業活性化協議会或いは全国本部での常勤勤務が終了しており、第三者支援専門家として
　の対応が可能な者。

> Q32　第三者支援専門家はどのような方法で選任すればよいでしょうか。

A．リストに掲載された第三者支援専門家の候補者に受任義務があるわけではありませんので、選任に
　あたっては、第三者支援専門家の候補者の受諾が必要です。第三者支援専門家は利益相反その他の理
　由で受諾できないこともありますので、中小企業者や外部専門家等としては、主要債権者とも相談し

つつ、候補者に対して、時間的余裕をもって、簡潔な説明資料等で事案の概要を説明して受諾の可否を打診することが望ましいでしょう。

Q33　第三者支援専門家は何名選任する必要があるのでしょうか。

A.　第三者支援専門家は1名から3名の選任を想定しています。主な留意点は以下のとおりです。

① 　第三者支援専門家を1名選任する場合

　　第三者支援専門家の業務が金融機関調整や事業再生計画案のうち法律事務に関する調査報告書の作成を含む場合には、第三者支援専門家として弁護士を必ず選任してください。弁護士以外の専門家に上記支援を要請する場合、非弁行為（弁護士法第72条）に該当するので注意が必要です。

　　一方で、第三者支援専門家の業務が事業再生計画案の事業面や財務調査の内容に関する調査報告書の作成（法律事務に関する事項でない部分）のみに限定される場合は、弁護士以外の専門家のみを第三者支援専門家として選任することも可能です。

　　また、選任された第三者支援専門家は、自らの専門外の意見を求められた場合や補充的に他の専門家の補助を得ることが適当と判断する場合には、対象債権者全員の同意を得て、個別に第三者支援専門家の補佐人（以下「第三者支援専門家補佐人」といいます。）を選任することも可能です。

【参考 弁護士法第72条】

（非弁護士の法律事務の取扱い等の禁止）

第七十二条　弁護士又は弁護士法人でない者は、報酬を得る目的で訴訟事件、非訟事件及び審査請求、再調査の請求、再審査請求等行政庁に対する不服申立事件その他一般の法律事件に関して鑑定、代理、仲裁若しくは和解その他の法律事務[1]を取り扱い、又はこれらの周旋をすることを業とすることができない。ただし、この法律又は他の法律に別段の定めがある場合は、この限りでない。

② 　第三者支援専門家を2名又は3名選任する場合

　　第三者支援専門家を2名又は3名選任する場合とは高度な金融機関調整や財務面での検証が必要な場合（例えば、債務減免等の金融支援の要請を含む場合において、弁護士及び公認会計士を第三者支援専門家として選任する場合）を想定しています。第三者支援専門家に金融機関調整や事業再生計画案のうち法律事務に関する事項を要請する場合には、少なくとも1名は弁護士を選任してください。

③ 　第三者支援専門家を追加選任する場合

　　再生型私的整理手続着手時は、金融支援として債務返済猶予を想定していたにもかかわらず、資金繰りの状況等によって、金融支援として債務減免等の要請を行う必要が生じる場合があります。その場合には、必要に応じ第三者支援専門家や第三者支援専門家補佐人を追加選任してください。この場合、当初弁護士以外の専門家のみを第三者支援専門家として選任していた場合には、弁護士を第三者支援専門家として選任する必要があることに留意してください。

1 　「法律事務」とは法律上の効果を発生、変更する事項の処理のみではなく、確定した事項を契約書にする行為のように、法律上の効果を発生・変更するものではないが、法律上の効果を保全・明確化する事項の処理も含まれる（日本弁護士連合会調査室編著・条解弁護士法【第4版】（弘文堂・2007）621頁）。

Q34　中小企業者の顧問弁護士は第三者支援専門家に選任できるのでしょうか。

A．第三者支援専門家は、独立して中立かつ公正・公平の立場で支援を行うことになりますので、中小企業者の顧問弁護士は、利益相反の観点から第三者支援専門家に選任できません。

Q35　第三者支援専門家が中小企業者及び対象債権者との間に利害関係を有しないことをどのように確認しますか。その時点はいつを基準にしますか。

A．第三者支援専門家が、中小企業者や対象債権者と委任契約等を締結していないことなど、利害関係を有しないことの確認書等を提出することによって確認します。
　　なお、「利害関係を有しないこと」の確認時点については、原則、第三者支援専門家の選任時点において利害関係を有しないことで足り、過去に中小企業者または対象債権者と委任契約等を締結していたことがあったとしても選任時点において委任契約等を締結していない場合には、利害関係を有しないと判断してよいと考えられます。

Q36　第三者支援専門家が選任された後、中小企業者又は対象債権者との間に利害関係を有することが判明した場合や、適格性が疑われる客観的事象が生じた場合には、どのような対応が考えられるでしょうか。

A．選任された第三者支援専門家が中小企業者又は対象債権者との間に利害関係を有することが判明した場合や、適格性が疑われる客観的事象が生じた場合には、利害関係を有することが判明した中小企業者又は対象債権者を除く主要債権者全員の同意により、当該第三者支援専門家を解任することが考えられます。そのうえで、新たな第三者支援専門家を主要債権者全員の同意により、選任することが考えられます。

Q37　第三者支援専門家の役割（業務）が再生型私的整理手続と廃業型私的整理手続では異なっていますが、なぜでしょうか。

A．事業再生には様々な手法があり、再生シナリオも多種多様であることから、再生型私的整理手続では、事業再生に豊富な知見と経験を有する第三者支援専門家が当初から関与することとしています。
　　一方、廃業型私的整理手続は、当初から中小企業者の廃業・清算が想定され、再生型私的整理手続と比較し、一定程度定型的な関与が想定されることから、弁済計画案の調査の段階から関与すれば足りるものとしています。
　　なお、廃業型私的整理手続においても、中小企業者が検討の初期段階から第三者支援専門家を選任し、その支援を受けることを否定するものではありませんので、必要がある場合には、第三者支援専門家を初期段階から選任し、関与させることが可能です。

Q38　事業再生計画案作成の前提となる「財務及び事業の状況に関する調査分析」（デューデリジェンス）を行う必要がありますか。その場合、誰が行うのでしょうか。

A．財務及び事業の状況に関する調査分析（デューデリジェンス）は、事業再生計画案作成の前提となるものですので、原則として第三者支援専門家以外の外部専門家（公認会計士、税理士、中小企業診断士、弁護士、不動産鑑定士、その他の専門家等）が行う必要があります。もっとも、第三者支援専

門家が、必要に応じて外部専門家をサポートすることは妨げられませんし、外部専門家も第三者支援専門家の意見を参考にデューデリジェンスを行うことが望ましいと考えられます。

また、デューデリジェンスの程度は、事業規模や事業内容、事業再生計画案の内容等によりケースバイケースであるものと考えられます。

Q39　第三者支援専門家のリストは誰が更新しますか。

A．全国本部及び実務家協会が更新を行います。

Q40　第三者支援専門家のリストに加わるには、どのようにしたらよいでしょうか。

A．選任の要件を満たしている弁護士、公認会計士等の方は、全国本部、実務家協会にご相談ください。なお、全国本部及び実務家協会双方の選任要件に該当する第三者支援専門家候補者は、どちらか又はどちらにも第三者支援専門家候補者リストへの掲載を希望できます。

Q41　4．(1)②で、「リストにない第三者支援専門家を選定することも可とする」とされていますが、リストにない第三者支援専門家を選定することになるのはどのような場合ですか。また、その際、留意すべき事項はどのようなことですか。(廃業型私的整理手続における5．(4)②について同じ)

A．Q30でも述べたように、中小企業者は第三者支援専門家として関与する専門家の選任にあたっては慎重な判断が必要です。とりわけ、第三者支援専門家の役割の中には法律事務が含まれることがありますので、そのような場合は、弁護士法第72条に反しないように、弁護士を第三者支援専門家に含める必要があります。

リストにない第三者支援専門家を選定する場合とは、中小企業者が所在する地域において、①公表された第三者支援専門家候補者リストに掲載されている者が少ない、②再生型私的整理手続及び廃業型私的整理手続に関する高度な専門的知見を有しているにもかかわらず、公表された第三者支援専門家候補者リストに掲載されていない専門家がいる等の事情から、中小企業者、外部専門家及び主要債権者等との協議の結果、リストにない支援専門家を選定する必要があると判断される場合を指します（選定については、対象債権者全員から同意が必要です）。ただし、債務減免等を必要とする案件において、かつ対象債権者が1対象債権者のみの場合は、公表された第三者支援専門家候補者リストから選任してください。

Q42　リストにない第三者支援専門家の適格性はどのように確認しますか。また、当該第三者支援専門家の「独立して公平な立場」はどのように担保されることとなりますか。

A．第三者支援専門家候補者の私的整理手続に関与した実績（件数、守秘義務に反しない範囲での具体的な内容を含む）等を踏まえ、主要債権者、中小企業者が個別に検討します。また、第三者支援専門家が、中小企業者及び対象債権者と委任契約等を締結していないなど、利害関係を有しないことの確認書等を提出することによって、「独立して公平な立場」であることが担保されることになります。

Q43　第三者支援専門家になろうとする者は、第三者支援専門家に就任した際や案件終了時に、

全国本部又は実務家協会に対して、報告することが必要でしょうか。

A．第三者支援専門家は、当該第三者支援専門家候補者リストが掲載されている全国本部又は実務家協会に対し、以下のような報告を行ってください。ただし、当該第三者支援専門家が全国本部及び実務家協会双方の第三者支援専門家候補者リストに掲載されている場合には、双方に報告してください。

　なお、この報告は、全国本部及び実務家協会において本手続に基づく第三者支援専門家補佐人の経験件数の把握を目的としており、実績を管理するものではありません。

➢ 個別事案における第三者支援専門家に就任する際、①受任した案件における中小企業者の所在都道府県、②その他の第三者支援専門家の氏名及び選定した第三者支援専門家補佐人の氏名を報告する。

➢ 本手続実施中に新たに第三者支援専門家や第三者支援専門家補佐人を追加した場合、追加された第三者支援専門家や第三者支援専門家補佐人の氏名を報告する。

➢ 個別案件終了時に案件が終了した旨を報告する。

（再生型私的整理手続）

Q44　4．(1)③で、事業再生計画策定の支援開始にあたり主要債権者の意向も踏まえるとされていますが、どの程度の確認がなされますか。（廃業型私的整理手続における5．(1)②について同じ）

A．中小企業者の資産負債及び損益の状況の調査検証や計画策定支援を開始することが不当ではないかどうかを判断するための意向確認ですので、その後策定される具体的な計画案への同意の可能性までを確認する必要はありません。主要債権者が本手続を利用して当該中小企業者の事業の再生（廃業）の検討を進めていくことに対して否定的でないことが確認されれば足りると考えられます。

Q45　4．(2)に「一時停止の要請」を行うことができるタイミング（第三者支援専門家による再生型私的整理手続の開始後のいずれかのタイミング）が定められていますが、中小企業者が手続の開始前に、主要債権者やその他の対象債権者に対して元本返済の一時猶予を要請することは認められないのでしょうか。

A．4．(2)は、再生型私的整理開始後の「一時停止の要請」の手続について定めたものであり、手続を円滑に進めるために、開始前に主要債権者やその他の対象債権者に中小企業者が相談し、元本返済の一時猶予などを要請することを妨げるものではありません。これらの要請を受けた主要債権者等は、第二部2．(2)③イに従って、元本返済の一時猶予などの条件緩和により事業再生の可能性があり、必要性・合理性が認められる場合には、当該要請について誠実に検討することになります。

Q46　4．(2)の「一時停止の要請」はどのような内容でしょうか。

A．全ての対象債権者に対して、一定の期間の元金返済の猶予を要請するとともに、以下の行為を差し控えるよう要請します。
① 要請時における「与信残高」（手形貸付・証書貸付・当座貸越等の残高）を減らすこと
② 弁済の請求・受領、相殺権を行使するなどの債務消滅に関する行為をなすこと
③ 追加の物的人的担保の供与を求め、担保権を実行し、強制執行や仮差押え・仮処分や法的倒産処理手続の申立てをすること

Q47　4.(2)の「一時停止の要請」はどのように行うのでしょうか。「一時停止の要請」の期間（終期）は明示する必要がありますか。また、その期間（終期）を延長することはできるのでしょうか。

A．中小企業者が第三者支援専門家の確認を経た上で、全ての対象債権者に対し同時に書面により行う必要があります。「一時停止の要請」書面には、主要債権者の意向も踏まえて第三者支援専門家（その氏名を含む）が手続を開始した旨等を記載することが望ましいと考えられます。なお、書面には、一時停止の要請期間の終期を明示する必要があります。期間は原則として3〜6か月程度としていますが、主要債権者と協議する等し、ケースバイケースで判断することとなります。また、中小企業者は、必要がある場合には、第三者支援専門家の確認を経た上で、全ての対象債権者に対し同時に延長の必要性についての合理的な理由等の記載がある書面により、一時停止の終期の延長を要請することも可能であり、対象債権者は、この要請についても、誠実に対応するものとします。

Q48　4.(2)③の「再生の基本方針」とは、何を指していますか。

A．予想される対象債権者の権利の変更の内容及び利害関係人の協力の見込みなど、再生に向けての基本方針を指します。事業継続、再生の見通し及び利害関係人から手続遂行について協力を得られる見込み等に関して記載された書面が提出されることが想定されていますが、予想される対象債権者の権利の変更の内容として、事業再生計画案における債務減免等に関する具体的な数値（計画案における弁済率及び弁済期間等）の記載までは必要ありません。

Q49　当初、債務減免等の要請を含まない事業再生計画案を作成する見込みで一時停止の要請を行ったものの、後に債務減免等の要請を含む事業再生計画案を作成することとなった場合には、どのように対応すればよいでしょうか。改めて「再生の基本方針」を示した一時停止の要請をする必要がありますか。

A．債務減免等の要請を含む事業再生計画案の作成の可能性が生じたときに、全ての対象債権者に対し、「再生の基本方針」を示す必要があると考えられます。また、改めて一時停止の要請をする必要まではありませんが、当初の申出と前提が異なる為、対象債権者の応諾を得る必要があると考えられます。

Q50　4.(2)の「一時停止の要請」を行った場合、倒産法上の支払停止又は銀行取引約定書における期限の利益喪失事由に該当することになりますか。

A．再生型私的整理手続における「一時停止の要請」は、原則的には支払停止にも銀行取引約定書における期限の利益喪失事由にも該当しないと考えられます。その理由は以下のとおりです。
➤　再生型私的整理手続の開始は、主要債権者から同意を得た第三者支援専門家（4.(1)②）が、主要債権者の意向も踏まえて、当該中小企業者について再生支援を行うことが不相当ではないと判断した上で行うもの（同③）であること。
➤　中小企業者による一時停止の要請は、4.(2)の①から③の全ての要件を充足することを前提として行われ、対象債権者はこれに誠実に対応するものとされており、また、債務減免等の要請を含むものであっても、事業継続、再生の見通し及び利害関係人から協力を得られる見込み等に関して記載されることが想定されている「再生の基本方針」（Q48参照）が示されること。
➤　以上の事情を踏まえれば、「一時停止の要請」の時点で、対象債権者がこれに応諾して再生型私

的整理手続を進めることにより、合理的で実現可能性があり、対象債権者との間で合意に達する蓋然性のある事業再生計画案が策定され、それが成立し実行されることにより、窮境の解消が図られる蓋然性があることから、未だ、その債務のうち弁済期にあるものにつき、一般的かつ継続的に弁済することができない状態とは言えないと考えられること。

なお、対象債権者との間の従前の取引関係や再生の基本方針における記載事項に合理性あるいは実現可能性が到底認められない場合には、一般的かつ継続的に債務の支払をすることができない旨を表示したものとみる余地もあることから、このような場合には支払停止に該当する可能性もあり、中小企業者には丁寧な説明が求められます。一方、対象債権者も追加の説明を求める等、一時停止の成立に向けて誠実に対応することが求められます。

また、主要債権者及びその他の債権者は、中小企業者が一時停止の要請を行ったことだけを理由に安易に取引口座等の停止をしないように留意する必要があります。

Q51　4．(2)に「一時停止」とありますが、「一時停止」は、いつから効力が発生するのでしょうか。(廃業型私的整理手続における5．(1)③について同じ)

A．全ての対象債権者が一時停止の要請に応諾することにより、その効力は要請時に遡って効果が生じることになります。なお、応諾の有無は、書面による確認を必要とせず、第三者支援専門家または外部専門家が適切な方法で確認をすれば足りるものと考えられます。また、確認の結果については、適切な方法で対象債権者に報告することが望ましいと考えられます。

Q52　4．(2)に「一時停止」とありますが、「一時停止」はいつ終了するのでしょうか。(廃業型私的整理手続における5．(1)③について同じ)

A．事業再生計画が成立したとき、計画が不成立となったとき（不成立になることが客観的に明らかになったときを含む）、または一時停止の期間の終期が到来したとき等に終了となります。

Q53　4．(3)①の「相当の期間」とは、どのくらいの期間が想定されていますか。

A．事業再生計画案を作成するまでの期間は、原則、第三者支援専門家による支援等の開始時点から3〜6か月が想定されます。ただし、中小企業者の事業内容、窮境原因の把握とその解消方法の立案やこれに伴う事業再生計画案作成の難易度、債務減免等の内容などによってケースバイケースとなり、上記の期間より長くなるケースもあり得る一方で、いわゆるプレパッケージ型など、対象債権者と事前の調整が進んでいるケースなどではこれより短いことも想定されます。このように、ケースバイケースであることも考慮し、本手続の開始時点において、中小企業者が想定されるスケジュールを事前に説明しておくことが対象債権者の予測可能性の観点からも望ましいと考えられます。

Q54　4．(4)の事業再生計画の期間は、どのように考えますか。

A．4．(4)①ニのとおり、中小企業者の場合は、原則として実質的な債務超過を解消する年度までの期間です。小規模企業者については、実質的な債務超過解消年数が要件にならない場合がありますので、そのような場合は計画期間については柔軟な対応が可能です。

Q55　4．(4)①イにおいて、事業再生計画案は、中小企業者の「自助努力が十分に反映されたもの

である」とありますが、自助努力とは、どのようなものですか。

A．再生型私的整理手続では、最終的に債権者の協力を得ることにより中小企業者は再生を目指すことになりますが、私的整理を申し出る前提として、中小企業者は自ら収益構造や財務体質改善のための施策を実施する必要があります。

　　具体的には、不採算部門の整理・撤退などの事業の再構築やコスト構造の見直し、収益機会の拡大、過剰設備や遊休資産の処分、役員報酬等の減額を含む人件費・管理費用等の経費の削減などが考えられます。

Q56　4．(4)の計画案には、保証人の弁済計画も含まれますか。（廃業型私的整理手続における5．(3)について同じ）

A．4．(7)（5．(6)）のとおり、保証債務整理については、既存の経営者保証に関するガイドラインを活用することを想定しています。中小企業者の債務の保証に係る保証債務がある場合には、主たる債務との一体整理を図るよう努めることとし、具体的には、ガイドラインに基づき主たる債務者の事業再生計画又は弁済計画（これらを併せて、以下「事業再生計画等」といいます。）を策定する際に、保証人による弁済もその内容に含めることとするのが相当です。

　　なお、経営者保証に関するガイドラインの7．(2)イ）では、「主たる債務の整理に当たって、準則型私的整理手続を利用する場合、保証債務の整理についても、原則として、準則型私的整理手続を利用することとし、主たる債務との一体整理を図るよう努めることとする。具体的には、準則型私的整理手続に基づき主たる債務者の弁済計画を策定する際に、保証人による弁済もその内容に含めることとする。」とされており、本手続は、経営者保証に関するガイドラインにおける準則型私的整理手続に該当することから、主たる債務の整理に当たって、本手続を利用する場合、保証債務の整理についても、原則として、主たる債務との一体整理を図るよう努めるべきと考えます。また、経営者保証に関するガイドラインの3．(2)において、対象となる保証人は、個人であって、主たる債務者である中小企業の経営者等であることとされています。

Q57　4．(4)①ロに「5年以内を目途に実質的な債務超過を解消」とありますが、さらに長い期間が認められる場合はありますか。

A．「5年以内」は目途であり、ガイドラインにおいても「企業の業種特性や固有の事情等に応じた合理的な理由がある場合には、これを超える期間を要する計画は排除しない」こととしています。

Q58　債務減免等には、DDS（デット・デット・スワップ）は含まれるのでしょうか。

A．DDSは、基本的には、借入（負債）を一定の劣後条件の付された借入（負債）に切り替えるものです。したがって、債務減免等には含まれないと考えることが合理的な場合が多いと思われますが、DDSには多様な形態があり、またその定義や範囲も画一的なものはなく、その法的効果も様々です。例えば、DDS実施後に当該中小企業者が法的整理に入った場合に、倒産法上の約定劣後債権（破産法第99条第2項、第194条第1項）となるような定めがあるDDS（一般的な無担保DDS）の場合は、倒産時には債権の部分的な回収も事実上困難になるため、衡平性の観点での慎重な調査検討が求められ、対象債権者としてもより慎重な判断が必要になるものと考えられるため、債務減免等に含むとの考え方もあり得ると考えられます。このように、DDSが債務減免等に含まれるかどうかは一義的に

は判断できないため、第三者支援専門家の助言も踏まえながら、個別に判断することになると考えられます。

　なお、上記はあくまで「本手続において債務減免等に含まれるか」という論点であって、本手続はその判断の結果に沿って進めることになります。対象債権者の社内手続・処理における債権区分や決裁及び会計処理などは当該対象債権者自身の取扱いに基づいて別途進めることになります。

Q59　4．(4)①ホに「経営責任の明確化」「株主責任の明確化」とありますが、具体的にどのような内容を含める必要がありますか。また、例外が認められる場合はありますか。

A．（本手続の基本的な考え方）Q23、24を参照下さい。

Q60　債務減免のカット率は債権者間で同一でなければならないのですか。

A．4．(4)①ヘのとおり、カット率は債権者間で同一であることを旨とします。ただし、例外的に、債権者間に差異を設けても実質的な衡平性を害さない場合には、差異を設けることが直ちに否定されるものではありません。

Q61　4．(4)①ヘに「債権者間の負担割合については、衡平性の観点から、個別に検討する」とありますが、具体的にどのように検討することになりますか。（廃業型私的整理手続における5(3)①ロについて同じ）

A．例えば、実質的な衡平性を害さない限りで、債務者に対する関与度合、取引状況、債権額の多寡等を考慮して、例外的に債権者間の負担割合について差異を設けることが考えられます。

Q62　4．(4)①トに「破産手続で保障されるべき清算価値よりも多くの回収を得られる見込みがある等、対象債権者にとって経済合理性があること」とありますが、どのような場合を指していますか。

A．対象債権者が破産手続を行った場合の回収見込み（清算価値）よりも多くの弁済がなされること等を指します。特に、分割弁済による場合は、事業再生計画案において、中小企業者の将来の収益力や資力等を勘案して、具体的な弁済額や弁済方法が定められますが、第三者支援専門家の支援を受けつつ、中小企業者と対象債権者が協議を行うなかで、弁済額や弁済方法の合理性や実行可能性等が確認されることになります。

Q63　4．(4)①チに「必要に応じて、地域経済の発展や地方創生への貢献、取引先の連鎖倒産回避等による地域経済への影響も鑑みた内容とする」とありますが、どのような場合を想定しているのでしょうか。（廃業型私的整理手続における5．(3)①ニについて同じ）

A．本手続を利用して事業再生や廃業を図ることが、対象債権者の経済合理性の確保はもとより、地域経済への影響を少なくすることができ、地域経済の維持・活性化や地域での雇用維持に資することが見込まれる場合、その内容について記載することが想定されています。

Q64　4．(4)②の「小規模企業者」とは、中小企業基本法第2条第5項に定められている「小規模

企業者」に限定されていますか。

A．第一部３．に記載のとおり、中小企業基本法第２条第５項に定められている「小規模企業者」を指すものとします。ただし、中小企業者の事業規模や実態等に照らし適切と考えられる限りにおいて、柔軟に適用することを排除していません。

Q65 ４．(4)により策定された事業再生計画は、金融庁の監督指針上の「合理的かつ実現可能性の高い経営改善計画」とされるのでしょうか。

A．事業再生計画のうち、４．(4)①の内容を含む事業再生計画及び４．(4)②イの内容を含む事業再生計画は、金融庁の監督指針に規定された一定の要件（※）を満たしていると認められることから、「合理的かつ実現可能性の高い経営改善計画」であると判断して差し支えありません。なお、４．(4)②ロの内容を含む事業再生計画の場合であっても、金融庁の監督指針に規定された一定の要件（※）を満たしていると認められる場合に限り、「合理的かつ実現可能性の高い経営改善計画」であると判断して差支えありません。

（※）監督指針では、「計画期間終了後の当該債務者の業況が良好であり、かつ、財務内容にも特段の問題がないと認められる状態（ただし、計画期間終了後の当該債務者が金融機関等の再建支援を要せず、自助努力により事業の継続性を確保することが可能な状態となる場合は、金利減免・棚上げを行っているなど貸出条件に問題のある状態、元本返済若しくは利息支払いが事実上延滞しているなど履行状況に問題がある状態のほか、業況が低調ないしは不安定な債務者又は財務内容に問題がある状態など今後の管理に注意を要する状態を含む。）となる計画であること。」と記載。

Q66 ４．(4)②イ「計画期間終了後の業況が良好であり、かつ、財務内容にも特段の問題がない状態等となる計画であること」とは具体的にどのようなことですか。

A．「計画期間終了後の業況が良好であり、かつ、財務内容にも特段の問題がない状態等」を満たす計画としては、例えば、以下のような計画が考えられます。
（例）計画成立後２事業年度目（事業再生計画成立年度を含まない）から、計画期間（概ね10年以内）終了までの間、継続して営業キャッシュフローがプラスになること、且つ計画期間終了時点で実質資産超過状態である計画。

Q67 ４．(5)②ニに「金融支援の内容の相当性と衡平性」とありますが、保証債務についての金融支援も含まれていますか。（廃業型私的整理手続における５．(4)④ホについて同じ）

A．中小企業者の債務の保証に係る保証債務があり、主債務と保証債務の一体整理を図る場合には、保証債務についての金融支援、つまり、保証人による保証債務の弁済計画の内容と保証債務の一部履行後の残存する保証債務の減免等の内容の相当性と衡平性が含まれます。

Q68 スポンサー支援を内容とする事業再生計画案の場合、４．(5)②の調査対象は全て調査する必要があるのでしょうか。

A．４．(5)②の内容を調査する必要がありますが、事業再生計画案の相当性及び実行可能性の調査の内容については、スポンサーの支援内容等によって異なるものと考えられます。例えば、スポンサーが

債務を引き受け、スポンサーのもとで事業再生計画に基づく弁済をする場合は、スポンサーのもとで
の事業再生計画の相当性や実行可能性を調査することが必要となりますが、スポンサーによる譲渡対
価で一括弁済を行う事案においてはスポンサーからスポンサーのもとでの具体的な事業再生計画の提
案が得られないこともあり得ますので、そのような場合には対象債権者と協議のうえ、調査対象が限
定されることもあり得ると考えられます。

Q69　4．(6)①の「債権者会議」の実施は1回のみですか。

A．1回に限らず、必要に応じて柔軟に実施することはもちろん可能です。なお、債権者会議を開催せ
ず、事業再生計画案の説明等を持ち回りにより実施することも妨げられません。

Q70　「債権者会議」は誰が招集するのですか。また、誰が議長になるのですか。

A．主要債権者及び第三者支援専門家の協力を得て、中小企業者が招集します。また、誰が議長になる
のかは、参加者の協議の上で決めることになり、弁護士である第三者支援専門家が議長になるケース
も考えられます。また、事後の運営をスムーズにするため、債権者会議に参加できない対象債権者が
存在することも想定されることから、議事録を作成することが望ましいと考えられます。

Q71　4．(6)①に「原則として全ての対象債権者による債権者会議を開催する」とありますが、一
　　　部の対象債権者が出席しない場合は、債権者会議を開催できないのですか。(廃業型私的整理手
　　　続における5．(5)①について同じ)

A．債権者会議を開催する場合は、全ての対象債権者の出席が好ましいことは言うまでもありませんが
(開催方式につき、Webでの開催も認められるものと考えられます)、一部の対象債権者が出席しな
い場合でも、債権者会議を開催できます。ただし、法的債務整理手続と異なり、ガイドラインに基づ
く私的整理手続においては、全ての対象債権者の計画案に対する同意が必要となるため、債権者会議
に出席しなかった対象債権者に対して個別に計画案を説明して同意を得る必要があるものと考えられ
ます。

Q72　4．(6)②に「事業再生計画案に対して不同意とする対象債権者は、速やかにその理由を第三
　　　者支援専門家に対し誠実に説明する」とありますが、どのように説明するのですか。(廃業型私
　　　的整理手続における5．(5)②について同じ)

A．不同意を予定している対象債権者の審査基準など、当該対象債権者における営業秘密に属する事項
もあると考えられるため、判断理由の全てを説明することが困難であることも想定されますが、可能
な範囲で、不同意とするに当たっての数値基準などの客観的な指標や、その理由について具体的な事
実をもって説明することが望ましいと考えられます。第三者支援専門家としては、この説明を受けて、
その判断により、中小企業者や他の債権者に当該債権者の意向を説明することが考えられます。

Q73　4．(6)④に「全ての対象債権者が、事業再生計画案について同意し、第三者支援専門家がそ
　　　の旨を文書等により確認した時点で事業再生計画は成立」とありますが、大部分の対象債権者が
　　　事業再生計画案に同意したものの、一部の対象債権者の同意が得られないときは、どうなるので
　　　しょうか。(廃業型私的整理手続における5．(5)③について同じ)

A. 本手続においては、全ての対象債権者の計画案への同意が必要なため、一部の対象債権者から計画案について同意が得られない場合、計画は成立しません。
　ただし、同意あるいは同意の見込みを得られない債権者が、対象債務者に対して有する債権額が少額であり、債権者間の衡平を害さない場合には、当該債権者を金融支援の対象から除く計画案とすることが考えられます。

> Q74　再生型私的整理手続及び廃業型私的整理手続において主たる債務と保証債務の整理を一体として行う場合における保証人の要件等はどのようなものですか。

A. 経営者保証に関するガイドラインの3.(3)、7.(1)、(3)③等の内容が要件となります。

> Q75　4.(7)に「保証債務の整理」とありますが、再生型私的整理手続において、保証債務について適切に履行していることの検証はどのように行われるのでしょうか。(廃業型私的整理手続における5.(6)について同じ)

A. 事業再生計画案に、経営者保証に関するガイドラインの7.(3)④に基づいて、保証人の財産の状況、資産の換価・処分の方針、保証債務の弁済計画、対象債権者に対して要請する保証債務の減免、期限の猶予その他の権利変更の内容を含む保証債務の弁済計画が具体的に記載されることになると考えられます。保証債務の弁済計画の内容が含まれる場合、事業再生計画達成状況等のモニタリングの対象に含まれることになります。対象債権者が、主たる債務者や保証人に対して、弁済計画の実施状況の報告を求めた場合には、主たる債務者等は当該請求に対して誠実に協力することが求められるものと考えられます。

> Q76　4.(8)①イに「定期的にモニタリングを行う」とありますが、具体的にどのようにして行うのでしょうか。

A. 事業再生計画の達成状況等については、適時に把握することが必要となります。対象債務者である中小企業者が、外部専門家及び主要債権者に対して、毎四半期、半期など定期的に、収益の状況、財務の状況、事業再生計画の達成状況等を報告することにより行うことが考えられます。

> Q77　4.(8)①に第三者支援専門家の記載がありませんが、事業再生計画成立後のモニタリングについて、第三者支援専門家の関与は必須ではないということですか。

A. 第三者支援専門家の関与は必須ではありません。第三者支援専門家の関与を求めるか否かは、ケースバイケースで判断することになります。

> Q78　4.(8)及び5.(7)で、事業再生計画及び弁済計画の進捗状況について、モニタリングを行うのは外部専門家及び主要債権者とされているところ、主要債権者以外の対象債権者はどのように進捗状況を把握することになりますか。

A. 中小企業者又は外部専門家は、定期的にモニタリング資料を送付したりモニタリング会議を開催したりして、原則として、希望する全ての対象債権者にモニタリング結果を報告することが好ましいでしょう。また、主要債権者以外の対象債権者は、外部専門家や主要債権者に対してモニタリン

グの結果を問い合わせることによって進捗状況を把握することもでき、問い合わせを受けた外部専門家や主要債権者は、守秘義務等に反しない範囲で誠実に対応し、中小企業者に対して当該対象債権者に必要な報告を行うように促すことが求められます。

Q79　4．(8)①ロにおいて、事業再生計画のモニタリング期間は原則3年とされていますが、事業再生計画は5年以内に実質的な債務超過を解消する内容とするなど、3年超の計画が策定されることが想定されます。モニタリング期間を原則3事業年度とした理由を教えてください。

A．モニタリング期間の原則3事業年度は目途であり、事業再生計画の内容等を勘案した上で必要な期間を定めることとしています。この点、民事再生手続においても、再生計画認可決定確定後の監督委員による監督期間は最長3年であることも参考にしています。また、4．(8)①ニにおいて、「主要債権者は、モニタリングの期間が終了したときには、中小企業者の事業再生計画達成状況等を踏まえ、その後のモニタリングの要否を判断する。」とされていますので、事業再生計画が予定どおり進捗していない場合にはモニタリングの期間が延長されることも想定されています。

Q80　4．(9)に「廃業型私的整理手続との関係」が定められていますが、再生型私的整理手続の計画履行中に廃業型私的整理手続へ移行する場合、同じ第三者支援専門家が担当し、調査報告書を作成する段階で関与することが予定されているのでしょうか。

A．再生型私的整理手続における経緯や対象債権者との協議状況などを把握していますので、同一の第三者支援専門家が関与し続ける方が望ましいと考えられます。ただし、新たな第三者支援専門家が関与することが否定されるものではありません。
　　また、再生型私的整理手続から廃業型私的整理手続に移行する場合、第三者支援専門家は、廃業型私的整理手続の開始当初から関与することができ、調査報告書の作成以降の関与に限定する必要はありません。

Q81　4．(9)に「廃業型私的整理手続との関係」が定められていますが、廃業型私的整理手続中に、スポンサーが見つかりそうになった場合など、廃業型私的整理手続から再生型私的整理手続にはどのように移行すればよいでしょうか。

A．廃業型私的整理手続は、円滑な廃業処理を目的として、再生型私的整理手続と比較して簡便な手続となっています。本件のようなケースにおいては、廃業型私的整理手続における弁済計画案の策定前ないし策定中であり、外部専門家のみが関与している状況と想定されますので、再生型私的整理手続に移行する場合は、4．(1)から手続を開始することが妥当と考えられます。
　　ただし、中小企業者の事業の内容や規模、資金繰りの状況等から、再生型私的整理手続に移行して改めて手続を開始することが困難である場合は、廃業型私的整理手続をそのまま遂行して、スポンサーに対する事業譲渡等を前提とした弁済計画案を作成し、当該弁済計画案について第三者支援専門家の関与を求めることも否定されないと考えられます。なお、対象債権者に対して、スポンサーの債務引受による分割弁済が予定されている場合は、弁済計画案にその内容を含む必要があると考えられます。

（廃業型私的整理手続）

Q82　廃業型私的整理手続は、特定調停手続や特別清算手続に移行することが必須なのでしょうか。

A．5．(5)③のとおり、弁済計画が成立した時点で、債務者は弁済計画を実行する義務を負担し、対象債権者の権利は成立した弁済計画の定めに基づき弁済を受け、残存する債務について免除を受けることになります。したがって、債務者は、事業の廃止又は事業の全部又は一部の譲渡（会社法第467条以下）を行ったのち、債務減免を受けて通常清算（会社法第475条以下）が可能となり、必ずしも裁判所の関与が必要な特定調停手続や特別清算手続に移行することは必須ではありません。また、弁済計画において残存する債務の免除を受けることなく、その後、特定調停手続や特別清算手続において残存債務の減免を受ける方法も考えられます（Q22及びQ81参照）。

> Q83　廃業型私的整理手続において弁済計画に則った弁済が完了した後、法人である中小企業者が何もしなければ法人格が残ったままになるのではないですか。

A．法人である中小企業者は、弁済計画の履行後、原則として通常清算により法人格を消滅させることになります。なお、特定調停手続や特別清算手続を利用することもあり得ます。どのような手続を用いて法人格を消滅させるか、弁済計画案に記載することが望ましいと考えられます。

> Q84　5．(1)③の「一時停止の要請」はどのように行うのでしょうか。「一時停止の要請」の期間（終期）は明示する必要がありますか。また、その期間（終期）を延長することはできるのでしょうか。

A．中小企業者が外部専門家の確認を経た上で、全ての対象債権者に対し同時に書面により行う必要があります。「一時停止の要請」書面には、外部専門家の氏名や、主要債権者全員の同意を得て要請を行っている旨等を記載することが望ましいと考えられます。なお、書面には、一時停止の要請期間の終期を明示する必要があります。期間は原則として3～6か月程度としていますが、主要債権者と協議する等し、ケースバイケースで判断することとなります。また、中小企業者は、必要がある場合には、外部専門家の確認を経た上で、全ての対象債権者に対し同時に書面により延長の必要性についての合理的な理由等の記載とともに一時停止の終期の延長を要請することも可能であり、対象債権者は、この要請についても、誠実に対応するものとします。ただし、廃業型の場合は、再生型の場合と異なり、将来収益からの弁済が期待できないので、一時停止の要請期間が長期化することにより対象債権者の利益を害することになりかねないので留意が必要です。

> Q85　5．(1)③に「一時停止の要請」とありますが、「一時停止の要請」を行った場合、倒産法上の支払停止又は銀行取引約定書における期限の利益喪失事由に該当することになりますか。

A．廃業型私的整理手続における「一時停止の要請」は、対象債権者がこれに応じた場合、原則的には支払停止にも銀行取引約定書における期限の利益喪失事由にも該当しないと考えられます。その理由は以下のとおりです。
➢ 廃業型私的整理手続の開始は、主要債権者の意向も踏まえて外部専門家が行う（5．(1)②）ものであり、開始後の手続が安定的に進められる蓋然性が相当程度認められること。
➢ 廃業型私的整理手続における一時停止の要請は、再生型私的整理手続における一時停止の要請と異なり、主要債権者全員の事前の同意を得て行われるものであり、廃業型私的整理の手続期間中において、主要債権者全員との間で債務の弁済猶予に関する合意があると考えられること。また、一時停止の要請は、5．(1)③イ及びロの要件をいずれも充足することを前提として行われるものであり、主要債権者以外の対象債権者についても、これに誠実に対応するものとされていること。

> ➤ 以上の事情を踏まえれば、過剰債務の状態にある中小企業者が外部に対して事業を停止する旨の言明を行うことは、一般的には支払停止に該当すると考えられるものの、ガイドラインにしたがって一時停止の要請を行う場合には、対象債権者との間では、少なくとも廃業型私的整理の手続期間中は債務の弁済猶予に関する基本的な合意があると認められること。

　なお、弁済計画案の策定状況について対象債権者からの求めがあるにもかかわらず、債務者から適切な経過報告がなされない場合や財産状況の開示に不適切な状況が認められる場合など、弁済計画成立の見込みが凡そ乏しいと言わざるを得ない場合には、債務の弁済猶予に関して形成された合意が維持できないと判断され、支払停止に該当するケースもあり得ることに留意が必要です。

　一方、主要債権者及びその他の債権者は、中小企業者が一時停止の要請を行ったことだけを理由に安易に取引口座等の停止をしないように留意する必要があります。

Q86　5．⑵①の「相当の期間」とは、どのくらいの期間が想定されていますか。

A．弁済計画案を作成するまでの期間は、原則、外部専門家による支援等の開始時点から3〜6か月が想定されます。ただし、中小企業者の事業内容、弁済計画案作成の難易度、債務減免等の内容などによってケースバイケースとなり、上記の期間より長くなるケースもあり得る一方で、対象債権者と事前の調整が進んでいるケースなどではこれより短いことも想定されます。このように、ケースバイケースであることも考慮し、本手続の開始時点において、中小企業者が想定されるスケジュールを事前に説明しておくことが対象債権者の予測可能性の観点からも望ましいと考えられます。なお、廃業型の場合、再生型の場合と異なり、弁済計画案の作成が遅れると、それだけ弁済原資となる財産が流出する危険が増大するので、いたずらに計画の作成期間が長期化しないように留意が必要です。

Q87　5．⑶の計画案は、対象債権者宛の具体的な弁済率や弁済の時期を明記する必要がありますか。

A．5．⑶①イに記載のとおり、計画案には「資産の換価及び処分の方針並びに金融債務以外の債務の弁済計画、対象債権者に対する金融債務の弁済計画」を含む必要があり、また、「破産手続で保証されるべき清算価値よりも多くの回収を得られる見込みがある等、対象債権者にとって経済合理性があること」が必要です（清算価値保障原則　5．⑶①ハ）。したがって、清算価値が保障されることを対象債権者が確認・判断できるように、資産の換価・処分の計画とそれらを弁済原資とする弁済計画を策定し、対象債権者宛の具体的な弁済率や弁済時期を明記する必要があります（いわゆる、純粋清算型の民事再生計画のイメージ）。ただし、弁済計画案に記載された財産の換価及び処分の結果、弁済原資の額が左右されることが避けられないこともあるので、保守的に弁済率を示したうえで、計画以上の弁済原資を確保できた場合には追加弁済を行う旨の弁済計画案とすることも許容されると考えられます。

Q88　5．⑶①イにおいて、弁済計画案は、中小企業者の「自助努力が十分に反映されたものである」とありますが、自助努力とは、どのようなものですか。

A．廃業型私的整理手続では、最終的に債権者の協力を得ることにより、中小企業者は円滑な廃業を目指すことになります。最終的に事業を廃止するまでの間、中小企業者は可能な限り事業価値（原料、仕掛品、在庫や売掛金等の価値）を維持し、これらを有利に換価するなどして債権者に対する弁済を最大化するよう努力することが求められます。

Q89　5.(3)①イに「資産の換価及び処分の方針」とありますが、どのようなものが想定されていますか。

A. 事業者が清算することを前提として財産を換価・処分すること、例えば、原料、仕掛品、在庫や売掛金等をどのように換価・処分するのか、その方針を定めることが想定されています。
　また、個人である事業者である場合は、全ての対象債権者に対して、個人事業主の資力に関する情報を誠実に開示し、開示した情報の内容の正確性について表明保証を行うこととし、また、破産法第34条第3項その他の法令により破産財団に属しないとされる財産（いわゆる「自由財産」）及び同条第4項に基づく自由財産の拡張に係る裁判所の実務運用に従い、通常、自由財産とされる財産を除いた全ての資産を換価・処分する（換価・処分の代わりに、「公正な価額」に相当する額を弁済する場合を含む。）ものとして弁済計画案が策定されていることが想定されています。

Q90　5.(3)①イに「対象債権者に対する金融債務の弁済計画」とありますが、対象債権者に対する金融債務の弁済が全く行われない弁済計画も想定されていますか。

A. 5.(3)①ハのとおり、「破産手続で保障されるべき清算価値よりも多くの回収を得られる見込みがある等、対象債権者にとって経済合理性があること」が必要ですので、原則、対象債権者に対する金融債務の弁済が全く行われない弁済計画は想定されていません。ただし、清算価値がゼロであり、債務者の有する全ての財産を換価・処分しても、公租公課や労働債権等の優先する債権を弁済することにより金融債務に対する弁済をできない場合も想定されます。そのような場合には、金融債務の弁済が全く行われない弁済計画案も排除されないと考えられますが、その場合でも、経済合理性があること、すなわち、金融債務の弁済がないにもかかわらず対象債権者にとっての経済合理性があることの説明、及びその調査報告は必要です。

Q91　5.(4)①「第三者支援専門家」とありますが、廃業型私的整理手続における第三者支援専門家の関与のタイミングについては、弁済計画案が作成された後となっており、この段階で初めて第三者支援専門家が選任されると、第三者支援専門家にとって従前の経緯が分からないのではないですか。

A. 廃業型私的整理手続においては、資産の換価処分及び当該換価処分の対価等を弁済原資とした比較的把握しやすい弁済計画案となることが想定されており、第三者支援専門家が弁済計画案作成後のタイミングで関与したとしても、十分に調査が可能であると考えています。また、本手続は、中小企業者が検討の初期段階から第三者支援専門家を選任し、その支援を受けることを否定するものではありませんので、従前の経緯を把握しておく必要がある場合には、第三者支援専門家を初期段階から選任し、関与させることが可能です。

Q92　再生型私的整理手続及び廃業型私的整理手続において保証債務の一体整理を行う場合、具体的にどのようにして行うのでしょうか。

A. 主たる債務と保証人の保証債務を一体整理する場合の保証債務に係る弁済計画案の策定手続は、基本的に、ガイドラインに基づく主たる債務者の事業再生計画案又は弁済計画案の策定手続と同様のプロセスを経て策定し、最終的に対象債権者全員の同意により成立します。そして成立した主たる債務者の事業再生計画等及び保証人の弁済計画に基づき、主たる債務者が弁済を行い、保証人が保証を履

行し、保証人は主たる債務者に対する求償権を原則として放棄することになります。対象債権者は、事業再生計画等に基づき主たる債務者が弁済を行い、保証人が保証債務を履行したことを確認した後、当該事業再生計画等に基づき残存する対象債権を放棄し、保証債務の履行後に残存する保証債務を免除することになります。

Q93　保証人の弁済計画とはどのような内容となりますか。

A．経営者等の保証人の弁済計画案は、経営者保証に関するガイドラインの7．(3)④に定めるとおり、財産の状況、保証債務の弁済計画（弁済計画成立から5年以内に保証債務の弁済を終えるものに限ります。）、資産の換価及び処分の方針（経営者保証に関するガイドラインに定める保証人の手元に残すことができる残存資産を除いた財産を処分することになります。）並びに対象債権者に要請する保証債務の減免その他の権利変更の内容等を含みます。

　　また、保証人は、保証債務の履行により主たる債務者に対し求償権を取得することになりますので、保証人の弁済計画案では当該求償権は原則として放棄することを盛り込む必要があります（主たる債務者の弁済計画案についても同様です。）。

　　なお、中小企業者及び保証人に対する優先債権（公租公課、労働債権）は完済しているか完済できる見込みのあることが必要です。

Q94　5．(7)の「弁済計画成立後のモニタリング」は何を行うのでしょうか。

A．廃業型私的整理手続は、弁済計画が成立した中小企業者の速やかな廃業及び清算を目的としていますので、弁済計画に沿った資産の換価及び処分等が適時・適切に実行されているかについて、報告を受けて履行状況を確認することが想定されています。

（税務処理）

Q95　再生型私的整理手続に基づき策定された事業再生計画により債権放棄等が行われた場合の債権者の税務処理はどのようになりますか。

A．再生型私的整理手続に基づき策定された事業再生計画により債権放棄等（債権放棄及び債務の株式化をいいます。以下同じです。）が行われた場合の債権者の税務処理については、原則として、法人税基本通達9－4－2における「合理的な再建計画に基づく債権放棄等」に該当し、当該債権放棄等の額は損金の額に算入されると考えていますが、これを確認するため、令和4年4月1日に国税庁に「『中小企業の事業再生等に関するガイドライン（再生型私的整理手続）』に基づき策定された事業再生計画により債権放棄等が行われた場合の税務上の取扱いについて」照会を行い、同月1日に国税庁から差し支えない旨回答をいただいております。

　　なお、学校法人や社会福祉法人など会社法上の会社でない法人を対象債務者として、再生型私的整理手続又は廃業型私的整理手続を準用した場合の税務上の取扱いは、Q95からQ99までと同様になると考えられます。

Q96　廃業型私的整理手続に基づき策定された弁済計画により債権放棄が行われた場合の債権者の税務処理はどのようになりますか。

A．廃業型私的整理手続に基づき策定された弁済計画により債権放棄が行われた場合の債権者の税務処

理については、法人税基本通達９－６－１⑶ロにおける「行政機関又は金融機関その他の第三者のあっせんによる当事者間の協議により締結された契約で、その内容が債権者集会の協議決定で合理的な基準により債務者の負債整理を定めているものに準ずるものによる切り捨て」に該当し、当該債権放棄額は損金の額に算入されると考えていますが、これを確認するため、令和４年４月１日に国税庁に「『中小企業の事業再生等に関するガイドライン（廃業型私的整理手続）』に基づき策定された弁済計画により債権放棄が行われた場合の税務上の取扱いについて」照会を行い、同月１日に国税庁から差し支えない旨回答をいただいております。

> Q97　再生型私的整理手続に基づき策定された事業再生計画により債務免除等を受けた場合又は廃業型私的整理手続に基づき策定された弁済計画により債務免除を受けた場合の債務者（中小企業者である法人）の税務処理はどのようになりますか。

A．再生型私的整理手続に基づき策定された事業再生計画により債務免除等を受けた場合、債務者（中小企業者である法人）の税務処理については、法人税基本通達12－３－１⑶に定める「債務の免除等が多数の債権者によって協議の上決められる等その決定について恣意性がなく、かつ、その内容に合理性があると認められる資産の整理があったこと」に該当し、法人税法施行令第117条の３第３号の再生手続開始の決定に準ずる事実等に該当することから、原則として、法人税法第59条第３項≪会社更生等による債務免除等があった場合の欠損金の損金算入≫の適用があるものと考えられますが、これを確認するため、令和４年４月１日に国税庁に「『中小企業の事業再生等に関するガイドライン（再生型私的整理手続）』に基づき策定された事業再生計画により債権放棄等が行われた場合の税務上の取扱いについて」照会を行い、同月１日に国税庁から差し支えない旨回答をいただいております。

　また、廃業型私的整理手続に基づき策定された弁済計画により債務免除を受けた場合の債務者（中小企業者である法人）の税務処理も同様と考えられます。

> Q98　廃業型私的整理手続に基づき策定された弁済計画により債務免除を受けた場合の債務者（個人事業主）の税務処理はどのようになりますか。

A．廃業型私的整理手続に基づき策定された弁済計画により債務免除を受けた場合の債務者（個人事業主）の税務処理については、その債務免除が、所得税法第44条≪免責許可の決定等により債務免除を受けた場合の経済的利益の総収入金額不算入≫に定める「資力を喪失して債務を弁済することが著しく困難である場合」に受けたものに該当し、その債務免除益は総収入金額に算入されないものと考えられます。これを確認するため、令和４年４月１日に国税庁に「『中小企業の事業再生等に関するガイドライン（廃業型私的整理手続）』に基づき策定された弁済計画により債権放棄が行われた場合の税務上の取扱いについて」照会を行い、同月１日に国税庁から差し支えない旨回答をいただいております。

> Q99　再生型私的整理手続又は廃業型私的整理手続に基づき保証人が保証債務を履行するために資産を譲渡した場合及び保証債務の免除を受けた場合の保証人の税務処理はどのようになりますか。

A．再生型私的整理手続又は廃業型私的整理手続により、対象債務者の主債務と保証人の保証債務の一体整理を行う場合において、これらの手続に従って策定された事業再生計画又は弁済計画により、保証人が保証債務を履行するためにその有する資産を譲渡し、その履行により取得した求償権を放棄したときは、原則として、所得税法第64条第２項に規定する「求償権の全部又は一部を行使することが

できないこととなったとき」に該当すると考えられます。これを確認するため、令和4年4月1日に国税庁に「『中小企業の事業再生等に関するガイドライン（再生型私的整理手続）』に基づき策定された事業再生計画により債権放棄等が行われた場合の税務上の取扱いについて」及び「『中小企業の事業再生等に関するガイドライン（廃業型私的整理手続）』に基づき策定された弁済計画により債権放棄が行われた場合の税務上の取扱いについて」照会を行い、同月1日に国税庁から差し支えない旨回答をいただいております。

　　また、再生型私的整理手続又は廃業型私的整理手続に基づき策定された弁済計画により保証債務の免除を受けた場合の保証人の税務処理については、「『経営者保証に関するガイドライン』に基づく保証債務の整理に係る課税関係の整理」（平成26年1月16日制定）と同様になると考えられます。

【附則】

> Q100　ガイドラインは、いつから適用となるのでしょうか。また、適用期限はあるのでしょうか。

A．ガイドラインは令和4年4月15日から適用を開始します。適用期限は特に設けられていません。

> Q101　ガイドラインの適用開始日である令和4年4月15日より前に負担した金融債務について、私的整理を図る場合、ガイドラインの適用を受けるのでしょうか。

A．ガイドラインの適用を受けることとなります。

> Q102　附則2．に「中小企業者、金融機関及び行政機関等は、広く周知等が行われるよう所要の態勢整備に早急に取り組む」とありますが、具体的にどのような取組みが求められるのでしょうか。

A．対象債権者となる金融機関の団体や債務者となる中小企業の団体、行政機関及び弁護士や公認会計士等の第三者支援専門家等による広報・周知活動を始め、さらに、必要に応じ、相談窓口の設置、金融機関による社内規程・マニュアルの整備等の取組み等が考えられます。

> Q103　ガイドラインの改廃は行われることがあるのでしょうか。また、それは、どのようなプロセスを経て行われるのでしょうか。

A．ガイドラインについては、運用状況を踏まえ、必要に応じ改廃が行われることとなります。その際には、関係する当局とも連携をとりつつ、本研究会において検討することが考えられます。

以　上

年　　　月　　　日

（債務者）
東京都千代田区〇〇〇〇
■■■■株式会社
代表取締役 ▲▲ ▲▲ 殿
（主要債権者）
東京都千代田区〇〇〇〇
株式会社××銀行 ××支店
支店長 ▲▲▲▲ 殿
東京都千代田区■■■■
株式会社▲▲銀行 ▲▲支店
支店長 〇〇〇〇

事務所名：

氏　名：

利害関係に関する確認書

　当職は、「中小企業の事業再生等のための私的整理手続」に基づく債務者■■■■株式会社からの申出に関し、第三者支援専門家としての中立公正性に疑義を生じさせる特別の利害関係（債務者又は対象債権者と指導・助言契約、法律・会計・税務顧問契約その他これに類する継続的契約を締結している等、本手続又は事業再生計画案の公正を妨げるべき事情）がないことを確認いたします。

以　上

（参考2－1：債務減免等の要請を含まない再生型私的整理手続）

年　　　月　　　日

対象債権者各位

一時停止のお願い

（債務者）
［住所］
［会社名］
代表取締役　　○○　○○　　　　印

　拝啓　時下益々ご清祥のこととお喜び申し上げます。

　さて、当社は、中小企業の事業再生等に関するガイドライン（以下「ガイドライン」といいます。）第三部に規定される中小企業版私的整理手続に基づき、ガイドラインに定める主要債権者の意向も踏まえて、下記1の第三者支援専門家の支援のもと、事業再生計画案の策定を開始することとなりました。

　対象債権者におかれましては、事業再生計画案の策定にご協力賜りたく、下記2の一時停止期間において元金の返済を猶予いただくとともに、下記3の行為を差し控えていただくようお願い申し上げます。

　なお、当社の作成する事業再生計画案には、債務減免等の要請を含まないことを見込んでいます。[1]

敬具

記

1　第三者支援専門家
　　［住所］
　　［氏名］
　　［連絡先］
2　一時停止期間
　　○年○月○日から○年○月○日迄
3　差し控えをお願いする行為
　　①　○年○月○日における与信残高（手形貸付・証書貸付・当座貸越などの残高）を減らすこと
　　②　弁済の請求・受領、相殺権を行使するなどの債務消滅に関する行為をなすこと
　　③　追加の物的人的担保の供与を求め、担保権を実行し、強制執行や仮差押・仮処分や法的倒産処理手続の申立てをすること

以　上

1　債務減免等の要請を含まない事業再生計画案を作成することが見込まれる場合は、その旨を記載。

（参考2−2：債務減免等の要請を含む再生型私的整理手続）

年　　月　　日

対象債権者各位

一時停止のお願い

（債務者）
［住所］
［会社名］
代表取締役　　○○　○○　　　印

拝啓　時下益々ご清祥のこととお喜び申し上げます。

　さて、当社は、中小企業の事業再生等に関するガイドライン（以下「ガイドライン」といいます。）第三部に規定される中小企業版私的整理手続に基づき、ガイドラインに定める主要債権者の意向も踏まえて、下記1の第三者支援専門家の支援のもと、事業再生計画の策定を開始することとなりました。

　対象債権者におかれましては、事業再生計画の策定にご協力賜りたく、下記2の一時停止期間において元金の返済を猶予いただくとともに、下記3の行為を差し控えていただくようお願い申し上げます。

　なお、当社の再生の基本方針は下記4のとおりです。[1]

敬具

記

1　第三者支援専門家
　　［住所］
　　［氏名］
　　［連絡先］
2　一時停止期間
　　○年○月○日から○年○月○日迄
3　差し控えをお願いする行為
　　①　○年○月○日における与信残高（手形貸付・証書貸付・当座貸越などの残高）を減らすこと
　　②　弁済の請求・受領、相殺権を行使するなどの債務消滅に関する行為をなすこと
　　③　追加の物的人的担保の供与を求め、担保権を実行し、強制執行や仮差押・仮処分や法的倒産処理手続の申立てをすること
4　再生の基本方針
（記載例1　スポンサー型の場合）
　　当社といたしましては、今後選定するスポンサーによる支援に基づく債務減免を含む事業再生計画案の策定を予定しております。スポンサーによる支援を得られることにより当社事業の再生を図ることができることが、対象債権者を含む利害関係者にとって有利であることをご説明することにより、協力が得られる見込みがあるものと考えております。
（記載例2　自主再建型の場合）

当社といたしましては、最大限の自助努力施策に取り組むとともに、財務及び事業のデュー
デリジェンスの内容を踏まえ事業再生計画案を策定する所存ですが、現在の当社の財務状況及
び収益力を踏まえますと、債務減免を含む事業再生計画案の策定となる可能性もあるものと考
えております。その場合にも、相当性、実行可能性の認められる事業再生計画案をお示しし、
当社事業の再生を図ることができることが、対象債権者を含む利害関係者にとって有利である
ことをご説明することにより、協力が得られる見込みがあるものと考えております。

以　上

1　「再生の基本方針」は、事業再生計画案において債務減免等の要請が含まれる可能性がある場合に
　記載。

年　　月　　日

対象債権者各位

一時停止のお願い

（債務者）
[住所]
[会社名]
代表取締役　　○○　○○　　　印

拝啓　時下益々ご清祥のこととお喜び申し上げます。

　さて、当社は、中小企業の事業再生等に関するガイドライン（以下「ガイドライン」といいます。）第三部に規定される中小企業版私的整理手続に基づき、ガイドラインに定める主要債権者の意向を踏まえて、下記1の外部専門家の支援のもと、弁済計画案の策定を開始することとなりました。

　ガイドラインに基づき、一時停止の要請を行うことにつき主要債権者全員の同意を得ましたので、対象債権者におかれましては、弁済計画案の策定にご協力賜りたく、下記2の一時停止期間において元金の返済を猶予いただくとともに、下記3の行為を差し控えていただくようお願い申し上げます。

敬具

記

1　外部専門家
　　[住所]
　　[氏名]
　　[連絡先]
2　一時停止期間
　　○年○月○日から○年○月○日迄
3　差し控えをお願いする行為
　　①　○年○月○日における与信残高（手形貸付・証書貸付・当座貸越などの残高）を減らすこと
　　②　弁済の請求・受領、相殺権を行使するなどの債務消滅に関する行為をなすこと
　　③　追加の物的人的担保の供与を求め、担保権を実行し、強制執行や仮差押・仮処分や法的倒産処理手続の申立てをすること

以　上

資料3 ▎「中小企業の事業再生等に関するガイドライン（再生型私的整理手続）」に基づき策定された事業再生計画により債権放棄等が行われた場合の税務上の取扱いについて

取引等に係る税務上の取扱い等に関する照会（同業者団体等用）

照会

<table>
<tr><td rowspan="2">照会者</td><td>① （フリガナ）
氏名・名称</td><td>（チュウショウキギョウノジギョウサイセイトウニカンスルケンキュウカイ）
中小企業の事業再生等に関する研究会</td></tr>
<tr><td>② （フリガナ）
総代又は法人の代表者</td><td>（ザチョウ コバヤシ ノブアキ）
座長 小林 信明</td></tr>
<tr><td rowspan="3">照会の内容</td><td>③ 照会の趣旨（法令解釈・適用上の疑義の要約及び照会者の求める見解の内容）</td><td>別紙のⅠのとおり</td></tr>
<tr><td>④ 照会に係る取引等の事実関係（取引等関係者の名称、取引等における権利・義務関係等）</td><td>別紙のⅡのとおり</td></tr>
<tr><td>⑤ ④の事実関係に対して照会者の求める見解となることの理由</td><td>別紙のⅢ、Ⅳ、Ⅴのとおり</td></tr>
<tr><td colspan="2">⑥ 関係する法令条項等</td><td>法人税法第59条、法人税基本通達9－4－2、12－3－1、所得税法第64条第2項</td></tr>
<tr><td colspan="2">⑦ 添付書類</td><td>・中小企業の事業再生等に関するガイドライン（PDF/525KB）・「中小企業の事業再生等に関するガイドライン」Q＆A（PDF/597KB）・経営者保証に関するガイドライン（PDF/241KB）
・「経営者保証に関するガイドライン」に基づく保証債務の整理に係る課税関係の整理（PDF/106KB）</td></tr>
</table>

回答

<table>
<tr><td>⑧ 回答年月日</td><td>令和4年4月1日</td></tr>
<tr><td>⑨ 回答者</td><td>国税庁課税部長</td></tr>
<tr><td>⑩ 回答内容</td><td>標題のことについては、ご照会に係る事実関係を前提とする限り、貴見のとおりで差し支えありません。ただし、次のことを申し添えます。
(1) この文書回答は、ご照会に係る事実関係を前提とした一般的な回答ですので、個々の納税者が行う具体的な取引等に適用する場合においては、この回答内容と異なる課税関係が生ずることがあります。
(2) この回答内容は国税庁としての見解であり、個々の納税者の申告内容等を拘束するものではありません。</td></tr>
</table>

（別紙）

令和４年４月１日

国税庁　課税部長
星屋　和彦　殿

中小企業の事業再生等に関する研究会
座　長　小林　信明

「中小企業の事業再生等に関するガイドライン（再生型私的整理手続）」に基づき策定された事業再生計画により債権放棄等が行われた場合の税務上の取扱いについて（照会）

Ⅰ　照会の趣旨及び照会事項

　当研究会は、昨年６月に公表された「成長戦略実行計画」を受け、中小企業者（中小企業基本法第２条第１項に規定する中小企業者をいい、常時使用する従業員数が300人以下の医療法人を含みます。以下同じです。）の事業再生・事業廃業（これらを併せて、以下「事業再生等」といいます。）に関し、関係者間の共通認識を醸成し、事業再生等に係る総合的な考え方及び具体的な手続等として、今般、別添の「中小企業の事業再生等に関するガイドライン」（以下「本ガイドライン」といいます。）及び同ガイドラインと一体的に定められている「『中小企業の事業再生等に関するガイドライン』Ｑ＆Ａ」（以下「ＱＡ」といいます。）を取りまとめました。

　本ガイドラインは、その目的を定めた第一部、基本的な考え方を示した第二部、私的整理手続を定めた第三部から構成され、第三部の「中小企業の事業再生等のための私的整理手続（中小企業版私的整理手続）」では、破産手続、民事再生手続、会社更生手続又は特別清算手続等の法的整理手続によらずに、債務者である中小企業者と債権者である金融機関等の間の合意に基づき、主として金融債務について返済猶予・減免等を受けることにより、当該中小企業者の円滑な事業再生や廃業を行うことを目的とする私的整理の手続（以下、事業再生に係る私的整理手続を「再生型私的整理手続」といい、廃業に係る私的整理手続を「廃業型私的整理手続」といいます。）を定めたものであり、また、ＱＡは、具体的な実務を行う上で留意すべき事項等を当研究会においてとりまとめたものです。

　当研究会としましては、本ガイドラインの中小企業版私的整理手続（再生型私的整理手続及び廃業型私的整理手続）が円滑に運用されるため、当該手続に関する税務上の取扱いを検討する必要があると考えます。

　つきましては、本ガイドラインによる再生型私的整理手続に基づき策定された事業再生計画により債権放棄等（債権放棄及び債務の株式化をいいます。以下同じです。）が行われた場合の債権者及び債務者における税務上の取扱いについて、次の１及び２のとおりで問題がないか、また、再生型私的整理手続では、原則として、経営者保証に関するガイドラインを活用する等して、対象債務者の債務と保証債務の一体整理を図るよう努めることとしており、保証人のみならず物上保証人が存在する場面も想定されるところ、保証人や物上保証人がその個人資産を譲渡等した場合の当該保証人や物上保証人の税務上の取扱いについて、次の３のとおりで問題がないか、ご照会申しあげます。

（注）廃業型私的整理手続に係る税務上の取扱いについては、別途、「『中小企業の事業再生等に関するガイドライン（廃業型私的整理手続）』に基づき策定された弁済計画により債権放棄が行われた場合の税務上の取扱いについて」（令和４年４月１日照会）をご参照ください。

１　債権放棄等をした債権者（金融機関等）の税務上の取扱い

　債権者である企業が取引先等を再生するために債権放棄等をした場合の税務上の取扱いについては、法人税基本通達９－４－２において合理的な再建計画に基づくものである等その債権放棄等について相当の理由があるときは、その債権放棄等

により供与される経済的利益の額は、寄附金の額に該当しないものとされ、その経済的利益の供与による損失の額は、税務上損金の額に算入することができます。

再生型私的整理手続によりⅡの手順に従い、全ての対象債権者の同意を得て策定された事業再生計画について、同通達に沿って検討するとⅢのとおりであり、同通達の支援額の合理性、支援者による適切な再建管理、支援者の範囲の相当性及び支援割合の合理性等のいずれも有すると考えられます。

このことを前提とすれば、再生型私的整理手続に基づき策定された事業再生計画により債権放棄等が行われた場合には、原則として、同通達にいう合理的な再建計画に基づく債権放棄等であると考えられます。

2　債務免除等を受けた債務者の税務上の取扱い

債務者である企業が債務免除等を受けた場合、法人税基本通達12-3-1⑶では、「債務の免除等が多数の債権者によって協議の上決められる等その決定について恣意性がなく、かつ、その内容に合理性があると認められる資産の整理があったこと」が認められるときには、法人税法施行令第117条の3第3号の再生手続開始の決定に準ずる事実等に該当する旨を定めており、法人税法第59条第3項《会社更生等による債務免除等があった場合の欠損金の損金算入》の適用があることになります。

再生型私的整理手続によりⅡの手順に従って事業再生計画が策定され当該事業再生計画に基づき債務免除等を受けた場合には、同通達に沿って検討するとⅣのとおりであり、同通達の「債務の免除等が多数の債権者によって協議の上決められる等その決定について恣意性がなく、かつ、その内容に合理性があると認められる資産の整理があったこと」に該当することから、原則として、法人税法第59条第3項の適用があるものと考えられます。

なお、再生型私的整理手続は、債務者の有する資産及び負債の価額の評定に関する事項等が定められていないため、法人税法施行令第24条の2第1項第1号に規定する「債務処理を行うための手続についての準則」には該当しないことから、資産の評価益又は評価損の益金算入又は損金算入の規定（法法25③、33④）の適用については、本照会の対象外としています。

3　保証人が保証債務を履行するために資産を譲渡した場合の税務上の取扱い

所得税法第64条第2項は、保証人が保証債務を履行するために資産（棚卸資産等を除きます。）を譲渡した場合において、その履行に伴う「求償権の全部又は一部を行使することができないこととなったとき」は、その行使することができないこととなった金額（不動産所得の金額、事業所得の金額又は山林所得の金額の計算上、必要経費に算入される金額を除きます。）をその譲渡があった年分の譲渡所得等の金額の計算上、なかったものとみなすと規定されています。

再生型私的整理手続により対象債権者の主たる債権と保証人の保証債務の一体整理を行う場合において、当該手続に従って策定された事業再生計画及び保証人の保証債務に係る弁済計画に基づき、経営責任の明確化等の観点から、代表者等（注）である保証人が保証債務を履行するためにその有する資産を譲渡し、書面によりその履行に伴う求償権を放棄したときは、その求償権の放棄によっても、対象債権者がなお債務超過の状態にある限り、Ⅴのとおり、原則として、同項に規定する「求償権の全部又は一部を行使することができないこととなったとき」に該当すると考えられます。

（注）代表者等とは、対象債権者の代表権を有する会長及び社長その他経営責任を問われる者をいいます。

（参考）再生型私的整理手続では、原則として、経営者保証に関するガイドラインを活用する等して、主債務と保証債務の一体整理を図るよう努めるとしていますが【第三部⑺】、保証債務の免除を受けた場合の保証人の税務上の取扱いについては、「『経営者保証に関するガイドライン』に基づく保証債務の整理に係る課税関係の整理」（平成26年1月16日制定）と同様になると考えられますので、本照会の対象外とします。

Ⅱ　再生型私的整理手続における事業再生計画の策定手順等の概要

1　対象債務者（主たる債務者）及び保証人

再生型私的整理手続の対象となる債務者の要件は、次の(1)とされ、対象債務者の債務と保証人の保証債務の一体整理を行う場合の保証人の要件は、次の(2)とされています。

(1) 再生型私的整理手続の対象となる債務者は、収益力の低下、過剰債務等による財務内容の悪化、資金繰りの悪化等が生ずることで経営困難な状況に陥っており、自助努力のみによる事業再生が困難であること等の要件を満たす中小企業者であること【第三部3(1)】。

(2) 保証人が、誠実に資産を開示する者であること、反社会的勢力又はそれと関係のある者ではないこと、そのおそれもない者であること、及び弁済について誠実である等といった経営者保証に関するガイドラインの要件を満たしていること【第三部3(1)③、Q A74】。

2　対象債権者

再生型私的整理手続の対象となる債権者は、対象債務者に対して金融債権を有する取引金融機関等で事業再生計画が成立した場合に権利を変更されることが予定されている債権者とされています【第一部3、第三部1(1)】。

3　第三者支援専門家

第三者支援専門家とは、対象債務者及び対象債権者との間に利害関係を有しない弁護士、公認会計士等の専門家であって、再生型私的整理手続を遂行する適格性を有し、その適格認定を得たものをいいます。第三者支援専門家は、対象債務者からの申出を受けて、主要債権者（※）の意向を踏まえて、再生支援を行うことが不相当でないと判断した場合には、対象債務者の資産負債や損益の状況の調査検証や事業再生計画策定の支援等を行い、策定された事業再生計画案の内容の相当性及び実行可能性等について調査し、対象債権者に報告して事業再生計画案について合意形成を図ることとなります【第三部4(1)、(5)①、(6)③】。

※主要債権者とは、対象債務者に対する金融債権額が上位のシェアを占める対象債権者で金融債権額のシェアが最上位の者から順番に、そのシェアの合計額が50%以上に達するまで積み上げた際の単独又は複数の対象債権者をいいます【第三部2(5)】。

4　「事業再生計画」の策定手順等の概要

再生型私的整理手続に基づく金融支援は、債権放棄等のほかリスケジュール等の様々な手法が考えられますが、債権放棄等を伴う事業再生計画を策定する場合には、以下の手順等を経て計画が成立することが想定されています。

(1) 対象債務者が、弁護士、公認会計士、税理士、中小企業診断士等の専門家（以下「外部専門家」といいます。）と相談しつつ、第三者支援専門家を公表されたリストから選定し（複数の対象債権者が関わる場合で、対象債権者全員の同意を得たときは、リストにない専門家を第三者支援専門家として選定することも認められています。）、主要債権者に再生型私的整理手続を検討している旨を申し出るとともに、第三者支援専門家の選任について主要債権者全員から同意を得ることになります【第三部4(1)①②、Q A41】。

(2) 第三者支援専門家は主要債権者の意向も踏まえて、再生支援を行うことが不相当ではないと判断した場合には、対象債務者の資産負債及び損益の状況の調査検証や事業再生計画の策定方針について支援を開始します【第三部4(1)③】。

(3) 対象債務者は、上記(2)以降、対象債権者に対して必要に応じて一時停止の要請を行います【第三部4(2)】。

(4) 対象債務者は、外部専門家からの支援を受ける等して相当の期間内に事業再生計画案を作成することになります【第三部4(3)】。事業再生計画案の内容は、対象債務者の自助努力が十分に反映されたものであるとともに、企業の概況、財務状況の推移、保証人がいる場合はその資産と負債の状況、実態貸借対照表、経営が困難になった原因、事業再生のための具体的施策、今後の事業及び財務状況の見通し、資金繰り計画及び債権放棄等の金融支援を含むものとされています【第三部4(4)①イ】。また、経営責任及び株主責任の明確化を図る内容であること【第三部4(4)①ホ】、加えて、破産手続で保障されるべき清算価値よりも多くの回収を得られる見込みがある等、対象債権者にとって経済合理性のある内容であることが求められます【第三部4(4)①

ト】。

更に、事業再生計画案における権利関係の調整は、債権者間で平等であることを旨とし、債権者間の負担割合については、衡平性の観点から、個別に検討することとされています【第三部4(4)①ヘ】。

なお、対象債権者は、主たる債務と保証債務を一体整理する場合、保証債務の履行請求額の経済合理性について、主たる債務と保証債務を一体として判断することになります【Q A74、経営者保証GL7項(3)③】。

(5) 第三者支援専門家は、対象債務者及び対象債権者から独立して公平な立場で、事業再生計画案の内容の相当性、実行可能性及び金融支援の必要性等について調査し、調査報告書を作成の上、対象債権者に提出し報告することになります【第三部4(5)①②】。

(6) 対象債務者により事業再生計画案が作成された後、原則として全ての対象債権者による債権者会議を開催し、第三者支援専門家は、当該債権者会議で対象債権者全員に対し事業再生計画案の調査結果を報告するとともに、事業再生計画案の説明、質疑応答及び意見交換を行うこととなります【第三部4(6)①】。

そして、全ての対象債権者が、事業再生計画案に同意し、その旨を文書等により確認した時点で事業再生計画は成立し、対象債務者は事業再生計画を実行する義務を負担し、対象債権者の権利は、成立した事業再生計画の定めにより変更され、対象債権者は、事業再生計画の定めに従った債権放棄等をすることとなります【第三部4(6)④】。

なお、経営者保証に関するガイドラインを活用して対象債務者の主たる債務と保証人の保証債務の一体整理を行う場合の保証債務に係る弁済計画は、主たる債務に係る事業再生計画と併せて、上記(1)から(6)までの手順に準じて、第三者支援専門家が内容の相当性及び実行可能性等について調査・報告をして、全ての対象債権者の同意を得ることとなります。そして、策定された対象債務者の事業再生計画及び保証人の弁済計画に基づき、対象債務者による債務の弁済及び保証人による保証債

務に基づく弁済が行われた後、保証人が保証債務の履行により取得した求償権を放棄し、対象債権者は、対象債務者に残存する債務を免除し、保証人に残存する保証債務を免除することとなります【Q A92】。

(7) 外部専門家や主要債権者は、事業再生計画成立後の対象債務者の事業再生計画達成状況等について定期的にモニタリングを行うこととされ、モニタリング期間は原則として事業再生計画が成立してから概ね3事業年度を目途とし、対象債務者の状況や事業再生計画の内容等を勘案して、必要な期間が定められます。また、主要債権者は、対象債務者の事業再生計画達成状況等を踏まえ、その後のモニタリングの要否を判断することとなります【第三部4(8)①】。

Ⅲ 法人税基本通達9-4-2に係る検討

1 損失負担の必要性

(1) 対象債務者は事業関連性のある「子会社等」に該当するか

再生型私的整理手続においては、上記Ⅱ2のとおり、対象債権者は、対象債務者に対して金融債権を有する取引金融機関等であり、事業再生計画が成立した場合に権利を変更されることが予定されている債権者とされています。

したがって、支援を受けることとなる対象債務者は、対象債権者である金融機関と取引関係及び資金関係等の事業関連性を有していることから「子会社等」に該当すると考えます。

(2) 子会社等は経営危機に陥っているか

再生型私的整理手続における対象債務者は、上記Ⅱ1(1)のとおり、収益力の低下、過剰債務等による財務内容の悪化、資金繰りの悪化等が生じることで経営困難な状況に陥っており、自助努力のみによる事業再生が困難な状況にあります。

また、再生型私的整理手続の対象債務者の要件に該当することなどを含む事業再生計画案の内容の相当性等については、独立して公平な立場で第三者支援専門家が調査を行い、調査結果を対象債権者に報告を行うこととな

ります【第三部4⑸、⑹①】。

　したがって、対象債務者は経営危機に陥っていると考えます。

⑶　支援者にとって損失負担等を行う相当な理由はあるか

　再生型私的整理手続における債権放棄等を含む事業再生計画案の内容は、上記Ⅱ4⑷のとおり、破産手続で保障されるべき清算価値よりも多くの回収を得られる見込みがある等、対象債権者にとって経済合理性のある内容であることが要件とされています。

　また、第三者支援専門家は、事業再生計画案の内容が破産手続で保障されるべき清算価値と比較した場合の経済合理性があるかについて調査して、その結果について対象債権者に報告し、対象債権者は当該経済合理性について判断した上で合意することになります。

　したがって、金融機関等の対象債権者にとっても経済合理性があることから、債権放棄等を行う相当な理由があると考えられます。

2　再建計画等の合理性

⑴　損失負担額（支援額）の合理性

　再生型私的整理手続における事業再生計画案は、上記Ⅱ4⑷のとおり、自助努力が十分に反映されたものであるとともに、役員報酬の削減、経営者貸付の債権放棄及び私財提供等の経営責任の明確化を図る内容とすること【QA23】及び支配株主の権利を消滅させる方法や減増資により既存株主の割合的地位を減少又は消滅させる方法等により株主責任の明確化を図る内容とすること【QA24】が求められます。

　さらに、事業再生計画の内容について第三者支援専門家が金融支援の必要性や内容の相当性等について調査し、全ての対象債権者による債権者会議で対象債権者に調査結果の報告を行い、最終的に全ての対象債権者が同意し、その旨を文書により確認した時点で事業再生計画は成立することとなり、これらの手続により過剰支援とならないよう損失負担額の合理性は十分に検証されるものとなっています。

⑵　再建管理等の有無

　再生型私的整理手続においては、上記Ⅱ4⑺のとおり、外部専門家や主要債権者は、事業再生計

画成立後、対象債務者の事業再生計画達成状況等について、毎四半期、半期など定期的に収益の状況、財務の状況等の報告を受けることで定期的にモニタリングを行うこととされており【QA76】、再建管理を実施することになっています。

　また、主要債権者はモニタリングの結果、事業再生計画と実績の乖離が大きい場合は、当該乖離の真因分析を行い、対象債務者及び主要債権者が、当該分析を踏まえて、事業再生計画の変更や抜本再建、法的整理手続及び廃業等への移行を行うこととされており【第三部4⑻】、事業再生計画の期間中、主要債権者は、対象債務者を管理することとなるため、事業再生計画に対する再建管理は行われているものと考えられます。

⑶　支援者の範囲の相当性

　再生型私的整理手続は、上記Ⅱ2のとおり、対象債務者に対して金融債権を有する全ての取引金融機関等の対象債権者が関わることを原則とし、例外的に対象債権者から少額の債権者を除く場合においても債権者間の衡平を害さないことが要件とされています【QA73】。また、対象債務者が策定した事業再生計画案について、最終的に全ての対象債権者の同意を得て、その旨を文書等により確認した時点で事業再生計画が成立することから、支援者の範囲の相当性は担保されているものと考えます。

⑷　負担割合（支援割合）の合理性

　再生型私的整理手続は、上記Ⅱ4⑷のとおり、事業再生計画案における権利関係の調整は、債権者間で平等であることを旨とし、債権者間の負担割合に関しては、衡平性の観点から個別に検討することとされています。具体的には、対象債務者に対する関与度合、取引状況等を考慮し、実質的に衡平性が確保されているかを個別に検討されることとなりますが、第三者支援専門家が金融支援の衡平性について調査し、対象債権者に調査結果の報告を行い、最終的には、対象債権者との協議を踏まえ、全ての対象債権者の合意により成立することから、負担割合は合理的に決定されているものと考えます。

Ⅳ　法人税基本通達12−3−1に係る検討

　再生型私的整理手続により対象債務者は、上記

Ⅱ3のとおり、再生型私的整理手続を遂行する適格性を有する第三者支援専門家を選任し、当該第三者支援専門家が主要債権者の意向等を踏まえて、対象債務者の事業再生計画策定の支援等を行うこととなります。

第三者支援専門家は、作成された事業再生計画案について、対象債務者及び対象債権者から独立して公平な立場で、事業再生計画案の実行可能性や支援額の適正性等について調査を行い、その結果を対象債権者に報告し、対象債権者の合意形成を図り、最終的に全ての対象債権者が事業再生計画案に同意することで成立することになります。このような段階的手続が踏まれることにより、計画の適正性・実行可能性や支援額の合理性について担保されているものと考えます。

このように再生型私的整理手続によって策定される事業再生計画に基づく債権放棄等は、恣意性が排除され、その内容の合理性も担保されていると考えられることから、法人税基本通達12-3-1⑶の「債務の免除等が多数の債権者によって協議の上決められる等その決定について恣意性がなく、かつ、その内容に合理性があると認められる資産の整理があったこと」に該当するものと考えます。

したがって、法人税法施行令第117条の3第3号の再生手続開始の決定に準ずる事実に該当し、法人税法第59条第3項の適用があるものと考えます。

Ⅴ 所得税法第64条第2項の検討

1 保証人が保証債務を履行するため資産（棚卸資産等を除きます。）の譲渡があった場合における、所得税法第64条第2項に規定する「求償権の全部又は一部を行使することができないこととなったとき」の判定について、法令等の手続によらない求償権の放棄について法人が求償権の放棄を受けた後も存続し、経営継続したとしても、次の⑴及び⑵の全ての状況に該当すると認められるときは、その求償権は行使不能と判定することとされています（平成14年12月25日付照会回答「保証債務の特例における求償権の行使不能に係る税務上の取扱いについて」）（以下「平成14年照会回答」といいます。）。

⑴ その代表者等の求償権は、代表者等と金融機関等他の債権者との関係からみて、他の債権者の有する債権と同列に扱うことが困難である等の事情により、放棄せざるを得ない状況にあったと認められること。

⑵ その法人は、求償権を放棄（債務免除）することによっても、なお債務超過の状況にあること。

2 対象債務者の主たる債務と保証人の保証債務の一体整理を行う場合において、再生型私的整理手続に従って策定された事業再生計画及び保証債務の弁済計画に基づき書面により保証債務の履行に伴う求償権を放棄したときは、合理的な事業再生計画等に基づき行われる求償権の放棄であり、経営責任の明確化等の観点から行われるもので対象債権者が債権放棄等を行う前提となっていること、また、対象債務者は自助努力のみによる事業再生が困難であるところ、仮に求償権の放棄に応じず事業再生計画が成立しない場合には、対象債務者が破産手続等の法的整理手続に至ることが想定され、代表者等はその経営責任から、合理的な事業再生計画で予定されていた求償権の放棄より多額の損失負担が求められる状況にあると考えられます。

したがって、保証人が保証債務を履行するためにその有する資産を譲渡し、保証債務の履行により取得した求償権について、再生型私的整理手続に従って策定された事業再生計画及び保証債務の弁済計画に基づき書面により放棄した場合は、平成14年照会回答の「他の債権者の有する債権と同列に扱うことが困難である等の事情」により求償権は放棄せざるを得ない状況にあると考えられることから、対象債務者が求償権の放棄を受けた後においてもなお債務超過の状況にあるときは、当該求償権の放棄 は、原則として所得税法第64条第2項に規定する「求償権の全部又は一部を行使することができないこととなったとき」に行われたものと考えられます。

⑶ 【 】は参照すべき本ガイドライン本文ならびにQAの該当部分を示しています。

以上

資料4 ▎「中小企業の事業再生等に関するガイドライン（廃業型私的整理手続）」に基づき策定された弁済計画により債権放棄が行われた場合の税務上の取扱いについて

取引等に係る税務上の取扱い等に関する照会（同業者団体等用）
照会

<table>
<tr><td rowspan="2">照会者</td><td>① （フリガナ）
氏名・名称</td><td>（チュウショウキギョウノジギョウサイセイトウニカンスルケンキュウカイ）
中小企業の事業再生等に関する研究会</td></tr>
<tr><td>② （フリガナ）
総代又は法人の代表者</td><td>（ザチョウ コバヤシ ノブアキ）
座長 小林 信明</td></tr>
<tr><td rowspan="3">照会の内容</td><td>③ 照会の趣旨（法令解釈・適用上の疑義の要約及び照会者の求める見解の内容）</td><td>別紙のⅠのとおり</td></tr>
<tr><td>④ 照会に係る取引等の事実関係（取引等関係者の名称、取引等における権利・義務関係等）</td><td>別紙のⅡのとおり</td></tr>
<tr><td>⑤ ④の事実関係に対して照会者の求める見解となることの理由</td><td>別紙のⅢ、Ⅳ、Ⅴのとおり</td></tr>
<tr><td colspan="2">⑥ 関係する法令条項等</td><td>法人税基本通達9－6－1、所得税法第44条の2、第64条第2項</td></tr>
<tr><td colspan="2">⑦ 添付書類</td><td>・中小企業の事業再生等に関するガイドライン（PDF/525KB）・「中小企業の事業再生等に関するガイドライン」Q＆A（PDF/597KB）・経営者保証に関するガイドライン（PDF/241KB）
・「経営者保証に関するガイドライン」に基づく保証債務の整理に係る課税関係の整理（PDF/106KB）</td></tr>
</table>

回答 .

<table>
<tr><td colspan="2">⑧ 回答年月日</td><td>令和4年4月1日</td></tr>
<tr><td colspan="2">⑨ 回答者</td><td>国税庁課税部長</td></tr>
<tr><td rowspan="3">⑩ 回答内容</td><td colspan="2">標題のことについては、ご照会に係る事実関係を前提とする限り、貴見のとおりで差し支えありません。ただし、次のことを申し添えます。</td></tr>
<tr><td colspan="2">(1) この文書回答は、ご照会に係る事実関係を前提とした一般的な回答ですので、個々の納税者が行う具体的な取引等に適用する場合においては、この回答内容と異なる課税関係が生ずることがあります。</td></tr>
<tr><td colspan="2">(2) この回答内容は国税庁としての見解であり、個々の納税者の申告内容等を拘束するものではありません。</td></tr>
</table>

（別紙）

令和４年４月１日

国税庁　課税部長
星屋　和彦　殿

中小企業の事業再生等に関する研究会
座　長　小林　信明

「中小企業の事業再生等に関するガイドライン（廃業型私的整理手続）」に基づき策定
された弁済計画により債権放棄が行われた場合の税務上の取扱いについて（照会）

Ⅰ　照会の趣旨及び照会事項

　当研究会は、昨年６月に公表された「成長戦略実行計画」を受け、中小企業者（中小企業基本法第２条第１項に規定する中小企業者をいい、常時使用する従業員数が300人以下の医療法人を含みます。以下同じです。）の事業再生・事業廃業（これらを併せて、以下「事業再生等」といいます。）に関し、関係者間の共通認識を醸成し、事業再生等に係る総合的な考え方及び具体的な手続等として、今般、別添の「中小企業の事業再生等に関するガイドライン」（以下「本ガイドライン」といいます。）及び同ガイドラインと一体的に定められている「『中小企業の事業再生等に関するガイドライン』Ｑ＆Ａ」（以下「ＱＡ」といいます。）を取りまとめました。

　本ガイドラインは、その目的を定めた第一部、基本的な考え方を示した第二部、私的整理手続を定めた第三部から構成され、第三部の「中小企業の事業再生等のための私的整理手続（中小企業版私的整理手続）」では、破産手続、民事再生手続、会社更生手続又は特別清算手続等の法的整理手続によらずに、債務者である中小企業者と債権者である金融機関等の間の合意に基づき、主として金融債務について返済猶予・減免等を受けることにより、当該中小企業者の円滑な事業再生や廃業を行うことを目的とする私的整理の手続（以下、事業再生に係る私的整理手続を「再生型私的整理手続」といい、廃業に係る私的整理手続を「廃業型私的整理手続」といいます。）を定めたものであり、また、ＱＡは、具体的な実務を行う上で留意すべき事項等を当研究会においてとりまとめたものです。

　当研究会としましては、本ガイドラインの中小企業版私的整理手続（再生型私的整理手続及び廃業型私的整理手続）が円滑に運用されるため、当該手続に関する税務上の取扱いを検討する必要があると考えます。

　つきましては、本ガイドラインによる廃業型私的整理手続に基づき策定された弁済計画により債権放棄が行われた場合の債権者及び債務者における税務上の取扱いについて、次の１及び２のとおりで問題がないか、また、廃業型私的整理手続では、原則として、経営者保証に関するガイドラインを活用する等して、対象債務者の債務と保証債務の一体整理を図るよう努めることとしており、保証人のみならず物上保証人が存在する場面も想定されるところ、保証人や物上保証人がその個人資産を譲渡等した場合の当該保証人や物上保証人の税務上の取扱いについて、次の３のとおりで問題がないか、ご照会申しあげます。

（注）再生型私的整理手続に係る税務上の取扱いについては、別途、「『中小企業の事業再生等に関するガイドライン（再生型私的整理手続）』に基づき策定された事業再生計画により債権放棄等が行われた場合の税務上の取扱いについて」（令和４年４月１日照会）をご参照ください。

１　債権放棄をした債権者（金融機関等）の税務上の取扱い

　廃業型私的整理手続により、Ⅱの手順に従って策定された弁済計画に基づく債権放棄額は、法人税基本通達９－６－１(3)ロに沿って検討すると、Ⅲのとおり、同通達の「行政機関又は金融機関その他の第三者のあっせんによる当事者間の協議により締結された契約で、その内容が債権者集会の

協議決定で合理的な基準により債務者の負債整理を定めているものに準ずるものにより切り捨てられることとなった部分の金額」に該当すると考えられますので、貸倒れとして損金の額に算入されると考えられます。

2　債務免除を受けた債務者（個人事業者）の税務上の取扱い

廃業型私的整理手続により、Ⅱの手順に従って策定された弁済計画に基づく個人事業者の債務整理に基づく債務免除は、所得税法第44条の2第1項に沿って検討すると、Ⅳのとおり、同項に定める「資力を喪失して債務を弁済することが著しく困難である場合」に受けたものに該当すると考えられますので、当該弁済計画に基づき債務免除を受けた対象債務者に係る債務免除益については、同項の規定により、各種所得の計算上、総収入金額に算入しないものと考えられます。

（注）債務免除を受けた事業者が法人である場合の税務上の取扱いについては、「（参考）」に記載のとおりと考えますので、本照会の対象外とします。

3　保証人が保証債務を履行するために資産を譲渡した場合の税務上の取扱い

所得税法第64条第2項は、保証人が保証債務を履行するために資産（棚卸資産等を除きます。）を譲渡した場合において、その履行に伴う「求償権の全部又は一部を行使することができないこととなったとき」は、その行使することができないこととなった金額（不動産所得の金額、事業所得の金額又は山林所得の金額の計算上、必要経費に算入される金額を除きます。）をその譲渡があった年分の譲渡所得等の金額の計算上、なかったものとみなすと規定されています。

廃業型私的整理手続により対象債務者の主たる債務と保証人の保証債務の一体整理を行う場合において、代表者等（注）である保証人が保証債務を履行するためにその有する資産を譲渡し、当該保証債務の履行により取得した求償権について、当該手続に従って策定された対象債務者及び保証人の弁済計画に基づき書面により放棄したときは、Ⅴのとおり、同項に規定する「求償権の全部又は一部を行使することができないこととなったとき」に該当すると考えられます。

（注）代表者等とは、対象債務者の代表権を有する会長及び社長その他経営責任を問われる者をいいます。

（参考）廃業型私的整理手続に従って策定された弁済計画に基づく債権放棄は、再生型私的整理手続の場合と同様に、恣意性が排除され、その内容も合理的なものと考えられることから、債務免除を受けた対象債務者（法人）における法人税法第59条第3項の適用については、「『中小企業の事業再生等に関するガイドライン（再生型私的整理手続）』に基づき策定された事業再生計画により債権放棄等が行われた場合の税務上の取扱いについて」（令和4年4月1日照会）と同様に取り扱われるものと考えられますので、本照会の対象外とします。

また、廃業型私的整理手続では、原則として、経営者保証に関するガイドラインを活用する等して、主債務と保証債務の一体整理を図るよう努めるとしていますが【第三部5(6)】、保証債務の免除を受けた場合の保証人の税務上の取扱いについては、「『経営者保証に関するガイドライン』に基づく保証債務の整理に係る課税関係の整理」（平成26年1月16日制定）と同様になると考えられますので、本照会の対象外とします。

Ⅱ　廃業型私的整理手続における弁済計画の策定手順等の概要

1　対象債務者（主たる債務者）及び保証人

廃業型私的整理手続の対象となる債務者の要件は、次の(1)とされ、対象債務者の債務と保証人の保証債務の一体整理を行う場合の保証人の要件は、次の(2)とされています。

(1) 廃業型私的整理手続の対象となる債務者は、過大な債務を負い、既に発生している債務（既存債務）を弁済することができないこと又は近い将来において既存債務を弁済することができないことが確実と見込まれること（中小企業者が法人の場合は債務超過である場合又は近い将来において債務超過となることが確実と見込まれる場合を含む。）等の要件を満たす中小企業者であること【第三部3(2)】。

（注）上記の「既に発生している債務（既存

債務）を弁済することができない」とは、破産手続開始の原因となる「支払不能」（破産法第2条第11項、第15条、第16条、第30条第1項）と同様の状態にあることを前提としており、また、「近い将来において既存債務を弁済することができないことが確実と見込まれる」とは、民事再生手続開始の要件である「破産手続開始の原因となる事実の生ずるおそれがあるとき」（民事再生法第21条第1項、第33条第1項）と同様の状態にあることを前提としています【ＱＡ29】。

(2)　保証人が、誠実に資産を開示する者であること、反社会的勢力又はそれと関係のある者ではないこと、そのおそれもない者であること、及び弁済について誠実である等といった経営者保証に関するガイドラインの要件を満たしていること【第三部3(2)④、ＱＡ74】。

2　対象債権者

廃業型私的整理手続の対象となる債権者は、対象債務者に対して金融債権を有する取引金融機関等で弁済計画が成立した場合に権利を変更されることが予定されている債権者（リース債権者を含みます。）とされています【第一部3、第三部1(1)】。

3　第三者支援専門家

第三者支援専門家とは、対象債務者及び対象債権者との間に利害関係を有しない弁護士、公認会計士等の専門家であって、廃業型私的整理手続を遂行する適格性を有し、その適格認定を得たものをいいます。第三者支援専門家は、策定された弁済計画案の内容の相当性及び実行可能性等について調査し、対象債権者に報告して弁済計画案について合意形成を図ることとなります【第三部4(1)、5(4)③、(5)】。

4　「弁済計画」の策定手順等の概要

廃業型私的整理手続において、債権放棄を伴う弁済計画を策定する場合には、以下の手順等を経て計画が成立することが想定されています。

(1)　対象債務者が、弁護士、公認会計士、税理士、中小企業診断士等の専門家（以下「外部専門家」といいます。）とともに、主要債権者（※）に対して、廃業型私的整理手続を検討している旨の申出を行い、外部専門家は、主要債権者の意向を踏まえて、対象債務者の資産負債及び損益の状況の調査検証や弁済計画策定の支援等を開始します【第三部5(1)①②】。

※　主要債権者とは、対象債務者に対する金融債権額が上位のシェアを占める対象債権者で金融債権額のシェアが最上位の者から順番に、そのシェアの合計額が50％以上に達するまで積み上げた際の単独又は複数の対象債権者とされ、金融債権額にはリース債権額が含まれます【第三部2(5)】。

(2)　中小企業者及び外部専門家は、上記(1)の後、必要に応じて主要債権者全員から同意を得た場合は、一時停止の要請を行うこととなります【第三部5(1)③】。

(3)　対象債務者は、外部専門家から支援を受ける等して、廃業に向けて資産の換価等必要な対策を立案し、弁済計画案を作成します【第三部5(2)①】。

対象債務者、外部専門家及び主要債権者は、経営・財務及び事業の状況に関する調査分析や弁済計画案作成の進捗状況に応じて適宜協議・検討を行い、弁済計画案について合意形成を図ることとなります【第三部5(2)②】。

弁済計画案の内容は、対象債務者の自助努力が十分に反映されたものであるとともに、企業の概況、財務状況の推移、保証人がいる場合はその資産と負債の状況、実態貸借対照表、資産の換価及び処分の方針並びに金融債務以外の債務の弁済計画、対象債権者に対する金融債務の弁済計画及び債権放棄の金融支援を含むものとされています【第三部5(3)①イ】。

また、破産手続で保障されるべき清算価値よりも多くの回収を得られる見込みがある等、対象債権者にとって経済合理性のある内容であることが求められます【第三部5(3)①ハ】。

更に、弁済計画案における債権者間の負担割合については、衡平性の観点から個別に検討することとされ、債権者に対する関与の度合、取引状況等を考慮し、実質的に衡平性が確保されることが求められます【第三部5(3)

①ロ、QA61】。

　なお、対象債権者は、主たる債務と保証債務を一体整理する場合、保証債務の履行請求額の経済合理性について、主たる債務と保証債務を一体として判断することになります【QA74、経営者保証GL7項(3)③】。

(4)　対象債務者は、弁済計画案の調査、対象債権者への報告及び最終的に全ての対象債権者の同意による弁済計画案の成立に向けて、第三者支援専門家を公表されたリストから選定し（複数の対象債権者が関わる場合で、対象債権者全員の同意を得たときは、リストにない専門家を第三者支援専門家として選定することも認められています。）、第三者支援専門家の選定について主要債権者全員から同意を得ることとなります【第三部5(4)①②、QA41】。

(5)　第三者支援専門家は、対象債務者及び対象債権者から独立して公平な立場で弁済計画案の内容の相当性、実行可能性及び金融支援の必要性等について調査し、調査報告書を作成の上、対象債権者に提出することになります【第三部5(4)③】。

(6)　対象債務者により弁済計画案が作成された後、対象債務者、主要債権者、及び第三者支援専門家が協力の上、原則として全ての対象債権者による債権者会議を開催します。第三者支援専門家は、債権者会議で、対象債権者全員に対し弁済計画案の調査結果を報告するとともに、弁済計画案の説明、質疑応答及び意見交換を行うことになります【第三部5(5)①】。

　そして、全ての対象債権者が、弁済計画案について同意し、その旨を文書等により確認した時点で弁済計画は成立し、対象債務者は弁済計画を実行する義務を負担し、対象債権者の権利は、成立した弁済計画の定めによって変更され、対象債権者は弁済計画の定めに従った債権放棄をすることとなります【第三部5(5)③】。

　なお、経営者保証に関するガイドラインを活用して対象債務者の主たる債務と保証人の保証債務の一体整理を行う場合の保証債務に係る弁済計画は、主たる債務に係る弁済計画と併せて、上記(1)から(6)までの手順に準じて、第三者支援専門家が内容の相当性及び実行可能性等について調査・報告をして、全ての対象債権者の同意を得ることとなります。そして、策定された対象債務者及び保証人の両弁済計画に基づき、対象債務者による債務の弁済及び保証人による保証債務に基づく弁済が行われた後、保証人が保証債務の履行により取得した求償権を放棄し、対象債権者は、対象債務者に残存する債務を免除し、保証人に残存する保証債務を免除することとなります【QA92】。

(7)　対象債務者は速やかに廃業及び清算を行うことになりますが、外部専門家と主要債権者は、弁済計画の成立後の対象債務者による計画達成状況等について、モニタリングを行うことになります【第三部5(7)】。

Ⅲ　法人税基本通達9－6－1(3)ロの検討

　法人税基本通達9－6－1(3)ロにおいて、行政機関又は金融機関その他の第三者のあっせんによる当事者間の協議により締結された契約で、その内容が債権者集会の協議決定で合理的な基準により債務者の負債整理を定めているものに準ずるものにより切り捨てられることとなった部分の金額は、その事実の発生した日の属する事業年度において貸倒れとして損金の額に算入するとされています。

　廃業型私的整理手続に従って策定された弁済計画に基づく債権放棄は、弁済計画の成立に至るまでの過程、対象債務者、債権放棄額について、次の1から5までの事実が認められます。

1　民事再生法における再生計画は、再生手続開始の申立て、裁判所及び裁判所の選任する監督委員（又は個人再生委員）の監督の下で行われる財産状況等の調査手続を経た再生計画案の提出及び再生債権者の同意を経た認可決定により成立する。

　この点、廃業型私的整理手続による弁済計画は、対象債務者が主要債権者に対して申立てを行い、外部専門家の支援の下に弁済計画案を作成し、対象債務者、外部専門家及び主要債権者

と適宜協議を行うことで合意形成を図った後、第三者支援専門家が独立して公平な立場で弁済計画案の内容の相当性及び実行可能性等の調査報告等を経て、対象債権者全ての同意により成立することから、民事再生法における再生計画に係る一連の手続に準じて成立するものであること（上記のⅡ4(1)から(6)まで）。

2　対象債務者は、過大な債務を負い、既に発生している債務（既存債務）を弁済することができないこと又は近い将来において既存債務を弁済することができないことが確実と見込まれており（中小企業者が法人の場合は債務超過である場合又は近い将来において債務超過となることが確実と見込まれる場合を含む。）（上記のⅡ1）、破産手続開始の原因となる「支払不能」（破産法第2条第11項、第15条、第16条、第30条第1項）又は民事再生手続開始の条件である「破産手続開始の原因となる事実の生ずるおそれがあるとき」（民事再生法第21条第1項、第33条第1項）と同様の状態にあること（上記のⅡ1(1)（注））。

3　対象債権者が行う対象債務者に対する債権放棄額は、破産手続による債権の免責額より少なくなること（上記のⅡ4(3)）からすれば、破産手続による弁済額よりも多くの弁済をすること（債権の切捨額が破産手続による債権の免責額よりも少ないこと）が求められる民事再生手続（注）による債権の切捨額と同等と認められるほか、債権者間において平等又は衡平と認められるものとなること（上記のⅡ4(3)）。

（注）破産手続による弁済額よりも少ないと見込まれる場合には、再生計画不認可決定事由の一つである「再生計画の決議が再生債権者の一般の利益に反するとき」（民事再生法第174条第2項第4号）に該当する（清算価値保障原則）。

4　保証人は、廃業型私的整理手続に従い成立した弁済計画に基づき保証債務を履行しなければならないこと（上記のⅡ4(6)）。

5　第三者支援専門家が、独立して公平な立場で対象債務者について、上記2の状態にあること、債権放棄額が上記3に合致した金額であること、上記4の保証履行を求める金額が相当であるこ

となど、弁済計画案が廃業型私的整理手続に適合するかについて調査すること（上記のⅡ4(5)）。また、当該調査報告を踏まえて、全ての対象債権者が同意することで弁済計画が成立すること（上記のⅡ4(6)）。

以上のように廃業型私的整理手続に従って策定された弁済計画に基づく債権放棄は、その手続が民事再生法における再生計画に係る一連の手続に準じており（上記1）、対象債務者は破産法又は民事再生法による債務整理の対象となる者であるとともに（上記2）、その債権放棄額も破産手続による免責額の範囲内であり（上記3）、保証債務の履行を求める部分については債権放棄が行われず（上記4）、また、弁済計画案は外部専門家の支援の下に作成され、当該弁済計画案の内容について第三者支援専門家が調査し、相当性及び実現可能性等を確認するといった過程を踏まえて、最終的に全ての対象債権者の同意により弁済計画が成立する（上記5）ことからすれば、当該弁済計画に基づく債権放棄額については、法人税基本通達9-6-1(3)ロにおける「行政機関又は金融機関その他の第三者のあっせんによる当事者間の協議により締結された契約で、その内容が債権者集会の協議決定で合理的な基準により債務者の負債整理を定めているものに準ずるものにより切り捨てられることとなった部分の金額」に該当すると認められます。

したがって、当該弁済計画に基づく債権放棄は、客観的手続により合理的になされた債権放棄という点では、法令の手続に基づく債権の消滅に準ずるものと認められ、その債権放棄額は、同通達を根拠として、法人税法上、貸倒れとして損金の額に算入されることとなります。

Ⅳ　所得税法第44条の2の検討

廃業型私的整理手続における対象債務者は、法人に限られず個人事業者も含まれているところ【第三部3(2)①】、個人事業者が債務免除を受けた場合の債務免除益については、原則として所得税法第36条第1項括弧書に規定する「金銭以外の物又は権利その他の経済的な利益」に当たるため（所基通36-15(5)）、各種所得の金額の計算上収入とすべき金額又は総収入金額に算入すべき金額に

該当し、所得税が課税されます。

ただし、所得税法第44条の２第１項では、「破産法に規定する免責許可の決定又は再生計画認可の決定があった場合その他資力を喪失して債務を弁済することが著しく困難である場合」には、債務免除益については、各種所得の計算上、総収入金額に算入しないとされています。

この「資力を喪失して債務を弁済することが著しく困難である場合」とは、「破産法の規定による破産手続開始の申立て又は民事再生法の規定による再生手続開始の申立てをしたならば、破産法の規定による免責許可の決定又は民事再生法の規定による再生計画認可の決定がされると認められるような場合」をいうこととされています（所基通44の２－１）。

廃業型私的整理手続では、上記のⅡ１のとおり、対象債務者となる個人事業者は、過大な債務を負い、既存債務を弁済することができないこと又は近い将来において既存債務を弁済することができないことが確実と見込まれることから、破産手続開始の原因となる「支払不能」又は民事再生手続開始の条件である「破産手続開始の原因となる事実の生ずるおそれがあるとき」と同様の状態にある者とされています（上記Ⅱ１(1)（注))。

したがって、民事再生手続の対象者又はそれよりも資力を喪失している者が対象となっていると認められます。

また、廃業型私的整理手続に従って策定された弁済計画に基づく債権放棄額は、上記のⅡ４(3)のとおり、民事再生法による再生手続と同様に破産手続による債権の免責額よりも少なくなるように設定することとなります。

更に、これらのことにつき、弁済計画案が外部専門家の支援の下に作成され、独立して公平な立場から第三者支援専門家により確認されることからすれば、廃業型私的整理手続に基づく債務免除額は、民事再生手続の対象となり得る者に対して、民事再生手続による債権の切捨てと同等の債務免除をするものと認められます。

したがって、廃業型私的整理手続に従って策定された弁済計画に基づき債務免除を受けた対象債務者に係る債務免除益については、民事再生手続による債権の切捨額と同様に、所得税基本通達44

の２－１の「破産法の規定による破産手続開始の申立て又は民事再生法の規定による再生手続開始の申立てをしたならば、破産法の規定による免責許可の決定又は民事再生法の規定による再生計画認可の決定がされると認められるような場合」に該当することから、その債務免除益は、所得税法第44条の２第１項の規定により、各種所得の金額の計算上、総収入金額に算入されないこととなります。

Ⅴ　所得税法第64条第２項の検討

保証人が保証債務を履行するため資産（棚卸資産等を除きます。）の譲渡があった場合における、所得税法第64条第２項に規定する「求償権の全部又は一部を行使することができないこととなったとき」の判定について、所得税基本通達64－１では、同通達51－11から51－16までの取扱いに準ずることとされています。そして、同通達51－11は、法人税基本通達９－６－１と同様に、金銭債権である貸金等の債権の全部又は一部の切捨てをした場合の貸倒れについて定めており、所得税基本通達51－11(3)ロでは、法人税基本通達９－６－１(3)ロと同様の場合、すなわち、金銭債権である貸金等が、行政機関又は金融機関その他の第三者のあっせんによる当事者間の協議により締結された契約でその内容が債権者集会の協議決定で合理的な基準により債務者の負債整理を定めているものに準ずるものにより切り捨てられた場合を定めています。

廃業型私的整理手続により策定された弁済計画に基づき債権放棄が行われた場合には、上記Ⅲのとおり、対象債務者は破産手続開始の原因となる「支払不能」又は民事再生手続開始の条件である「破産手続開始の原因となる事実の生ずる恐れがあるとき」と同様の状態にあり、また、法人税基本通達９－６－１(3)ロの「行政機関又は金融機関その他の第三者のあっせんによる当事者間の協議により締結された契約で、その内容が債権者集会の協議決定で合理的な基準により債務者の負債整理を定めているものに準ずるものにより切り捨てられることとなった」場合に該当し、所得税基本通達51－11(3)ロの場合にも該当します。そして、上記Ⅱ４のとおり、対象債務者の主たる債務と保

証人の保証債務の一体整理を行う場合においては、保証人が保証債務を履行するためにその有する資産を譲渡し、保証債務の履行により取得した求償権の放棄は、上記の場合と同様に廃業型私的整理手続に従って策定された対象債務者及び保証人の弁済計画に基づき行われるため、所得税基本通達51-11(3)ロの場合に該当することとなります。したがって、保証人が保証債務を履行するためにその有する資産を譲渡し、保証債務の履行により取得した求償権について、廃業型私的整理手続に従って策定された対象債務者及び保証人の弁済計画に基づき書面により放棄した場合は、所得税法第64条第2項に規定する「求償権の全部又は一部を行使することができないこととなったとき」に該当すると考えられます。

(注)【　】は参照すべき本ガイドライン本文ならびにQAの該当部分を示しています。

以上

おわりに

　この２年間、人類は未知のウイルスとの戦いを経験し、いまだ終息には至っていない。中小企業を支えるために多額の公的な資金が投入され、中小企業は喘ぎながらも、これまでなんとか持ちこたえることができた。しかし、これからは、コロナ禍で積み上げられた多額の債務の整理を一刻も早く実行しなければ、中小企業の経営は正常化できない。それは、日本の経済をいかにして正常化するのかという道程を定めていく全く新しい作業を意味する。我々の前に道はない、我々の後ろに道はできる。

　当事務所の事業再生に対して豊富な経験と理想と情熱を有する弁護士たちが、日本の中小企業を救い、日本の経済を正常化させるために、高い志をもって、本書を書き上げた。事業再生の道程は極めて困難な作業の連続であるが、なんとしてでも事業を救い、事業を支える人たちの暮らしを護るという気概をもって臨めば、必ず道は開ける。本書には、当事務所の弁護士たちの事業再生に向けての情熱と想いが詰まっている。本書を活用し、日本の中小企業を救い、護り、そして、コロナ禍で痛んだ日本経済を正常化するための道標としていただければ幸いである。

　本書の出版にあたり、ご協力をいただいた中央経済社実務書編集部の石井直人氏、アンダーソン・毛利・友常法律事務所のスタッフの皆様、そして、事業再生の分野においてこれまで我々を導いてきてくださった多数の先達の皆様に心からの御礼を申し上げたい。本書は、事業再生の分野における歴史の積み重ねがあってこそ上梓することができたものであることを肝に銘じておきたい。

2022年10月

アンダーソン・毛利・友常法律事務所

弁護士　上田　裕康

索　引

214

■著者紹介

アンダーソン・毛利・友常法律事務所　事業再生・倒産プラクティスグループ

https://www.amt-law.com/services/practices/restructuring_insolvency-and-bankruptcy

　アンダーソン・毛利・友常法律事務所の事業再生・倒産プラクティスグループは、日本における本格的国際法律事務所の草分けであるアンダーソン・毛利・友常法律事務所に、坂井秀行弁護士および三村藤明弁護士を中心として事業再生分野や危機管理部門において豊富な経験を有するビンガム・坂井・三村・相澤法律事務所（外国法共同事業）が統合して発足しました。その後、事業再生・倒産処理の第一人者として知られる上田裕康弁護士が加入し、現在、日本全国に幅広く質の高いリーガル・サービスを機動的に提供できる体制を整えています。

　また、当事務所は、事業上・財務上の窮境にある企業に対する助言のみならず、債権者や経営者などの利害関係人に対する助言、裁判所から選任された管財人や監督委員としての業務、会計不祥事・製品事故などの不正・事故が関わる危機管理に関連する案件の支援など、事業再生に関連する複雑な業務にも豊富な実績を有しています。このことに加えて当事務所が擁するM&A、ファイナンス、訴訟・仲裁といった各分野の専門チームとも連携を図りながら、事案の特性に応じて、業務分野に縛られない横断的なサポートを提供しています。

　現在、多くの中小企業が、過剰債務の問題や、事業承継等について悩んでおられます。当事務所は、2022年10月現在、事業再生分野を専門とし豊富な実績を有する約30名の弁護士を擁しており、大企業のみならず中小企業の皆様に対しても、事業再生を含む幅広い分野のご相談について、いつでも迅速かつ的確に、親身になってご相談できる体制を築いています。

　中小企業版私的整理ガイドラインに関しては、2022年10月現在、手続の利用にあたって専門家費用の補助を受けることができる「認定経営革新等支援機関」[1]の弁護士12名、「第三者支援専門家」として適格性を有するとして候補者リストに記載された弁護士7名を擁していますので、「外部専門家」、「第三者支援専門家」[2]のいずれの立場でも対応することができます（後記のメンバー紹介を参照ください）。

＊　「アンダーソン・毛利・友常法律事務所」は、アンダーソン・毛利・友常法律事務所外国法共同事業および弁護士法人アンダーソン・毛利・友常法律事務所を含むグループの総称として使用しております。

＊1　中小企業等経営強化法に基づき認定された認定経営革新等支援機関

＊2　「中小企業の事業再生等に関するガイドライン」に係る第三者支援専門家

■メンバー紹介

坂井　秀行（さかい　ひでゆき）

https://www.amt-law.com/professionals/profile/HDS
アンダーソン・毛利・友常法律事務所顧問。1976年弁護士登録。
1974年　東京大学法学部卒業
1990年　ブレークモア法律事務所パートナー
1995年　坂井秀行法律事務所（前 坂井・三村法律事務所）設立
2007年　ビンガム・坂井・三村・相澤法律事務所（外国法共同事業）マネージングパートナー
2015年　事務所統合によりアンダーソン・毛利・友常法律事務所入所
千代田生命に対する史上初の更生特例手続における更生管財人の経験をはじめ、国際倒産の第一人者と

して豊富な実務経験を有し、数多くの国際倒産・大型倒産事件で、日本国内外の債権者・債務者・スポンサーらを支援している。直近では、Spansion Japanの更生担保権者委員会代理人を務める。

上田　　裕康（うえだ　ひろやす）
＜第三者支援専門家、認定経営革新等支援機関＞

https://www.amt-law.com/professionals/profile/HRU

●――――――――● 「おわりに」執筆担当

アンダーソン・毛利・友常法律事務所パートナー。1981年弁護士登録。
1979年　東京大学法学部卒業
1989-1990年　英国ユニバーシティ・カレッジ・ロンドン
2017年　アンダーソン・毛利・友常法律事務所入所
主な経歴として、リーマン・ブラザーズ証券㈱民事再生手続申立代理人、スカイマーク㈱民事再生手続債権者代理人、㈱パインレークゴルフクラブ民事再生手続管財人、㈱マイカル会社更生手続管財人代理、三田工業㈱会社更生手続管財人代理、富士機工電子㈱会社更生手続管財人、その他民事再生手続・申立代理人・管財人・監督委員、会社更生手続管財人・管財人代理・申立代理人、事業再生ADR手続・手続実施者・申立代理人など多数経験。

三村　　藤明（みむら　ふじあき）
＜第三者支援専門家、認定経営革新等支援機関＞

https://www.amt-law.com/professionals/profile/FM

●――――――――● 「はしがき」執筆担当

アンダーソン・毛利・友常法律事務所パートナー。1987年弁護士登録。
1977年　愛媛大学法文学部卒業
1991年　三村藤明法律事務所開設
2002年　坂井・三村法律事務所（後にビンガム・坂井・三村・相澤法律事務所（外国法共同事業））開設
2015年　事務所統合によりアンダーソン・毛利・友常法律事務所入所
主な経歴として、千代田生命保険更生管財人代理、日本国土開発㈱更生管財人代理、㈱マイカル民事再生および会社更生申立代理人、日本ランディック㈱特別清算人、事業再生ADR手続実施者、中小企業再生支援協議会の検討委員、私的整理申立代理人など多数の案件に関与。元東弁倒産法部部長。
主な著書・論文として、『中小企業法務のすべて』（商事法務、2017年）〔共著〕ほか多数。

関端　　広輝（せきばた　ひろき）
＜第三者支援専門家、認定経営革新等支援機関＞

https://www.amt-law.com/professionals/profile/HIS

●――――――――● 「はじめに」、第1部第1、第2部事例1、6執筆担当、編集担当

アンダーソン・毛利・友常法律事務所パートナー。1998年弁護士登録。
1994年　上智大学法学部卒業
1998年　新東京法律事務所（後にビンガム・坂井・三村・相澤法律事務所（外国法共同事業））入所
2015年　事務所統合によりアンダーソン・毛利・友常法律事務所入所
主な経歴として、中小企業再生支援協議会全国本部専門家アドバイザー、民事再生手続申立代理人・監督委員、会社更生申立代理人・管財人代理、破産管財人多数。
主な著者・論文等として、『多様化する事業再生』（商事法務、2017年）〔共著〕、『FinTech法務ガイド』（商事法務、2017年）〔編集・共著〕、『注釈破産法（上下巻）』（きんざい、2015年）〔共著〕、『クロス

ボーダー事業再生−ケース・スタディと海外最新実務』（商事法務、2015年）〔共著〕ほか。

村山　由香里（むらやま　ゆかり）
　　　　＜第三者支援専門家、認定経営革新等支援機関＞
https://www.amt-law.com/professionals/profile/YM
　　　　　　　　　　　　　　　　━━━━━━━● 編集担当

アンダーソン・毛利・友常法律事務所パートナー。2000年弁護士登録。
1995年　早稲田大学法学部卒業
2000年　坂井秀行法律事務所（後にビンガム・坂井・三村・相澤法律事務所（外国法共同事業））入所
2010-2012年　金融庁監督局（信用機構対応室/金融会社室）勤務
2015年　事務所統合によりアンダーソン・毛利・友常法律事務所入所
主な経歴として、会社更生、民事再生、破産、事業再生ADR等様々な手続に、申立代理人、管財人代理、
監督委員代理、債権者代理人、スポンサー代理人など様々な立場で多数関与。
主な著書・論文等として、『クロスボーダー事業再生−ケース・スタディと海外最新実務』（商事法務、
2015年）〔共著〕、『実務に効く担保・債権管理判例精選』（有斐閣、2015年）〔共著〕、「深化する倒産手
続とM&Aの融合−国際化を契機として」ビジネス法務2009年6月号〔共著〕ほか。

粟田口　太郎（あわたぐち　たろう）＜認定経営革新等支援機関＞
https://www.amt-law.com/professionals/profile/TA
　　　　　　　　　　　━━━━━━━● 「はじめに」、第1部第1執筆担当

アンダーソン・毛利・友常法律事務所パートナー。2002年弁護士登録。
1995年　早稲田大学法学部卒業
2002年　坂井・三村法律事務所（後にビンガム・坂井・三村・相澤法律事務所（外国法共同事業））入所
2015年　事務所統合によりアンダーソン・毛利・友常法律事務所入所
早期事業再生・私的整理・法的整理の各段階において、企業の事業再生・資金調達支援、金融機関をは
じめとする債権者・債権者グループの回収極大化支援、スポンサーによるM&A支援の経験を豊富に有
する。中小企業・地方企業案件、国際的な事業再生案件、裁判所からの選任案件多数。和文・英文によ
る著作・論文多数。

西谷　　敦（にしたに　あつし）＜認定経営革新等支援機関＞
https://www.amt-law.com/professionals/profile/ATN
アンダーソン・毛利・友常法律事務所パートナー。2002年弁護士登録。
1997年　東京大学法学部卒業
2002年　堂島法律事務所勤務
2009年　ビンガム・坂井・三村・相澤法律事務所（外国法共同事業）入所
2013年　米国カリフォルニア大学バークレー校ロースクール修了（LL.M.）
2015年　事務所統合によりアンダーソン・毛利・友常法律事務所入所
2017年　パートナー就任
主な著書・論文等として、「海外の取引先が倒産した場合の法務部の初動対応−米国Chapter11と豪州
の任意管理手続を題材に」ビジネス法務2018年12月号〔共著〕、「国際倒産における法制度、法理念及び
国益の違いから生じる軋轢や混乱を回避する諸方策」月刊ザ・ローヤーズ2015年7月号ほか。

仁瓶　善太郎（にへい　ぜんたろう）
　　　　　<第三者支援専門家、認定経営革新等支援機関>
https://www.amt-law.com/professionals/profile/ZEN

　　　　　　　　　　　　　　　━━━━━● 第2部事例3執筆担当

アンダーソン・毛利・友常法律事務所パートナー。2004年弁護士登録。
2003年　京都大学法学部卒業
2007年　ビンガム・坂井・三村・相澤法律事務所（外国法共同事業）入所
2011年　米国デューク大学ロースクール修了（LL.M.）
2011年　ビンガム・マカッチェンLLP ニューヨークオフィス勤務
2012年　欧州三井住友銀行（ロンドン）出向、ビンガム・マカッチェンLLP ロンドンオフィス勤務
2015年　事務所統合によりアンダーソン・毛利・友常法律事務所入所
主な著書・論文等として、「EU指令第2019/1023号の定める予防的再建フレームワークの概要と加盟国における導入・運用状況（上）（下）」NBL1211号、1212号〔共著〕、「Restructuring and insolvency in Japan: overview 」（Practical Law - A Thomson Reuters Legal Solution, 2021）〔共著〕、「The Role of Japanese Government - Backed Funds in Financial Restructurings」Norton Journal of Bankruptcy Law and Practice Volume 25, Number 5, 2016ほか。

小野塚　格（おのづか　いたる）
https://www.amt-law.com/professionals/profile/IRO

　　　　━━━━━● 第1部第3、第4、第2部事例3、4執筆担当、編集担当

アンダーソン・毛利・友常法律事務所パートナー。2005年弁護士登録。
1999年　早稲田大学法学部卒業
2004年　早稲田大学大学院法学研究科修士課程修了
2005年　坂井・三村法律事務所（後にビンガム・坂井・三村・相澤法律事務所（外国法共同事業））入所
2015年　事務所統合によりアンダーソン・毛利・友常法律事務所入所
2016-2018年　株式会社地域経済活性化支援機構（REVIC）出向
2016年－　杏林大学総合政策学部非常勤講師（倒産法・労働法）
主な経歴として、私的整理における債務者代理人、民事再生手続申立代理人・監督委員、会社更生手続申立代理人・管財人代理、破産管財人多数。
主な著書・論文等として、『倒産と担保・保証（第2版）』（商事法務、2021年）〔共著〕、「現在の実務、事業・包括担保導入時の実務への影響と評価Ⅱ『倒産処理の担い手（担保権実行時の時間軸）』別冊NBL No.178担保法と倒産・金融の実務と理論－担保法の検討課題」（商事法務、2021年）〔共著〕、『M&A実務の基礎（第2版）』（商事法務、2018年）〔共著〕、『破産申立マニュアル（第2版）』（商事法務、2015年）〔共著〕ほか。

藤田　将貴（ふじた　まさき）<認定経営革新等支援機関>
https://www.amt-law.com/professionals/profile/MAF

　　　　　　　　　　━━━━━● 第2部事例2、6執筆担当

アンダーソン・毛利・友常法律事務所パートナー。2007年弁護士登録。
2003年　早稲田大学法学部卒業
2006年　京都大学法科大学院修了
2008年　ビンガム・坂井・三村・相澤法律事務所（外国法共同事業）入所
2015年　事務所統合によりアンダーソン・毛利・友常法律事務所入所

2016年　米国カリフォルニア大学バークレー校ロースクール修了（LL.M.）
2016-2017年　米国モルガン・ルイス＆バッキアス法律事務所勤務
2017年　ニューヨーク州弁護士登録
主な著書・論文等として、「Key Developments and Latest Trends in Japan」International Insolvency & Restructuring Review 2022/23〔共著〕、「Restructuring and insolvency in Japan: Overview」Practical Law - A Thomson Reuters Legal Solution, 2021〔共著〕、「外資系企業の日本からの撤退が問題となる事案における実務上の留意点」事業再生と債権管理177号〔共著〕、「ギリシャの倒産手続の概要」事業再生と債権管理175号、「海外事業縮小・撤退の実務ポイント 米国編」ビジネス法務2021年1月号〔共著〕、『【専門訴訟講座⑧】倒産・再生訴訟』（民事法研究会、2014年）〔共著〕、『倒産法の判例・実務・改正提言』（弘文堂、2014年）〔共著〕ほか。

浅 井　大 輔（あさい　だいすけ）
https://www.amt-law.com/professionals/profile/DAA
アンダーソン・毛利・友常法律事務所パートナー。2008弁護士登録。
2005年　東京大学法学部卒業
2007年　東京大学法科大学院修了
2009年　森・濱田松本法律事務所入所
2015年　米国コーネル大学ロースクール修了（LL.M.）
2015-2016年　米国McDermott Will & Emery法律事務所（ワシントンD.C.オフィス）勤務
2017-2018年　東京大学法学部非常勤講師
2020-2022年　森・濱田松本法律事務所パートナー
2022年　アンダーソン・毛利・友常法律事務所入所
主な経歴として、法的整理（会社更生、民事再生等）、私的整理（事業再生ADR、中小企業再生支援協議会等）における債務者代理人、債権者代理人、スポンサー代理人等の経験を豊富に有する。
主な著書・論文等として、『企業再生の法務 − 実践的リーガルプロセスのすべて（第3版）』（きんざい、2021年）〔共著〕、『International Comparative Legal Guides : Restructuring & Insolvency 2022 - Japan Chapter』（Global Legal Group、2022年）〔共著〕、『私的整理の理論・実務と書式』（民事法研究会、2019年）〔共著〕ほか多数。

荻 野　聡 之（おぎの　さとし）
　　　　　　＜第三者支援専門家、認定経営革新等支援機関＞

https://www.amt-law.com/professionals/profile/SAO
────────●─── 第1部第2、第3、第2部事例2、5執筆担当、編集担当
アンダーソン・毛利・友常法律事務所パートナー。2008弁護士登録。
2003年　東京大学法学部卒業
2006年　東京大学法科大学院修了
2008年　ビンガム・坂井・三村・相澤法律事務所（外国法共同事業）入所
2015年　事務所統合によりアンダーソン・毛利・友常法律事務所入所
2020年　パートナー就任
主な経歴として、私的整理における債務者代理人、民事再生手続申立代理人、破産管財人多数（特に建設業、アパレル、製造業等）。
主な著書・論文等として、『事業再生ファイナンスの実務』（きんざい、2022年）、「コロナ禍で発生リスクが高まる 取引先の法的倒産にはこう対応する」旬刊経理情報2020年7月1日号、「改正民法等を踏ま

えた対応を 取引先の倒産に備えた事前準備・初動対応のポイント」旬刊経理情報2020年3月1日号ほか多数。

渡部　香菜子（わたなべ　かなこ）
<第三者支援専門家、認定経営革新等支援機関>
https://www.amt-law.com/professionals/profile/KAW

━━━━━━━━━●　第2部事例1、5執筆担当

アンダーソン・毛利・友常法律事務所パートナー。2008年弁護士登録。
2004年　一橋大学社会学部卒業
2007年　一橋大学法科大学院修了
2009年　ビンガム・坂井・三村・相澤法律事務所（外国法共同事業）入所
2014-2015年　米国ヴァージニア大学ロースクール修了（LL.M.）
2015年　事務所統合によりアンダーソン・毛利・友常法律事務所入所
2015-2016年　米国大手総合商社勤務
2016-2017年　米国メイヤー・ブラウン法律事務所勤務
2022年　パートナー就任
主な著書・論文等として、「Key Developments and Latest Trends in Japan」The International Insolvency & Restructuring Review 2022/23、『Introduction to Japanese Business Law & Practice（第5版）』（2021年）〔共著〕、『クロスボーダー事業再生－ケース・スタディと海外最新実務』（商事法務、2015年）〔共著〕、『条解　民事再生法（第3版）』（弘文堂、2013年）〔共著〕ほか。

土屋　智恵子（つちや　ちえこ）
https://www.amt-law.com/professionals/profile/CHT

アンダーソン・毛利・友常法律事務所スペシャル・カウンセル。2001年弁護士登録。
1993年　慶應義塾大学法学部法律学科卒業
1993-1997年　シティバンク、エヌ・エイ勤務
2001年　坂井秀行法律事務所（後にビンガム・坂井・三村・相澤法律事務所（外国法共同事業））入所
2005年　米国ニューヨーク大学ロースクール修了（LL.M.）
2005-2006年　米国ハーバード大学ロースクール客員研究員
2012-2015年　国際原子力機関（IAEA）勤務
2015年　事務所統合によりアンダーソン・毛利・友常法律事務所入所
2019年　神戸大学大学院法学研究科博士課程後期課程理論法学専攻修了
2021-2022年　タイ国ティレキー&ギビンズ法律事務所勤務
主な著書・論文等として、『Q&A 実務家のための暗号資産入門　－法務・会計・税務－』（新日本法規、2020年）〔共著〕、『実務で役立つ 世界各国の英文契約ガイドブック』（商事法務、2019年）〔共著〕、『英文契約書レビューに役立つ　アメリカ契約実務の基礎』（第一法規出版、2018年）〔共著〕、「特集　国際（海外・並行）倒産の新展開日米にまたがる麻布建物㈱にみる～承認援助手続と国際並行倒産」事業再生と債権管理127号〔共著〕ほか。

田子　小百合（たご　さゆり）
https://www.amt-law.com/professionals/profile/SRT

━━━━━━━━━●　第2部事例3執筆担当

アンダーソン・毛利・友常法律事務所アソシエイト。2012年弁護士登録。

2007年　慶應義塾大学法学部卒業
2010年　神戸大学法科大学院修了
2013年　ビンガム・坂井・三村・相澤法律事務所（外国法共同事業）入所
2015年　事務所統合によりアンダーソン・毛利・友常法律事務所入所
2018年　米国コロンビア大学ロースクール修了（LL.M.）
主な著書・論文等として、「EU指令第2019/1023号の定める予防的再建フレームワークの概要と加盟国における導入・運用状況（上）（下）」NBL1211号、1212号〔共著〕、「Guide on the Treatment of Insolvent Micro and Small Enterprises in Asia」Asian Business Law Institute, International Insolvency Institute（2022年4月）〔共著〕ほか。

日 高　　鑑（ひだか　あきら）

https://www.amt-law.com/professionals/profile/AKH
アンダーソン・毛利・友常法律事務所アソシエイト。2012年弁護士登録。
2002年　東京大学法学部卒業
2004年　ヤマハ発動機株式会社勤務
2007年　リーマン・ブラザーズ証券株式会社勤務
2011年　桐蔭法科大学院修了
2013年　大江橋法律事務所勤務
2018年　アンダーソン・毛利・友常法律事務所入所
主な著書・論文等として、「EU指令第2019/1023号の定める予防的再建フレームワークの概要と加盟国における導入・運用状況（上）（下）」NBL1211号、1212号〔共著〕ほか。

島 田　　充 生（しまだ　みつお）＜認定経営革新等支援機関＞

https://www.amt-law.com/professionals/profile/MOS

　　　　　　　　　　　　　　　　━━━━━━━● 第1部第2執筆担当

アンダーソン・毛利・友常法律事務所アソシエイト。2013年弁護士登録。
2010年　京都大学法学部卒業
2012年　京都大学法科大学院修了
2013年　ビンガム・坂井・三村・相澤法律事務所（外国法共同事業）入所
2015年　事務所統合によりアンダーソン・毛利・友常法律事務所入所
2019年　英国ロンドン大学クイーン・メアリー校ロースクール修了（LL.M.）
2019-2020年　香港メーブルズ・アンド・カルダー法律事務所勤務
2022年　イングランドおよびウェールズ事務弁護士登録

中 島　　浩 斗（なかじま　ひろと）

https://www.amt-law.com/professionals/profile/HRN
アンダーソン・毛利・友常法律事務所アソシエイト。2013年弁護士登録。
2010年　京都大学法学部卒業
2012年　京都大学法科大学院修了
2014年　アンダーソン・毛利・友常法律事務所入所
2020年　米国ニューヨーク大学ロースクール修了（LL.M.）
2020年　米国ピルズベリー・ウィンスロップ・ショー・ピットマンLLP勤務
主な著書・論文等として、「欧米におけるグループ再編の実務（2）日本企業のグループ再編－米国子

会社・事業売却の留意点－」旬刊商事法務2277号〔共著〕、「データ越境移転規制の最新動向［第3回］／米国（ニューヨーク州）」Business & Lawウェブサイト〔共著〕ほか。

片山　いずみ（かたやま　いずみ）

https://www.amt-law.com/professionals/profile/IZK
アンダーソン・毛利・友常法律事務所アソシエイト。2014年弁護士登録。
2009年　東京大学法学部卒業
2011年　東京大学法科大学院修了
2015年　ビンガム・坂井・三村・相澤法律事務所（外国法共同事業）入所、事務所統合によりアンダーソン・毛利・友常法律事務所入所

木下　岳人（きのした　たけと）

https://www.amt-law.com/professionals/profile/TTK
———————————— 第2部事例4執筆担当
アンダーソン・毛利・友常法律事務所アソシエイト。2015年弁護士登録。
2015年　アンダーソン・毛利・友常法律事務所入所
2016-2019年　税務大学校講師
2020年　英国リーズ大学ロースクール修了（LL.M.）
2022年　米国イリノイ大学アーバナ・シャンペーン校客員研究員

深田　大介（ふかだ　だいすけ）

https://www.amt-law.com/professionals/profile/DAF
———————————— 第2部事例4執筆担当
アンダーソン・毛利・友常法律事務所アソシエイト。2016年弁護士登録。
2011年　東京工業大学工学部卒業
2014年　東京大学法科大学院修了
2016年　アンダーソン・毛利・友常法律事務所入所
主な著書・論文等として、『テクノロジー法務』（中央経済社、2019年）〔共著〕、『破産手続書式集 新版』（慈学社出版、2018年）〔共著〕。

田村　将人（たむら　しょうと）

https://www.amt-law.com/professionals/profile/SMT
———————————— 第1部第4執筆担当
アンダーソン・毛利・友常法律事務所アソシエイト。2018年弁護士登録。
2017年　甲南大学法学部卒業
2019年　アンダーソン・毛利・友常法律事務所入所
主な著書・論文等として、「預金払戻請求に対する預金拘束と金融機関による貸付金との相殺」金融法務事情2184号、「破産者による銀行への弁済に対する否認権行使と支払不能」金融法務事情2171号、「日商、全銀協、『経営者保証に関するガイドライン』およびチラシを改定」商事法務ポータル2022年7月。

樋口　政隆（ひぐち　まさたか）

https://www.amt-law.com/professionals/profile/MGH
———————————— 「はじめに」、第1部第1執筆担当

アンダーソン・毛利・友常法律事務所アソシエイト。2018年弁護士登録。
2016年　早稲田大学法学部卒業
2017年　一橋大学法科大学院中退
2018年　アンダーソン・毛利・友常法律事務所入所
主な著書・論文等として、「『中小企業活性化パッケージ』の概要」（商事法務ポータル、2022年3月）。

三角　侑子（みすみ　ゆうこ）

https://www.amt-law.com/professionals/profile/YZM
アンダーソン・毛利・友常法律事務所アソシエイト。2018年弁護士登録。
2018年　慶應義塾大学法学部卒業
2018年　アンダーソン・毛利・友常法律事務所入所
主な著書・論文等として、「金融庁、『経営者保証に関するガイドライン』の活用に係る組織的な取組み
事例集（令和3年10月改訂版）の公表」（商事法務ポータル、2021年10月）〔共著〕、『倒産と担保・保証
（第2版）』（商事法務、2021年）〔共著〕、『基礎からわかる 広告・マーケティングの法律』（中央経済社、
2020年）〔共著〕。

後藤　柾哉（ごとう　まさや）＜認定経営革新等支援機関＞

https://www.amt-law.com/professionals/profile/MAG
　　　　　　　　　　　　　　　　　　　　──────▶ 第1部第3執筆担当
アンダーソン・毛利・友常法律事務所アソシエイト。2019年弁護士登録。
2018年　慶應義塾大学法学部卒業
2019年　アンダーソン・毛利・友常法律事務所入所
主な著書・論文等として、『スタートアップ法務』（中央経済社、2022年）〔共著〕、『M&A・組織再編
成の税務詳解Q&A』（中央経済社、2020年）〔共著〕。

関　彩香（せき　あやか）

https://www.amt-law.com/professionals/profile/AYS
アンダーソン・毛利・友常法律事務所アソシエイト。2013年弁護士登録。
2010年　慶應義塾大学法学部卒業
2012年　慶應義塾大学法科大学院修了
2013年　ビンガム・坂井・三村・相澤法律事務所（外国法共同事業）入所
2015年　事務所統合によりアンダーソン・毛利・友常法律事務所入所
2020年　米国シカゴ大学ロースクール修了（LL.M.）
主な著書・論文等として、『英文契約書レビューに役立つ　アメリカ契約実務の基礎』（第一法規、2018
年）〔共著〕、「事業再生とM&A～ストラクチャリングのポイント～」日本バイアウト市場年鑑－2016
年上半期版（2016年）〔共著〕、「アメリカ契約法の重要ポイント第3回 NDA（秘密保持契約）の留意
点／Important Points on Non-Disclosure Agreement」Lexis AS ONE（2015年）〔共著〕、『クロスボー
ダー事業再生－ケース・スタディと海外最新実務』（商事法務、2015年）〔共著〕ほか。

■著者紹介

アンダーソン・毛利・友常法律事務所

事業再生・倒産プラクティスグループ

https://www.amt-law.com/services/practices/restructuring_insolvency-and-bankruptcy

＊「アンダーソン・毛利・友常法律事務所」は、アンダーソン・毛利・友常法律事務所外国法共同
事業および弁護士法人アンダーソン・毛利・友常法律事務所を含むグループの総称として使用し
ております。

ケースでわかる

実践「中小企業の事業再生等に関するガイドライン」

2022年11月10日　第1版第1刷発行

著　者　アンダーソン・毛利・
　　　　友常法律事務所
　　　　事業再生・倒産プラク
　　　　ティスグループ

発行者　山　本　　　継

発行所　㈱中央経済社

発売元　㈱中央経済グループ
　　　　パブリッシング

〒101-0051　東京都千代田区神田神保町1-31-2
　　　　　　電話　03 (3293) 3371（編集代表）
　　　　　　　　　03 (3293) 3381（営業代表）
　　　　　　https://www.chuokeizai.co.jp

©　2022
Printed in Japan

印刷／㈱堀内印刷所
製本／㈲井上製本所

＊頁の「欠落」や「順序違い」などがありましたらお取り替えいた
しますので発売元までご送付ください。（送料小社負担）
ISBN978-4-502-44371-8　C3032

スタートアップ法務

アンダーソン・毛利・友常法律事務所 ［編著］

A5判／220頁

　スタートアップを志す時の法的なポイントをサクッとつかめる！　重要論点が一覧できるスライド＋解説で見開きになっており、必要な知識をコンパクトに把握できる。

本書の内容

第1章　会社の設立
◎　会社の設立／人材の確保

第2章　資金調達と成長
◎　エンジェルからの投資

等

第3章　事業の展開と成熟
◎　新ビジネスへの挑戦　　　　等

第4章　上場の検討
◎　上場への準備　　　　　　　等

中央経済社